中国—东盟区域发展协同创新中心科研专项
教育部长江学者和创新团队发展计划联合资助
（AZ201402）

中国—东盟命运共同体建设中文化产业作用机制研究

赵 铁 林昆勇 等 著

人民出版社

《中国—东盟命运共同体建设中文化产业作用机制研究》
专著著述成员名单

赵　铁　　林昆勇　　朱少雄　　何玉珍　　杜悦嘉　　管荟璇　　贺淑芳
廖玉环　　李林津　　易梦佳　　蒋冬连　　刘其铭

目　　录

1

前　言

　　2013 年，习近平总书记在访问印度尼西亚时提出"携手建设中国—东盟命运共同体"，使中国与东盟各国结成兴衰相伴、安危与共、同舟共济的好邻居、好朋友和好伙伴，这一重要倡议为中国与东盟关系的未来发展提出了目标及指明了方向。

　　回顾中国—东盟关系发展历史，自 1991 年中国与东盟开始正式对话以来，中国与东盟双方在 1991—1996 年建立全面对话框架，在 1997—2002 年确立睦邻友好伙伴关系，在 2003—2012 年确立和发展战略伙伴关系，2013 年中国与东盟进入"携手建设中国—东盟命运共同体"新时代，推动中国与东盟双边关系由"黄金十年"迈向"钻石十年"。随着全球经济一体化的迅猛发展，世界各国逐步发展成为一个利益交融不断深化的"命运共同体"。中国与东盟关系的持续发展，既表现在货物贸易、投资领域以及科技合作、旅游合作、人文交流合作等领域，也表现在双边合作机制日益健全完善并朝着多元化方向拓展，中国与东盟交流合作关系进入一个全面深入发展的新阶段。中国—东盟命运共同体建设是中国与东盟对双边关系发展的美好期待，也是中国与东盟各国之间政治、经济、文化、科技等多方面互联互通纵深发展的自然结果，更是中国—东盟关系由"黄金十年"迈向"钻石十年"的必然要求。中国与东盟国家山水相连、文化交融、血脉相亲，在双方建立战略伙伴关系的前提基础上，进行"携手建设中国—东盟命运共同体"，这是新时代中国与东盟关系发展中极具创新性和突破性、前瞻性的战略举措，既符合世界和平、发展、合作、共赢的时代潮流，又代表亚洲和东盟各国人民的根本利益和共同愿望，对未来中国与东盟关系的永续发展具有十分重大而深远的意义。

在"人类命运共同体"发展理念的引领下，中国与东盟各国基于一种在追求本国利益发展的同时，又统筹兼顾他国的合理关切，在谋求本国繁荣发展的进程中，又携手促进各国的共同发展，建立一种更加平等、均衡、合作、共赢的新型国际发展伙伴关系，同舟共济、权责共担，合作共赢，共同增进人类共同利益和共谋发展的合作共赢目标。稳步推进中国—东盟命运共同体建设，这是一个符合全球一体化发展的时代潮流和中国与东盟各国人民的共同发展诉求以及国家根本利益的重大政治主张。中国—东盟命运共同体将凝聚起中国与东盟各国的集体智慧力量，彰显了中国人民和东盟各国人民的群众聪明才智，为亚洲乃至世界人类和平与发展事业作出卓越的贡献。从根本上说，中国—东盟命运共同体的建设，是一个先提出倡议设想和远景目标，需要双边找准友好合作、和睦相处、合作共赢的切入点，通过平等对话和友好协商来妥善处理存在分歧和争议，共同增加双边利益的增长点和汇合点，不断拓展双边合作交流的广度和深度，从"经济搭台、文化唱戏"的经贸交流合作层面，逐步上升至中国与东盟间共同理性认知的区域及全球事务治理的战略合作层面。通过共同建设"一带一路"，有效发挥沿"带"沿"路"东盟国家的资源优势，以加强政策沟通、贸易畅通、资金融通、设施联通和民心相通来实现互联互通，不断增进战略互信，加快促进互利合作，实施共谋繁荣发展，着力构建中国与东盟各国融合发展的责任共同体、利益共同体和命运共同体，为亚洲经济一体化以及全球经济一体化提供新的动力，为亚太地区乃至世界创造一个和平友好的美好未来。

"中国—东盟命运共同体"与"文化产业"分属不同范畴，各自具有不同的内在规定性。文化产业具有"文化"和"产业"的双重属性，其"文化属性"又体现了精神产品性质，这与"中国—东盟命运共同体"对"兴衰相伴、安危与共、同舟共济"的目标追求，在价值观属性上实现了整合。"中国—东盟命运共同体建设"既是一个重大的实践问题，也是一个需要深入研究的理论课题。从中国—东盟合作交流的历史看，很多因素都在作用于中国—东盟关系演进及合作交流的深化进程，其中文化产业的作用不能忽略，特别是进入 21 世纪以来，文化产业在中国—东盟合作交流中的角色扮演、功能发挥以及隐含其中的作用机制，需要我们给予关注和深入研究，从而更好地发挥中国—东盟命运共同体在深化和推进中国与东盟关系发展中的重要作用。

因此，以文化产业为切入点，分析其作用机制，把握文化产业与中国—东盟命运共同体建设的内在关联，更好地发挥文化产业在中国—东盟命运共同体中的重要作用，这对于在习近平新时代中国特色社会主义思想指导下，共同推进"一带一路"建设，深入建设中国—东盟面向和平与繁荣的战略伙伴关系，构建人类命运共同体，为人类美好生活及世界和平与发展贡献中国智慧和中国方案，无疑具有重要的理论意义和实践意义。

绪　　论

2013 年，习近平总书记在访问印度尼西亚时提出中国—东盟关系发展的长远目标是"携手建设中国—东盟命运共同体"，中国与东盟各国将结成兴衰相伴、安危与共、同舟共济的好邻居、好朋友和好伙伴。中国与东盟要在双方建立战略伙伴关系 10 周年的基础上，携手共建中国—东盟命运共同体，双方致力于讲信修睦、真诚相待、友好相处，不断巩固政治和战略互信；坚持合作共赢，加强互联互通建设，扩大各领域务实合作，实现共享发展机遇、共迎面临挑战，达到共同发展和共同繁荣的目的；通过守望相助，积极倡导综合安全、共同安全和合作安全，共同维护亚太地区的和平稳定；坚持心心相印，加强双方多交往，加深感情，贴近心与心；坚持开放包容，加强相互学习、相互借鉴、相互促进。

2014 年，李克强总理在中国—东盟文化交流年开幕式致贺信中明确指出，中国—东盟国家之间山水相连、文化交融、血脉相亲。在漫长的历史发展进程中，中国与东盟国家各国人民携手共同创造了丰富多彩、享誉世界的灿烂文明，形成了具有中国—东盟区域特色的多元文化，成为中国与东盟国家各国人民生生不息、持续发展的精神支撑和丰厚滋养。文化搭建了中国与东盟双边交流合作的桥梁，打开中国与东盟国家各国人民双方民众心灵的窗户，增进了中国与东盟各国人民之间的相互了解和深厚友谊，也为中国和东盟的交流与合作关系发展发挥了积极促进而独特引领的作用。

本书力图从历史与现实相结合的角度，准确把握中国与东盟双方在经济、政治、文化、社会等方面的交流与合作，深入分析中国—东盟命运共同体建设的必要性、重要性及其深刻内涵，从文化与经济加速融合及其一体化发展趋势，文化产业自身蕴含的观念及价值认同，强大的文化力推动国家软实力建设等方面，系统分析文化产业在中国—东盟命运共同体建设中的作用机制，在此基础上，以文化产业为切入点，以推进建设中国—东盟命运共同体为目标，深入探讨推进策略及对策建议，服务"一带一路"建设和中国—东盟关系深化发展的内在需要。

以文化产业的发展作为切入点，探讨中国—东盟命运共同体建设，是一个既具有凸显创新意义的学术视野，又具有非常独特的学术价值和重大的现实意义。

从我国改革开放40年实践看，伴随文化产业认识的不断深化推动了文化产业快速发展，文化产业发展取得的巨大成就为我国社会主义现代化建设事业作出了重要贡献。党的历届代表大会高度重视发展文化产业，党的十六大报告和党的十七大报告分别提出发展文化产业，纵深推进文化产业体制改革，党的十八大报告提出要建设社会主义文化强国。改革开放后，随着文化产业的发展，文化产业对中国—东盟关系发展的支撑作用越来越明显，从南宁国际民歌艺术节，到"两会一节"，到"中国—东盟博览会"和"中国—东盟商务与投资峰会"，"南宁渠道"的构建在中国—东盟关系发展中扮演了重要角色，发挥了重要作用，其中，文化产业的发展功不可没，推动了中国—东盟关系提升到了一个新的水平。党的十八大以来，习近平总书记谋划中国—东盟关系的新发展，推动中国—东盟关系由"黄金十年"迈向"钻石十年"，明确提出中国—东盟关系的长远发展目标是"携手建设中国—东盟命运共同体"，全面推进中国特色的大国外交和周边外交，形成一个全方位、多层次、立体化的新外交格局，促进全球治理体系变革，进而倡导构建"人类命运共同体"，使"命运共同体"由区域层面的"中国—东盟命运共同体"扩展到全球层面的"人类命运共同体"。党的十九大报告提出了新时代中国特色社会主义思想，将"坚持推动构建人类命运共同体"确定为习近平新时代中国特色社会主义思想的基本方略，要求坚持和平发展道路，相互尊重、平等协商，尊重世界文明多样性，促进和而不同、兼收并蓄的文明交流，"建设持久和平、普遍安全、共同繁荣、开放包容、清洁美丽的世界"①，促进全球治理体系变革，"始终做世界和平的建设者、全球发展的贡献者和国际秩序的维护者"②，将"坚持推动构建人类命运共同体"上升到党的基本理论指导、基本路线引领的基本方略，成为党和人民事业发展的行动指南。

　　本书以文化产业为切入点研究中国—东盟命运共同体建设，力图在理论构建、历史考察、现状把握、发展预期的基础上，借助逻辑演绎和抽象概括，从作用机制的层面探究文化产业与中国—东盟命运共同体建设的紧密关联和内在逻辑，在此基础上，瞄准文化产业新发展，立足中国—东盟命运共同体建设，放眼"坚持推动构建人类命运共同体"基本方略，探讨推进这一进程的推进策略和对策建议，努力通过服务上述目标来体现项目研究的实践意义和应用价值。

---

　　① 习近平：《决胜全面建成小康社会　夺取新时代中国特色社会主义伟大胜利——在中国共产党第十九次全国代表大会上的报告》，人民出版社 2017 年版，第 58—59 页。

　　② 《党的十九大报告学习辅导百问》，党建读物出版社 2017 年版，第 20 页。

第一章　理论视野：核心概念和
相关理论的基本理解

本章解决项目研究的理论构建问题，为本书提供学术支持和理论指导。主要是对文化产业、命运共同体、作用机制等核心概念进行界定，阐释场景理论、治理理论的产生背景、研究对象、主要内涵等，在深入把握的基础上，概括提出场景理论、治理理论对本书的启示。

第一节　核心概念界定

从文字表述来看，"中国—东盟命运共同体"一词存在三个相互关联的词组："共同体"、"命运共同体"和"中国—东盟命运共同体"。从逻辑先后来看，"共同体"的基本内涵蕴含着"命运共同体"的主要内涵，"命运共同体"的主要内涵在宏观层面上指导着"中国—东盟命运共同体"内涵的主要方向与基本框架，三者存在着层层递进的密切关系。

一、共同体

要探究文化产业对于"中国—东盟命运共同体"的重要作用，首先有必要对与"中国—东盟命运共同体"相关的"共同体"、"命运共同体"内涵与特征有一个总体把握。

（一）共同体的基本内涵

"共同体"一词最早是一个政治哲学概念，是人们为了获得某种共同利益以及追求共同善而建立的城邦。随着人类进入工业文明时期，社会问题不断涌现，人们希望用"共同体"来探究社会联结的方式，被广泛用于社会学领域，一定程度上推进了"共同体"的多元释义，不同学科领域的学者对"共同体"的研究各有侧重，对"共同体"的内涵提出了各自的观点和主张。

古希腊政治哲学家亚里士多德在其《政治学》一书中对"共同体"进行了较为详细的阐述，他认为共同体是人们为了获得某种共同利益以及追求共同善而建立的城邦，共同体中的城邦成员分工密切，追求共同善，他们平等且自由。① 可见，亚里士多德的"共同体"是依附政治孕育而生的社会实体，它会随着国家的消亡而没落。

德国社会学家滕尼斯最早将"共同体"从政治学范畴的桎梏中解放出来，应用于社会学领域。在滕尼斯的视野中，"共同体"不再是依靠政治而生的概念，而是社会某一较为稳固的群体概念，更多地体现一种血缘与身体的结合，是一种自然形成的、由本质意志决定的人类共同并且持久地居住在一起的状态，并将共同体区分为血缘共同体、地缘共同体和精神共同体，分别与亲属关系、邻居关系及友情关系相对应。滕尼斯还将共同体（community）与社会（society）明确区分开来，"社会"的本质是相互独立的个人机械选择的一种表面生活，是一种暂时的存在。② 由此可见，滕尼斯强调的"共同体"，是一种以"自然亲近性"以及血缘关系为基础、较为稳定持久的地缘共同体。滕尼斯将"共同体"从"社会"中剥离出来，对二者明确区分，表现出对"共同体"的偏爱以及对"社会"的失望。

麦基佛继承并发展了滕尼斯的"共同体思想"，他在 1917 年出版的《共同体：一项社会学的研究》一书中，认为只要人们在同一地域共同生活，就能够形成共同的生活方式、习俗习惯、语言方式，还能够产生共同的情感与

---

① ［古希腊］亚里士多德：《政治学》，［英］本杰明·乔伊特译，宋京遽导读，中国人民大学出版社 2013 年版，第 4 页。

② ［德］斐迪南·滕尼斯：《共同体与社会》，林荣远译，商务印书馆 1999 年版，第 52—65 页。

共同的意识，从而创造出"共同体"，利益与意志、契约与制度是构成共同体的最重要维度。① 麦基佛的突出贡献在于突破了传统共同体的"自然亲近性"，超越了滕尼斯的"共同体思想"，并赋予其精神内涵及文化意义，不再将同一地域中的共同生活作为共同体形成和存在的先决条件，并指出为了某一共同利益，共同体可以被创造出来，还可以突破地理区域的物理空间界限。

到20世纪二三十年代，芝加哥社会学派发展了"共同体"思想，既有对前人思想的传承，又在已有成果基础上有所发展。帕克将"共同体"界定为社区（Community），认为社区特征包括以下三个方面：首先是人口，它是按照一定区域组织起来，居住在一定区域范围内；其次是土地，它是人口赖以生息的基础及生产生活的基本依托；第三是关系，它是社区中的每个人生产生活相互依赖的联结纽带。② 可以看出，帕克对于社区的界定并没有偏离"共同体"传统，将社区居民的归属感、成员的共同情感以及城市居民的心理状态作为社区研究的重要内容，将共同体理论的发展与美国城市兴起的背景联系起来，开启了芝加哥社会学派关于社区邻里关系研究的先河，在以后研究中，引发学术界关于社区"失落论"、社区"继存论"与社区"解放论"的讨论。

鲍曼认为"共同体"是一个安全、温馨、舒服的场所，人们在其中维系着一种紧密的社会关系，相互依存、信任和帮助，强调个体想要得到"共同体"的好处，必须以自由的付出作为代价，服从"共同体"的统一管理③，意味着共同体成员间在享受家的归属感的同时，成员间还要彼此承担相应的责任和履行必要的义务。

在我国，滕尼斯、鲍曼有关"共同体"的思想受到普遍认同和进一步阐释。李慧凤、蔡旭昶（2010）认为，"共同体"不只具有实体形态，也具

---

① MacIver, R. M., *Community, a Sociological Study*, London: Macmillan Co., Limited, 1920, p. 2.

② Park R., "Human Ecology", in *American Journal of Sociology*, 1936, p. 1.

③ ［英］齐格蒙特·鲍曼：《共同体》，欧阳景根译，江苏人民出版社2003年版，第1—5、186页。

有观念的形态。除了地域型形态，比如村庄、邻里、城市和社区等地域性社会组织；还有关系型形态，比如种族、宗教团体和社团等社会关系与共同情感，其中，"共同体"的关系型形态显得越来越突出。① 关系型共同体是后天形成的具有可塑性的关系群体，明显区别于地域型共同体。

对"共同体"含义的完整理解，不是单一的血缘性观念或地域性概念，而是具有综合性质和集成意义，以共同的习俗习惯、生活方式、情感意识为基础，体现血缘性特征和地域性特点，突出关系性联结和情感性纽带，使人口群体实现有效联结和有机团结。

（二）共同体的主要特征

从上述对"共同体"的概念界定可以看到，它体现为一个有机体，追求共同利益或共同善，是人们通过共同体社会活动，拥有相近或相同的生活方式、习俗习惯、语言方式和共同的情感与意识，自然凝结所组成的有关"人类共同体"的各种"同质"属性和关系，其特征主要表现在：

第一，共同的目标，它是共同体形成的基础。共同体是为追求某种善或者共同利益而建立形成的。正如亚里士多德所认为的，共同体是人们为了获得某种共同利益以及追求共同善而建立的城邦。② "共同体"作为一个协作系统，其真正的协作是在人们追求共同目标过程中产生的。假如没有共同的目标，就只能成为一种松散的偶合人群③，也就是偶然地在同一时间同一地方临时聚集起来的一群人。共同体目标与组织目标存在本质的区别，前者强调的是"满足成员需求"，而后者强调的是"外在目的"④，即一物的存在是为了其他事物，是一事物对另一事物的"适应性"。随着后天关系型共同体越来越

---

① 李慧凤、蔡旭昶：《"共同体"概念的演变、应用与公民社会》，《学术月刊》2010年第6期，第19—23页。

② ［古希腊］亚里士多德：《政治学》，［英］本杰明·乔伊特译，宋京遙导读，中国人民大学出版社2013年版，第4—5页。

③ 韩智勇等：《深入探索共同体管理模式，不断加强科学基金队伍建设——国家自然科学基金委员会第55期"双清论坛"会议综述》，《中国科学基金》2011年第3期，第188页。

④ 张志旻等：《共同体的界定、内涵及其生成——共同体研究综述》，《科学学与科学技术管理》2010年第10期，第18页。

突出，共同的目标在"共同体"中的基础地位愈加彰显，更显示出"共同体"主体的"多元性"、共同体关系的"同质性"和不同利益的"可调和性"。

第二，共同的安全，它是共同体形成的保障。马斯洛需求层次理论将人类的需求分成生理需求、安全需求、爱和归属感、尊重和自我实现。其中"安全"是成员自身需要的低层次，属于低级别的需求，主要包括对人身安全、生活稳定以及免遭痛苦、威胁或疾病等。[①] 鲍曼也认为，"共同体"是一个安全、温馨、舒服的场所，人们在其中维系着一种紧密的社会关系，相互依存、信任和帮助，共同体的主要功能就是为其成员提供生活的安全和某种确定性。[②] 缺乏安全感，会使人感受到身边事物的威胁，觉得这世界是不公平或是危险的，从而影响共同的情感归属和价值认同。在当前条件下，"安全"的内涵相当广泛，既包括从世界和平、社会安稳到个人安全等宏观领域，也包括从道德保障、健康保障到工作保障等微观层面，它们都体现了生活在一定社会关系中的人对生命财产安全、秩序、稳定以及消除恐惧和焦虑的需要。在这个意义上，维护共同安全，抵御外敌必须是共同体成员首先要达成的共识，没有共同安全，动乱不安、缺乏共同安全的生存环境必然导致"共同体"的消亡。

第三，共同的情感，它是共同体形成的必要条件。"共同体"不同于单个个体，它不是单个人的简单聚集，单个农村、城市、国家的简单集合，以及单个个人与地域的简单组合。"共同体"也不同于一般的组织。从广义来看，组织是一个由诸多要素按照一定方式组成的联系密切的系统；从狭义来看，组织是人们为实现某一特定的发展目标，进行互相协作而结合形成的集体或团体，比如党团组织、工会组织、企业、军事组织等。狭义的组织，专门是对某一特定人群而言，运用于社会管理之中，是人们按照一定的目的、

---

① 吴宏伟：《马斯洛的需要层次理论及哲学底蕴》，《哈尔滨市委党校学报》2006年第2期，第31—33页。

② ［英］齐格蒙特·鲍曼：《共同体》，欧阳景根译，江苏人民出版社2003年版，第1—5、186页。

任务和形式编制起来的社会集团。"共同体"除了包含众多个人、地域、目标等要素之外，还具有统一的思想和情感，这是共同体与其他一般功能性组织的根本区别。这种情感是对所属共同体的一种认知、肯定、接纳和爱护，是"共同体"的重要黏合剂，一旦缺失，共同体便会产生不信任，导致情感破裂，最终分崩离析。这一重要特征在相关学者的研究中也得到体现。滕尼斯强调共同体的共同情感，体现为人与人之间的紧密关系和共同的精神意识，麦基佛也强调，通过形成共同的生活方式、习俗习惯、语言方式，还能够产生共同的情感与共同的意识，从而创造出"共同体"。[①] 由此可知，共同情感既是共同体形成的黏合剂，也是共同体形成的必要条件。

二、命运共同体

"命运共同体"是对"共同体"内涵的深化和发展，既包含共同体的内涵，又具有丰富的时代性及战略意义，体现为我国充分利用国际社会中全球体系与国际体系并存且相互关联的历史性机遇，向世界提出"命运共同体"的积极倡议，以打破"强国必霸"的传统大国崛起模式，消除各种形式的"中国威胁论"，表明中国坚持走和平发展的道路，为构建一个持久和平、共同繁荣的和谐世界不懈努力。

（一）命运共同体的基本内涵

党的十八大以来，我国对"命运共同体"有一系列重要论述。党的十八大报告明确指出，"合作共赢，就是要倡导人类命运共同体意识，在追求本国利益时兼顾他国合理关切，在谋求本国发展中促进各国共同发展，建立更加平等均衡的新型全球发展伙伴关系，同舟共济，权责共担，增加人类共同利益。"[②] 由此，我们可以清楚看到，合作、共赢、平等、分担等是"命

[①] MacIver, R. M., *Community, a Sociological Study*, London: Macmillan Co., Limited, 1920, p. 3.

[②] 胡锦涛：《坚定不移沿着中国特色社会主义道路前进 为全面建成小康社会而奋斗——在中国共产党第十八次全国代表大会上的报告》，《人民日报》2012 年 11 月 8 日。

运共同体"的本质要求。

习近平总书记在众多重要会议和国际场合从不同侧面阐述了"命运共同体"的丰富内涵，使其成为习近平新时代中国特色社会主义思想的有机组成部分。2013 年 3 月，习近平主席访问俄罗斯，在莫斯科国际关系学院的演讲中指出："这个世界，各国相互联系、相互依存的程度空前加深，人类生活在同一个地球村里，生活在历史和现实交汇的同一个时空里，越来越成为你中有我、我中有你的命运共同体。"① 这表明，"命运共同体"强调在各国联系日益密切基础上的一种共同呼吸、休戚与共、"一荣俱荣，一损俱损"的相同命运。2014 年 4 月 15 日，习近平总书记主持召开中央国家安全委员会第一次会议，强调我们要"既重视自身安全，又重视共同安全，打造命运共同体，推动各方朝着互利互惠、共同安全的目标相向而行。"② 将"共同安全"作为"命运共同体"的重要内容，也是"命运共同体"的一个目标。2015 年 9 月，在第 70 届联合国大会上，习近平总书记倡导"当今世界，各国相互依存、休戚与共。我们要继承和弘扬联合国宪章的宗旨和原则，构建以合作共赢为核心的新型国际关系，打造人类命运共同体。我们要建立平等相待、互商互谅的伙伴关系，营造公道正义、共建共享的安全格局，谋求开放创新、包容互惠的发展前景，促进和而不同、兼收并蓄的文明交流，构筑尊崇自然、绿色发展的生态体系。"③ 在这里，又强调"命运共同体"是一种新型的国际关系理念，是在继承《联合国宪章》宗旨和原则基础上，对中国和平发展战略思想的深化和发展，其中包含责任共担、互相信任、利益共享、共同安全、远近兼顾、包容共生、开放创新、绿色发展等理念。在 2015 年博鳌亚洲论坛年会上，习近平总书记对"通过迈向亚洲命运共同体，推动建设人类命运共同体"进行了系统阐述，明确提出迈向

---

① 习近平：《顺应时代前进潮流 促进世界和平发展——在莫斯科国际关系学院的演讲》，《人民日报》2013 年 3 月 24 日。

② 习近平：《坚持总体国家安全观 走中国特色国家安全道路》，《人民日报》2014 年 4 月 16 日。

③ 《习近平谈治国理政》第二卷，外文出版社 2017 年版，第 522—525 页。

"命运共同体"的四点要求：一是坚持各国相互尊重、平等相待；二是坚持合作共赢、共同发展；三是坚持实现共同、综合、合作、可持续的安全；四是坚持不同文明兼容并蓄、交流互鉴。① 2015年12月，在第二届世界互联网大会上，习近平总书记阐释了"共同构建网络空间命运共同体"的中国互联网观："网络空间是人类共同的活动空间，网络空间前途命运应由世界各国共同掌握。各国应该加强沟通、扩大共识、深化合作，共同构建网络空间命运共同体。"② 在2016年新年贺词中，习近平总书记希望"国际社会共同努力，多一份平和，多一份合作，变对抗为合作，化干戈为玉帛，共同构建各国人民共有共享的人类命运共同体"③。从上述回顾可以看到，习近平总书记对"命运共同体"的阐述，形式上涵括了"双边"命运共同体到"多边"命运共同体再到"同心"人类命运共同体，内容上覆盖了从政治、经济、安全、文化、环境到互联网等相关领域，从而绘制出了一幅"命运共同体"的完整蓝图。

学术界对"命运共同体"建设给予了高度关注，针对"命运共同体"的时代意义、内涵把握、特质特征、实现路径等形成了相关成果。于洪君（2013）提出，我们应将人类命运共同体意识"内化到心灵深处，并将责任共担、利益共享、远近兼顾、相互包容等理念转化为各国自觉行动"④。曲星（2013）认为，"命运共同体"包含了从国际权力观、共同利益观、可持续发展观、全球治理观四个方面的内涵价值。⑤ 张蕴岭（2014）提出，"命运共同体"体现的是一种共生理念和一种共利关系，它存在于各个复杂交错的关系之中，构建所依托的是基于共同利益的合作关系。⑥ 毛渲（2015）

---

① 习近平：《迈向命运共同体 开创亚洲新未来——在博鳌亚洲论坛2015年年会上的主旨演讲》，《人民日报》2015年3月29日。

② 《习近平谈治国理政》第二卷，外文出版社2017年版，第534页。

③ 习近平：《国家主席习近平发表二〇一六年新年贺词》，《人民日报》2016年1月1日。

④ 于洪君：《树立人类命运共同体意识推动中国与世界良性互动》，《当代世界》2013年第12期，第12页。

⑤ 曲星：《人类命运共同体的价值观基础》，《求是》2013年第4期，第53—54页。

⑥ 张蕴岭：《中国与周边关系：命运共同体的逻辑》，《人民论坛》2014年第6期，第36页。

认为，"命运共同体"作为一种外交战略，自身携带了"共同体"这一概念所具有的基因，拥有或追求"共同性"。这种"共同性"内藏于中国与周边国家的现实之中，又存在于构建的理想之中，如共同意识与价值上的追求，"命运共同体"的发展具有过程性，从最初的地缘与利益的相似与共同，发展至在精神、价值上的和谐、互信、包容的共同体。① 张希中（2016）认为，习近平同志的命运共同体思想的提出基于两个维度：一个是国际维度，从维护人类共同利益出发，旨在处理好世界上国家与国家之间的关系；另一个是民族维度，从维护中华民族整体利益出发，着眼于各民族之间的团结统一。② 阮宗泽（2016）认为，中国有两个梦想：一个是"中国梦"，一个是构建"共有共享的人类命运共同体"的"世界梦"，"中国梦"和"世界梦"相辅相成，互为促进。③ 构建"人类命运共同体"，不仅是中国特色社会主义国家外交的生动呈现，而且是中国在致力于建设世界强国战略目标的一种政策表达，关键在于回答了"中国到底想要一个什么样的世界"的世界疑问。

从上述分析可以看到，"命运共同体"内涵相当丰富。在表现形式上经历了从"双边"命运共同体到"多边"命运共同体再到"同心"人类命运共同体的演进，在基本内容上涵括了当今世界政治、经济、安全、人文和全球治理、自然环境、社会发展、国际反恐、防核扩散、国际维和妇女以及应对自然灾害等全球最重要的议题④，中国在建设理念上包含了责任共担、互相信任、利益共享、共同安全、远近兼顾、包容共生等思想。党的十九大报告更是确立了"坚持推动构建人类命运共同体"的发展目标，要求"必须统筹国内国际两个大局，始终不渝走和平发展道路、奉行互利共赢的开放战

---

① 毛渲：《中国与周边国家"命运共同体"概念与战略分析》，华东理工大学硕士学位论文，2015年，第18页。

② 张希中：《习近平命运共同体思想的形成维度、内涵及价值意蕴探析》，《行政与法》2016年第2期，第1页。

③ 阮宗泽：《人类命运共同体：中国的"世界梦"》，《国际问题研究》2016年第1期，第9页。

④ 阮宗泽：《人类命运共同体：中国的"世界梦"》，《国际问题研究》2016年第1期，第16页。

略，坚持正确义利观，树立共同、综合、合作、可持续的新安全观，谋求开放创新、包容互惠的发展前景，促进和而不同、兼收并蓄的文明交流，构筑尊崇自然、绿色发展的生态体系，始终做世界和平的建设者、全球发展的贡献者、国际秩序的维护者。"① 因此，"命运共同体"包括了从表现形式、基本内容、建设理念到发展目标的全面内涵，它们具有各自的内在规定性。

（二）命运共同体的主要特征

我们认为，共同体强调事物的统一性和整体性，体现为共同的区域、共同的社会特征、共同的情感意识以及共同的追求目标联结起来的有机整体。命运共同体超越共同体的"共同性"特征，体现为"共生性"，要求不同文化、不同种族、不同肤色、不同宗教和不同社会制度的国家，经过长期的融合、交流、合作和发展，达到一种你中有我，我中有你，命运攸关、荣辱与共、包容共生的和谐状态。② 具体表现在：

第一，荣辱与共，它是命运共同体的重要基石。荣辱与共强调的是"一荣俱荣，一损俱损"的共同命运，一方面在寻求利益的共同点和交汇点的过程中包容共进，另一方面通过本国的"自我实现"帮助其他国家的发展，它是要倡导人类命运共同体意识，表明一个国家"在追求本国利益时要兼顾他国合理关切，在谋求本国发展中促进各国共同发展，建立更加平等均衡的新型全球发展伙伴关系，同舟共济，权责共担，增进人类共同利益。"③ 我国的发展实践也证明了这一点，紧紧抓住加快发展的历史性机遇以及难得的和平发展空间，避免"强国必霸"的大国崛起模式，推动国际经济政治秩序朝着更加公正合理的方向发展。中国和平发展的"命运共同体"理念既有益于本国人民，又为推动构建持久和平、共同繁荣的和谐世

---

① 习近平：《决胜全面建成小康社会　夺取新时代中国特色社会主义伟大胜利——在中国共产党第十九次全国代表大会上的报告》，《人民日报》2017 年 10 月 28 日。

② 赵铁、林昆勇、何玉珍：《中国—东盟命运共同体的共同体诠释》，《广西民族研究》2016年第 1 期，第 153 页。

③ 胡锦涛：《坚定不移沿着中国特色社会主义道路前进　为全面建成小康社会而奋斗——在中国共产党第十八次全国代表大会上的报告》，《人民日报》2012 年 11 月 8 日。

界作出贡献，顺应全球化与各国相互依存大势致力中外合作共赢，展现中国的"大国担当"，是一种既要让自己本国人民群众过得好，同时也要让别人别国人民群众过得好的一种"共荣共进"理念。

第二，风雨同舟，它是命运共同体的本质要求。当前，世界的和平与发展面临许多问题和严峻挑战，需要世界各国不断提升协同治理的能力和合作水平。长期以来，国际传统安全与非传统安全问题交织在一起，形成了对国际秩序、人类生存等全球性事业的严峻挑战。伴随国际局势的迅猛发展，许多新的全球性问题又层出不穷，不断涌现，诸如全球网络安全、世界生态安全等问题，尤为严重的是，在全球化背景下，一个国家处理国际问题的国内政策会产生跨国界的溢出效应，容易引发新的矛盾和潜在冲突。在全球一体化加速发展的今天，世界各国之间相互依赖、互促共进、合作发展，达到了一个前所未有的水平，世界任何一个国家或国家集团，都不可能独自解决全球化带来的国际问题，携手合作、同舟共济、互利共赢成为世界各国共同受益的和平发展的有效途径。如何加强互助合作，实现共赢发展，如何携手并肩，协调处理国际问题，是摆在世界各国面前的一个重要议题。在第八届东亚峰会上，李克强总理对国际协作作了一个形象比喻，"一根筷子很难吃着东西，两根筷子一起用才能夹到食物，一把筷子捆在一起就不易折断"[1]。面对诸多全球性的问题，"命运共同体"理念要求不仅要重视一个国家自身国家安全，而且要重视国际社会的全球共同安全，特别要加强在世界金融危机、全球防灾救灾、全球网络安全、协调打击跨国犯罪、联合开展国际执法等方面的合作，同舟共济，权责共担，互利共赢，为世界人民营造更加和平、更加安宁、更加温馨的地区家园。[2]

第三，和谐共生，它是命运共同体的核心内容。"命运共同体"表现为发展的过程性和内涵的丰富性，从初始阶段的地缘与利益相似的"共同

---

[1]　李克强：《在第八届东亚峰会上的讲话》，《人民日报》2013年10月11日。

[2]　习近平：《坚持总体国家安全观　走中国特色国家安全道路》，《人民日报》2014年4月16日。

体"，发展成为一个在精神依托、价值追求上的和谐共生、包容互信的"命运共同体"。世界上没有一种"放之四海而皆准"的社会协同发展模式，也没有固定不变、一劳永逸的国家发展道路模式。世界上各个国家不仅要尊重彼此各自自主选择的社会制度和发展道路的基本权利，而且要尊重各自推动国家经济社会发展、改善人民生活的积极探索和有效实践，坚定对各自国家发展道路、发展模式、发展选择上的自信。面对国与国之间的矛盾、摩擦以致冲突，"命运共同体"理念要求各国相互尊重、平等相待，始终坚持合作共赢、共同发展，始终坚持实现共同、综合、合作、可持续的安全，始终坚持不同文明兼容并蓄、交流互鉴。[①] 在国际关系中，中国一贯主张坚持弘扬平等互信、包容互鉴、合作共赢的精神和共同维护国际公平正义，推动国际关系民主化、法治化、合理化。可见，"命运共同体"基于不同文化、种族、肤色、宗教和不同的社会制度，共同致力于不同文化之间的交流合作、发展融合、和谐共生，真正实现国之交在于民相亲，民相亲在于心相近，积极打造国际合作新平台，不断增添共同发展的文化新动力，大力促进世界各国的共同繁荣和持续发展。

三、文化

文化产业是由"文化"和"产业"两个词组构成的。在把握文化产业之前，有必要先了解和认识文化内涵及其特征。

（一）文化的基本内涵

人类对"文化"的认识以及赋予其特定的内涵，经历了一个长期的发展过程。在中世纪时代，文化的含义被神学观念所支配。18世纪，启蒙时代的理论家们把"文化"概念逐步从神学体系中解放出来。18世纪末，"文化"一词在西方语言中的"Culture"中的词义和用法都发生了重大变化，主要指"自然成长的倾向"，逐渐融入艺术、知识等现代意义上的文化

---

① 习近平：《迈向命运共同体 开创亚洲新未来——在博鳌亚洲论坛 2015 年年会上的主旨演讲》，《人民日报》2015 年 3 月 29 日。

内涵。19 世纪，文化第一次被用来指人类的一种"心灵的某种状态或习惯"，表明文化与人类完善的思想具有密切的关系，后来，文化又被用来表达"一个社会整体中知识发展的一般状态"以及"各类艺术的总体"。19世纪末，文化开始意指人类的一种物质上、知识上和精神上的"整体生活方式"①。

　　早在 17 世纪德国法学家塞缪尔·普芬道夫首次提出"文化"的概念，认为"文化"是"文化生活和精神生活是同义词"②。1871 年，泰勒在其论著《原始文化》中较为全面系统地阐述了"文化"的内涵，其就是，"所谓文化或文明乃是包括知识、信仰、艺术、道德、法律、习俗以及包括作为社会成员的个人而获得的其他任何能力、习惯在内的一种综合体"③。斯图亚特·霍尔强调文化基本内涵中的"意义"的重要性，他认为，文化所涉及的是一个社会或集团之间"共享"的意义，这种"共享"的意义，不仅是创作者单向意志的输送，而且是接受者在个体解码能力、价值观、兴趣等引导下而生成的二度创作，甚至可能融汇了所有参与者的多种意志。英国著名文化人类学家马林诺夫斯基指出，文化是作为那样一种传统的器物、货品、技术、思想、习惯及价值而言的，其包括社会组织。④ 美国著名人类学家克莱德·克鲁克洪指出，文化是某个人类群体独特的生活方式，不仅包含了"显型"式样的文化，而且包含了"隐型"式样的文化，它具有为整个群体"共享"性的显著倾向，或者是，文化在一定时期中为群体的特定部分所"共享"。⑤ 文化是人类后天进行学而知之的，由构成人类存在的生物学、环境科学、心理学和历史学等成分衍生而来的，是人类适应自身所在社会环境的重要工具，是表达其自身创造性的主要手段，有学者指出："人类学家对文化的描述可以和地图作个比较。地图显然不是一片具体的块，而是特殊地

---

① 韦森：《文化与制序》，上海人民出版社 2003 年版，第 19 页。
② ［法］维克多·埃尔：《文化概念》，康新文、晓文译，上海人民出版社 1988 年版，第 54 页。
③ ［英］泰勒：《原始文化》，蔡江浓编译，浙江人民出版社 1988 年版，第 1 页。
④ ［英］马林诺夫斯基：《文化论》，费孝通等译，（台湾）商务印书馆 1972 年版，第 2 页。
⑤ 王威孚、朱磊：《关于对"文化"定义的综述》，《江淮论坛》2006 年第 2 期，第 190 页。

域的抽象表示。地图如果绘制得精确，人们看了它就不会迷失途径。文化如果得到正确的描述，人们就会认识到存在一种具有特殊性质的生活方式，认识这些性质之间的相互关系。"① 美国社会学家戴维·波普诺在研究分析文化定义时指出，社会学家与人类学家两者对文化的共同定义是：文化是人类群体或社会的共享成果，这些共有产物不仅包括价值观、语言、知识，而且包括物质对象。②

在苏联，一些学者指出，文化不仅是一个受历史条件所制约的人们的技能、知识、思想感情的总和，而且也表现在生产技术和生活服务的技术上，在人民教育水平以及规定和组织社会生活的社会制度上，在科学技术成果和文学艺术作品中的固化和物质化等方面。③ 在法国，一些学者指出，文化是指一个社会群体所特有的文明现象的总和，它包括知识、信仰、艺术、道德、法律、习俗以及作为社会在内的文明现象。④ 在中国，梁漱溟将文化定义为"一个民族生活的种种方面"⑤。钱穆认为："大体文明文化，皆指人类群体生活而言，文明偏在外，属物质方面，文化偏在内，属精神方面。"⑥而西方哲学家黑格尔认为："'文化'是一种形式上的东西，属于'思想的形式'。"⑦

在马克思看来，文化是人类的一种社会生活，人类通过社会的实践行动，不仅创造了人类自身，而且构建了人类社会，人与自然的这种相互作用，就构成了人类社会文化。从广义的视角来看，马克思认为，"文明"即"文化"，是指人类社会的物质进步和精神开化程度，文化离不开人，而人

---

① [美] 克莱德·克鲁克洪等著：《文化与个人》，高佳等译，浙江人民出版社 1986 年版，第 27 页。

② [美] 戴维·波普诺：《社会学》，李强等译，中国人民大学出版社 2007 年版，第 11 页。

③ 王威孚、朱磊：《关于对"文化"定义的综述》，《江淮论坛》2006 年第 2 期，第 190 页。

④ 王威孚、朱磊：《关于对"文化"定义的综述》，《江淮论坛》2006 年第 2 期，第 190—191 页。

⑤ 梁漱溟：《东西文化及其哲学》，商务印书馆 1999 年版，第 19 页。

⑥ 钱穆：《中国文化史导论》，商务印书馆 1996 年版，第 1 页。

⑦ [德] 黑格尔：《历史哲学》，王造时译，上海书店出版社 1999 年版，第 21—22 页。

需要"靠自然界生活"①，人和自然共同孕育了文化。从狭义的视角来看，马克思认为，文化是指人类的精神产物、社会意识等各种层次的思想内涵，其中包括了精神生产、法律、政治、宗教和艺术等各类思想财富。从这个角度来讲，文化是人类思维的一种实践产物，其立足于"人类社会或社会的人类"②。

由此可见，文化作为人类社会实践的一种产物，其无论是从广义还是狭义的视角来看，人类进行生产实践活动，文化就会自然而然地应运而生。文化的创造来源于人类的社会实践，同时，文化的检验也必须依靠人类社会实践。人类是为了满足自身的生存与发展，才通过社会实践劳动来对自然进行改造，从而创造出人类社会的物质文化。同时，人类在长期社会生产实践活动中，也逐步形成了自身的思维方式、价值取向、道德情操、法制观念、宗教信仰和审美情趣等人类精神文化。并且，在人类社会生产生活中由物质文化和精神文化所决定，人与人、人与社会产生的联系及形成的特定关系即为制度文化。物质文化、精神文化和制度文化，构成文化的重要组成部分，三者之间相互依存、融合和影响。物质文化是人类社会精神文化和制度文化的前提基础，物质文化决定人类的文化思想和社会的生产方式，形成精神文化和制度文化。制度文化为物质文化和精神文化提供社会环境，制度文化本身也会反作用于物质文化，落后的制度文化会阻碍物质文化发展，先进的制度文化会促进物质文化的发展进步。精神文化是建立在人类社会物质文化和制度文化的基础上，并能够充分体现人类社会存在和人类社会形态中的一种人类意识，为物质文化和制度文化提供引导方向。

（二）文化的主要特征

中外学术界对"文化"给予了不同界定，学术视角、切入点以及内在规定性各有不同，但共同点也显而易见，如强调文化起源于人类物质生产活

---

① 《马克思恩格斯文集》第 1 卷，人民出版社 2009 年版，第 161 页。
② 《马克思恩格斯选集》第 1 卷，人民出版社 1995 年版，第 56 页。

动的思想，文化作为人类社会所创造的一种物质财富和精神财富的总和，其主要包含了器物文化、观念文化、知识文化、制度文化等，为全面把握文化的主要特征提供了指导。

第一，继承性。文化作为一种历史现象，其本身需要延续、传承和发扬光大。作为每一个历史时期的文化，其发展基础都是前一个历史时期发展所积累下来的。同时，作为每一个时代的文化，其发展进步均是对上一个时代因循下来的文化加以继承改造，并且，主动地融入了新时代的主要特征和重点内容，锻造出来一种新时代的优秀文化。也就是说，没有文化的历史继承和传承，就不会有文化的创新和发展。文化的历史继承和传承，为文化的创新和发展奠定了坚实基础和丰富源泉，继承性成为文化本身所固有的本质属性。所以，文化的历史继承性并不是一股脑儿地进行"全盘照抄"和"简单重复"的"搬运工"式的机械行为，而是一种选择性、批判性的继承，是一种"自我否定"的大胆扬弃。而对于那些符合时代发展潮流和满足人民需求的社会历史文化，我们需要主动地、积极地、大胆地吸收，致力为人类社会的发展进步提供不竭动力源泉。相反，对于那些曾经是先进的，但不适应时代的发展而落后的、并与时代发展要求背道而驰的文化，我们需要坚决反对、摒弃和批判。①

第二，创新性。文化的创新性，简言之，它就是文化得以持续发展的一种内在力量和根本动力。文化的创新活动，主要是在植根于人们的社会实践活动的基础上，伴随着人们社会实践内容的变更，而融入新的时代内容，从而孕育产生出来的一种新的社会文化。一方面，文化的创新过程，就是一个继承传统、重塑传统的历史过程。但文化创新的历史过程，也不是一蹴而就的，基于文化本身具有一定的稳定性，在一般情况下，文化的创新发展是主动适应人类社会变化发展的。文化会伴随人们社会实践的纵深发展，或急或缓地剔除文化自身阻碍社会发展的不良因素，融入新的血液和内涵，以适应

---

① 石文卓：《文化：心灵的归宿和精神的家园——文化的概念、特征及作用探析》，《沈阳师范大学学报（社会科学版）》2013 年第 1 期，第 165 页。

时代的变化和要求。另一方面，文化的创新活动，主要集中体现在吸收和借鉴外来文化的有利因素上。诚然，文化，并不是紧紧凝固于某一地区或某一民族，伴随着人们社会交往的扩展，也带来了人类文化交流范围的扩大，这样，文化就突破了自身生长的固有环境，从而转向更加广阔的范围进行传播。所以，文化的交流是实现文化创新的一种有效途径，本土文化与外来文化通过交流与碰撞，也会进一步催生文化的创新发展。而对于外来文化，我们要取其精华、去其糟粕，这才是文化创新发展的生动实践和本质要求。①

　　第三，多样性。如何界定文化的"多样性"定义，联合国教科文组织在其发表的《世界文化多样性宣言》中明确指出，文化的多样性就是人类的一种共同文化遗产，文化在不同的时代和不同的地方，其多样性就显现各种不同的表现形式。文化的多样性，主要是具体体现在构成人类的各个群体和各个社会的特性所具有的一种独特性和多样化。文化多样性是人类进行交流、革新和创作的重要源泉。对人类来讲，文化多样性就像生物多样性对维持生物平衡那样必不可少。② 文化多样性作为一种人类历史发展的真实记录，是人类在历史变迁中以不同的形式表现自己和记录历史，我们应十分珍惜和妥善保存好文化的多样性，通过"不忘初心，牢记使命"，永远铭记自身所追求的理性信念，而不断奋勇前进，不断创造新的业绩和进步。

　　文化的多样性，主要具体表现在人类社会文化历史发展的诸多方面。一是从文化起源来看，人类文化的起源存在着多样性。例如，人类文化的起源是多源头的，为此西方的学者将人类文化划分为埃及、苏美尔、米诺、安第斯、玛雅、中国和印度七个母文明；同时，中国的学者将人类文化划分为埃及尼罗河流域、西亚两河流域、南亚印度河流域和中国黄河流域四大发源地。二是从文化发展来看，人类文化历史发展的道路也是多样性的。例如，

---

　　① 石文卓：《文化：心灵的归宿和精神的家园——文化的概念、特征及作用探析》，《沈阳师范大学学报（社会科学版）》2013 年第 1 期，第 165 页。
　　② 石文卓：《文化：心灵的归宿和精神的家园——文化的概念、特征及作用探析》，《沈阳师范大学学报（社会科学版）》2013 年第 1 期，第 165 页。

中国儒家文化作为一种崇尚和谐的文化，其发展道路是寻求与其他文化的"兼容并蓄，共同发展"；又如，欧洲临海国家的文化普遍带有一种浓郁的"海"的色彩和特征，其文化历史的发展道路是"在竞争中寻求发展"。三是从文化存在来看，文化的多样性主要体现在世界文化、区域文化、各国文化等方面的鲜明多样性。即世界各国或局部地区的文化，都具有它们自身的独特之处，即使在同一个国家，也存在着多样的不同的文化群体。例如，中国西南地区的巴蜀文化、中部地区的荆楚文化，等等。由此看来，文化的多样性，不仅存在于人类社会文化的起源和文化的客观存在以及文化的历史发展之中，而且贯穿于整个人类社会文化的发展历史进程之中。①

第四，共享性。文化以公共产品的形式存在，其在本质上具有公共性，这种公共性主要表现为在某一特定的人群所共同拥有这一特定的文化。一是从文化的本性来看，文化具有天生的、内在的"共享性"，这种公共文化的"共享性"，直接源于文化的"公共性"。二是从公共文化的形成来看，原始社会的文化，具有原始社会所有成员"共同拥有"的基本特点和显著特征。在原始社会生产和生活的"公社制"管理下，社会没有财产私有和阶级分化的分层现象。我们从文化内容上看，原始社会的文化，不存在"公共文化"，也没有属于少数人的文化。真正的"公共文化"形成，只是到了阶级社会，人类社会文化发展才出现了"分层"、"分化"现象。因此，在阶级分化、财产私有和社会地位悬殊的阶级社会中，人类社会成员所共同分享公共文化，充分体现为社会成员对于公共文化的平等参与，成为实现公共文化公益性的一种重要途径。② 三是从文化发展的历史实践来看，伴随阶级社会的形成，文化发展出现了社会分化。在阶级社会中，不同的社会群体拥有不同的社会生产资料，因而，社会阶层之间的文化是存在差异的，并且存在社

---

① 石文卓：《文化：心灵的归宿和精神的家园——文化的概念、特征及作用探析》，《沈阳师范大学学报（社会科学版）》2013年第1期，第166页。
② 荣跃明：《公共文化的概念、形态和特征》，《毛泽东邓小平理论研究》2011年第3期，第41—42页。

会阶层的文化对立或文化冲突。但是，公共文化的存在，只能在一定范围、层次和方式上体现社会各个阶层的平等相处，并不能完全改变整个社会阶级、财产和权利不平等的客观现实。由于阶级社会的存在以及人类社会生产力发展水平的限制，公共文化要实现不分阶级阶层和社会地位的高低贵贱，成为社会全体公民所"共享"，这毕竟是非常有限的，更多地展现为一种外在的象征意义，即是说，这是对等级制社会制度及其社会矛盾的一种调适方法和解决手段。①

第五，差异性。在人类社会文明发展的历史进程中，时间和空间在人类社会"公共文化"发展的动态历史演进中留下了自身鲜明的足迹，这种足迹充分地表现为人类社会"公共文化"的另一个显著特征"差异性"。这个"差异性"主要体现在历史形态、历史空间上的主要差异。人类社会的"公共文化"的这种"形态差异"，从某种程度上看，不仅反映在人们的不同民族属性和人们的不同信奉以及不同宗教上，而且体现在人们的不同民族属性的不同表现方式上，诸如某种民族艺术样式所展现的不同审美趣味上，由此，我们可以判断和区分出一个人在其所处民族社会中的社会身份和地位差别。在人类社会历史发展的不同时期，公共文化发展不可避免具有鲜明的历史时代"形态差异"特征。② 地域空间的差异性，也在一定程度上对该地域空间人们的生产、生活方式产生影响，赋予这一特定地域空间以某一特定文化精神内涵，构成这一特定地域的人们的公共文化空间，形成公共文化的"空间差异"。

四、文化力

文化力对于后工业社会发展具有重要意义，不管它是附着于人们的思想

---

① 荣跃明：《公共文化的概念、形态和特征》，《毛泽东邓小平理论研究》2011 年第 3 期，第 42 页。

② 荣跃明：《公共文化的概念、形态和特征》，《毛泽东邓小平理论研究》2011 年第 3 期，第 42 页。

观念或是精神理念上，还是物化在人们日常生产、生活中一定的物质产品或精神产品上，通常都是以显性或隐性的方式，借助精神的或者物质的平台和载体，使得文化力得以显现并通过一定形态展示其价值、功能和作用。

（一）文化力的基本内涵

在我国，有关文化力的文献可以追溯到民国时期。在 1920 年，梁启超就提出了"文化力"的概念，在其《欧游心影录（节录）》下篇《中国人之自觉》第十三节《中国人对于世界文明之大责任》中明确提到，"为什么要有国家？因为有个国家，才容易把这个国家以内一群人的文化力聚拢起来积聚起来增长起来，好加入人类全体中助他发展，所以建设国家是人类全体进化的一种手段。"[①] 民国时期，我国著名军事家杨杰在其《国防新论》、《军事与国防》等著作中也多次提到"文化力"，并强调"文化力"在人类近现代战争中所发挥的重要作用。杨杰认为："文化组织在现代战争上的新任务：战争可以用武力取胜，也可以用文化力取胜；取胜虽可以用武力，但保持永久的胜利必须用文化力。文化力既能使有形的胜利变为无形的胜利，又能使暂时的胜利变为永久的胜利。"[②]

约瑟夫·奈在 20 世纪 90 年代提出"软实力"后，吸引了中外学术界的关注，很多学者围绕该问题展开研究，形成了大量成果，推动了我国文化力的研究热潮。我国当代对"文化力"的研究，最早可以追溯到 1992 年黄硕风有关"文教力"的研究。在其论著《综合国力论》中，黄硕风将"综合国力"细分为七个方面，其中"科技力"和"文教力"是两个最为关键的方面。后来，黄硕风坚持"科技力"和"文教力"的思路或用法，未将它们合并为"文化力"，或从"文教力"中将"文化"抽出来单独成"力"。[③] 贾春峰是第一个使用"文化力"概念的学者，被誉为"文化力研究第一人"。他认为，对于"文化力"这个概念，国外的经济文化著作中均

---

① 梁启超：《饮冰室合集·专集（二十三）》，中华书局 1936 年版，第 35 页。
② 杨杰：《国防新论》，中华书局 1943 年版，第 330 页。
③ 黄硕风：《综合国力论》，中国社会科学出版社 1992 年版，第 110 页。

用过这个词，但没有深入展开讲"文化力"。在我国，1992 年以前的学术界没有使用"文化力"概念，可能是我第一个用了这个概念。[①] 从今天的观点看，他所论述的"文化力"与我们今天所讲的"文化力"，在内涵和外延上还是存在一些不同，主要研究和关注企业文化以及如何将其演变成"文化力"，指明"文化力"是相对于经济力、政治力而言的，对于人类整个经济与社会的进步来说，对于地区经济与城市经济的发展来说，对于企业发展来说，"文化力"都是一种强大的内在的驱动力。[②] 他承认他的"文化力"概念主要源于名和太郎的《经济与文化》，"在国际范围内，首先使用'文化力'概念的是日本人的《经济与文化》一书，那本书是在分析文化市场机制等问题时使用这个词的，但并没有就'文化力'问题作出理论上的分析和论证。"[③] 王沪宁对"文化力"展开了系统深入的研究，在其论著《作为国家实力的文化：软权力》中，未把约瑟夫·奈的"Softpower"翻译为"软实力"，而是翻译为"软权力"，认为文化不仅是一种力量的展现，而且是权力的重要一部分，更是实力或国力的重要一部分。[④] 这一观点具有开创性，将"文化"视为一种力量或"实力"，或视为"综合国力"的一部分，体现了"文化—软权力—文化实力—文化国力—文化力"的研究思路，此后，将文化力作为综合国力的一部分也为越来越多的人所认同。[⑤] 从广义上看，硬实力、软实力和巧实力包括在文化力的整体范畴之中。

从上述回顾可以看到，在"文化力"研究的初始阶段，名和太郎有关"文化力"阐释架构，对当时我国学术界针对该问题的分析框架或理论模式具有一定影响。其后，围绕约瑟夫·奈"Softpower"的研究，我国学术界形

---

① 李文启、王玉才、吴绍斌：《"文化力研究第一人"——访著名学者贾春峰》，《商业文化月刊》2004 年第 3 期，第 5—6 页。

② 李文启、王玉才、吴绍斌：《"文化力研究第一人"——访著名学者贾春峰》，《商业文化月刊》2004 年第 3 期，第 5—6 页。

③ 贾春峰、黄文良：《关于"文化力"的对话》，《现代哲学》1995 年第 4 期，第 6—8 页。

④ 王沪宁：《作为国家实力的文化：软权力》，《复旦学报（社会科学版）》1993 年第 3 期，第 12—24 页。

⑤ 胡平：《九十年代中国对外开放的十大趋势——学习〈邓小平文选〉第三卷心得》，《党校论坛》1993 年第 12 期，第 4—11 页。

成了研究"软实力"、创立"文化力"两种范式并行共存的情况。在当今综合国力评价方案中，出现把文化力的诸多因素纳入其中的总体趋势，这既是文化在经济社会发展中地位逐渐增强的结果，也是处于现代社会中的国家意志越来越渗透和影响个体领域的结果。可以预见，文化力对综合国力的作用会越来越大，在国际关系以及地区及全球事务的治理中扮演重要角色及发挥重要作用。

（二）文化力的主要特征

文化力作为一种社会力量，究其本质属性，它不是一种直接作用的社会力量，其力量的显现及发挥，客观上需要通过一定的有效载体或平台媒介才能得以实现。

第一，广泛性。文化力的广泛性，主要表现在其主体的广泛性、对象的广泛性和内容的广泛性。一是依据历史唯物主义的基本原理，人民群众不仅是精神文化的创造主体，而且是推动文化发展的主要力量。人民群众在共同创造文化的同时，也共同分享着各民族创造的灿烂而优秀的文化成果。二是从文化力的作用对象层面来看，文化力所具有的广泛性，不仅反映了人类文化生产力本身的发展状况，而且作用于人类社会经济、政治、生态，还包括人的精神状态等，并且文化力对人类社会的方方面面都将产生深刻而深远的影响。三是从文化力包含的内容来看，文化力的广泛性，包括丰富的内容，既体现为硬实力，也表现为软实力和巧实力，具有不同的动力依托、表现方式和作用模式，推动文化与经济的融会贯通，它们构成了人类社会发展绚丽而多彩的文化现象和文化综合力，共同推动着人类经济发展和社会进步。[①]

第二，兼容性。文化力的兼容性，主要表现在其具有极强的融合性和渗透性。文化力的兼容性，主要表现在人类社会历史发展的过程中，主要通过海纳百川、兼收并蓄，进行广泛地吸纳世界上一切优秀的文化成果，并且相互学习、相互借鉴、相互包容、相互促进和共同发展。21世纪，世界文化

---

① 赵文广：《深刻认识文化力的内涵及其特征》，《中共成都市委党校学报》2005年第1期，第76页。

多样化发展已成为时代发展的一种新趋势和新潮流。全球不同文化广泛地不可抗拒地渗透到世界各国的每个角落，将对人类社会经济、政治、生活的各个层面产生重大而深远的影响。尤其是通过文化与经济的交融发展，出现了文化经济化和经济文化化的趋向，从而使得人类社会中文化与经济的划界日趋模糊，文化与经济一体化趋势更加明显，这是符合人类社会发展的客观规律。事实上，随着人类社会文化产业的大量涌现，使得文化具有了经济功能，尤其是在产品设计、生产、营销过程中，文化的含量及其附加值也日益提高，使得社会经济深深地烙上了文化印记。开放兼容是文化发展的普遍形式和规律，其依据主要在于人类文化的统一性与多样性的矛盾运动，而这一矛盾运动，又是通过文化的开放兼容来实现的，且存在吸收与共存两种形式，冲突与融合两个关键环节，以及宽容与自主两个主要原则。① 开放兼容不仅有利于文化保持自身活力和横向开拓，而且有利于增强文化的创造性以及文化的和谐、繁荣发展。②

第三，导向性。文化力的导向性，主要表现在其鲜明作用性，不仅作用于人类社会的各个领域，而且可以起到有效的规范、引导、约束和激励作用。例如，建筑文化，它本质上是反映了一种先进建筑理念和时代精神，它主要依托网络文化和媒体文化，通过知识信息的传递，为人们提供多种可供选择的建设方面的新思想、新观念，从而引导人们确立适应人类社会发展的新的建设价值观。③ 在这种有形或无形的社会文化环境的熏陶和作用下，人们潜移默化、自然而然地养成一种特定的思维方式和行为方式，后经过进一步积累、提炼和升华，发展成为一种人类社会的文化心理、文化观念和群体意识，一种具有鲜明时代精神特征的舆论导向。文化力作为一种谋求个人与

---

① 周薇：《开放兼容是文化发展的普遍形式和规律》，《广东社会科学》2006 年第 2 期，第 11—17 页。

② 赵文广：《深刻认识文化力的内涵及其特征》，《中共成都市委党校学报》2005 年第 1 期，第 76 页。

③ 赵文广：《深刻认识文化力的内涵及其特征》，《中共成都市委党校学报》2005 年第 1 期，第 76 页。

集体的和谐、能够有效地激发个人的自觉精神和潜能，通过调整和规范人们自身的言行的精神力量，它不仅能够明确地对违反预定价值规范的思想和行为加以拒斥和删除，而且能够对符合者加以接受和褒扬。这说明它具有一种明显的导向性。同时，它通过凝聚社会力量和众人智慧，便利于人们愉悦地生活和工作，从而实现个人追求和社会和谐的高度一致。我们从历史上看，发生在各个时期的优秀人物事迹和其丰功伟绩及其不朽精神，就形成了一种具体的、活生生的社会精神财富，其能为社会公众在社会文化环境中所"亲身体验"和"切身感知"，从而引起人们在思想上的高度认同和在情感上的强烈归属。①

第四，发展性。我们从其外部结构看，文化与经济、社会的有机结合，成为推动人类经济、社会发展不可替代的重要力量。我们从其内部结构看，文化力涵括知识文化力、科技文化力、历史文化力和民族文化力等，这些文化力成为硬实力，成为人类社会永续向前发展的重要动力，促进人类社会由低级向高级、由不发达向发达阶段的逐层递进，不断推动人类社会迈向文明进步。② 文化力的建设发展，需要一个长期培育、积累的过程，其产生的作用影响不可低估。文化力的深层源泉，是通过在漫长的历史演进中形成的，如文化传统、意识形态、民众素质、社会制度、经济体制、生活方式、区域形象与信用、对外影响力等，都是人类社会在不断演进过程中积淀的结果，是人类社会在协调与自然、与社会个体、与社会制度的过程中不断扬弃和升华的结果。同时，文化力的形成、发展及强弱变化，与时代发展特别是与社会环境密不可分。只有代表时代潮流的文化力，才能得到不断发展，特别是在现代社会中，文化力更是与科技进步、信息社会、知识经济等息息相关，对企业竞争、经济发展以及民族振兴具有重要意义和强大作用。

---

① 刘国新、王春喜：《论高校文化力的特点与功能》，《湖北大学学报（哲学社会科学版）》2011 年第 1 期，第 69 页。

② 赵文广：《深刻认识文化力的内涵及其特征》，《中共成都市委党校学报》2005 年第 1 期，第 76 页。

五、文化产业

"文化产业"一词最早见于20世纪30年代法兰克福学派代表人物本雅明所著的《机械复制时代的艺术作品》。文化产业在20世纪七八十年代得到迅猛发展，深刻影响着众多国家的产业变革和经济发展，已成为世界上许多国家，尤其是发达国家新的经济增长点，并从国家经济体系的边缘走向了中心。[1] 在我国，随着改革开放深入发展，文化产业在社会主义现代化建设中的重要地位日益显现，学术界对文化产业的研究也取得了丰硕成果。

（一）文化产业的基本内涵

学界广泛认可联合国教科文组织对"文化产业"的定义，即"文化产业就是按照工业标准，生产、再生产、储存以及分配文化产品和服务的一系列活动"[2]。"文化产业"具有狭义和广义含义之分。狭义的文化产业主要体现在传统文化产业上，而广义的文化产业则包括文化艺术业、广播电视业、新闻出版业、信息网络服务业、教育业、旅游业、体育业、广告业、会展业和咨询业等领域行业。[3]

在我国，20世纪中叶以来，由于受极左思想的影响，对文化产业采取否定的态度，否认"产业"与"文化"的结合及从产业的观点来看待和发展文化，只有"文化事业"，没有"文化产业"，对"文化产业"的研究也成为学术盲点。直到20世纪90年代，文化产业这一概念才被认可接受，并将其作为产业纳入国民经济发展体系。2001年，九届全国人大四次会议通过的《国民经济和社会发展第十个五年计划纲要》中明确要求，重点完善文化产业政策，着力加强文化市场建设和管理，大力推动文化产业发展，强

---

[1] 刘莉：《关于中国文化产业及其发展战略的思考》，吉林大学硕士学位论文，2005年，第1页。

[2] ［德］本雅明：《机械复制时代的艺术作品》，王才勇译，江苏人民出版社2006年版，第7页。

[3] 刘莉：《关于中国文化产业及其发展战略的思考》，吉林大学硕士学位论文，2005年，第1页。

调推动信息产业与有关文化产业结合。自此，"文化产业"首次进入国家五年计划纲要，在国民经济社会发展中占有一席之地，文化产业也成为国民经济新的重要增长点。文化产业在我国社会主义现代化建设中的重要地位日益显现，大力发展和壮大文化产业，已经成为我国文化界乃至整个社会的普遍共识。

我国学术界对文化产业的研究成果相当丰富，大体上可以分为理论启蒙和理性发展两个时期。在理论启蒙时期，相关研究主要集中在文化产业的基本概念[①]、文化产业的主要性质[②]、文化产业的政府政策和战略探讨[③]、文化产业的区域研究[④]等问题。随着我国市场经济体制的逐步确立和社会大众对文化需求的不断增长，文化产业的经济社会效益日益显现推动了文化产业的发展繁荣，学术界对文化产业的研究进入理性发展时期，这一时期的研究主要集中在文化产业的价值引领[⑤]、作用机理[⑥]、促进政策[⑦]等问题上。

（二）文化产业的主要特征

文化产业的特征主要表现在双重性、高弹性、溢出性、融合性和可持续性。

第一，双重性。文化产品是文化产业的前提基础，文化产品在文化生产过程中所具有的独特"双重性"在文化产业中得到充分体现。我们对文化产品的消费，不仅是一种物质消费，而且是一种精神消费。诚然，文化产业

---

① 刘凯：《文化产业创新促进文化产业发展研究》，东北大学博士学位论文，2014年，第11—16页。

② 张军：《论文化产业政策与法律的性质地位》，《中国文化产业评论》2015年第1期，第154—165页。

③ 胡惠林：《关于文化产业发展若干问题的思考》，《华中师范大学学报（人文社会科学版）》2016年第6期，第63—75页。

④ 滕堂伟等：《中国文化产业发展的区域差异》，《经济地理》2014年第7期，第97—102页。

⑤ 齐仁庆：《中国文化产业发展的价值取向问题研究》，东北师范大学博士学位论文，2012年，第64—73页。

⑥ 张祥志：《文化产业创造力研究：机理、保障机制与激励政策》，华中师范大学博士学位论文，2014年，第37—40页。

⑦ 祁春江：《我国文化创意产业发展促进政策研究》，郑州大学硕士学位论文，2008年，第39—46页。

还具有自身明显的文化属性和经济属性。其一，文化产业只有植根于社会经济之中，才能面向社会市场，充分发挥出其应有的社会价值和经济价值。文化产业依托工业化、社会化的生产方式，可以充分地发掘出文化的经济价值，为社会大众提供所需的精神文化产品，以实现最大化的经济效益。其二，文化产业一方面在追求其经济利润的同时，另一方面又在充分地利用文化的精神特质，以其独有的价值指向来引导社会文化发展的前进方向，体现文化对人类崇高精神的由衷赞美以及对人类文明进步的引导推动。[1]

第二，高弹性。伴随着生活水平的提高，人们在满足自身物质生活需求的同时，对精神生活的需求会更加强烈。由于社会成员在家庭、教育、成长环境上的不同，人们对于精神需求的文化消费具有一定的差异性。文化产品对消费者的吸引力以及市场价值的最后实现，也会受到人们的审美观、价值观及受教育水平等多种因素影响，导致文化产品的生产和消费体现出很大的差异性。[2] 同时，对文化产品的评判，其标准具有相对性，其结果也具有一定的主观成分和不确定性。此外，高弹性还表现为人们对精神文化需求的发展性和动态性，生活在不同时期的人们，以及人们在不同的历史发展时期和不同生活阶段，对精神文化生活的追求也具有明显的时代性和阶段性特征。

第三，溢出性。事实上，文化产业不是一个行业的简单串联，而是由若干个子产业相互组合而形成的产业集合，每一个子产业相互关联，直接或间接地进行一系列有机组合。文化产品在生产过程中，需要配套众多文化企业的生产和服务，从而对整个文化行业的相关上下游产业具有较强的带动效应。文化产业的技术创新和技术进步，也会创造新的技术需求，从而带动相关行业的繁荣发展。伴随信息网络技术的迅猛发展，社会各行业之间的界限日益模糊，文化产业的深度融合成为时代和社会发展的大趋势，与第一、第

---

[1]　张晓明、胡惠林等：《应对国际金融危机挑战　推动文化产业实现新的跨越——2008 年文化产业发展报告》，《中国经贸导刊》2009 年第 8 期，第 35—37 页。

[2]　肖江文：《美国文化产业的发展分析及对我国的启示》，首都经济贸易大学硕士学位论文，2013 年，第 13 页。

二产业的深度融合趋势日益明显。人们在文化产品的生产创造过程中，自然积累和形成的文化经验可以迅速渗透到其他行业中，并为其他行业的快速发展提供经验和借鉴。文化产品的市场需求不断增长，会加速促使人们关注该行业的技术进步、智力投入和发展创新，从而吸引到更多的文化产业投资，推动文化产业的科技进步和相关产业的协同发展。①

第四，融合性。伴随着新技术、新方法的诞生，文化创意得以快速发展。新技术和新方法的诞生和应用，有力地推动了文化的快速传播和迅猛发展，文化的不断演变和进化，又为新技术和新方法的出现，提供了不竭动力，大力推动了文化产业的发展。伴随互联网、手机电视等新媒体的兴起，文化产业的传播和发展相应也有了新的变化。文化的融合性，使得文化产业可以直接以最快的速度与新技术、新媒体相结合，极大地改变固有的传统传播和消费方式，给文化产业的发展注入了新的活力。目前，世界发达国家重视利用互联网的国际化色彩，从立项、开发、制作、包装、市场推广等环节，开创全过程、全系列文化产业的网络制造推广全产业链条。②

第五，可持续性。文化产业是 21 世纪的朝阳产业，具有强大的生命力和发展前景，世界各国都非常重视文化产业的发展，将其作为国民经济的支柱产业给予大力支持，采取必要的鼓励措施和激励政策，大力推动文化产业的大发展与大繁荣。文化产业集经济和文化功能于一体，能够有效整合自然与文化资源及创造社会财富。文化产业及其产品和服务又是一种以文化创造力为核心的物质生产和服务活动，文化精神作为文化产品的核心内容，人类在生产和消费文化产品的过程中，已经将知识、创意经过自身的劳动主动地融入到物质载体中，因而可以说，文化产品的核心就是文化知识。③ 文化产

---

① 肖江文：《美国文化产业的发展分析及对我国的启示》，首都经济贸易大学硕士学位论文，2013 年，第 14 页。

② 肖江文：《美国文化产业的发展分析及对我国的启示》，首都经济贸易大学硕士学位论文，2013 年，第 14 页。

③ 肖江文：《美国文化产业的发展分析及对我国的启示》，首都经济贸易大学硕士学位论文，2013 年，第 14—15 页。

业是推进人类社会经济可持续发展的重要力量，是现代文化繁荣发展的一个
重要支撑条件。① 人民对美好生活的向往是我们党的奋斗目标，也是社会
进步和时代发展的不竭动力，精神文化生活需要是人民美好生活向往的重
要组成部分。党的十九大将人民日益增长的美好生活需要和不平衡不充分
的发展之间的矛盾，确定为新时代我国社会的主要矛盾，预示了文化产业
发展的光辉前景和美好未来，能够极大地推动文化产业的科学、快速和可
持续发展。

六、作用机制

"机制"一词源于拉丁语，原指物理学和机械工程学中的机械装置构造
及动作作用原理，现已跨越自然科学领域，广泛应用于哲学、经济学、管理
学等人文社会科学领域。

从文献检索看，针对"作用机制"形成的研究成果具有一定数量，主
要集中在经济学、心理学等学科领域，这些研究大体上没有严格区分"机
制"与"作用机制"，基本上将二者作为通用词语，或将它们视为具有替代
关系。在这些已有成果中，不管是对"机制"的概念界定，还是对"作用
机制"的内涵阐释，能够搜集到的文献数量都相当有限。在硕士和博士论
文中，关键词中有"机制"或"作用机制"，以及作为核心概念的文献数量
也相当少。从文献搜集和研读情况看，主要是从阐释研究对象的内在逻辑关
系来展示相关因素之间的"作用机制"。袁雯（2008）认为，机制具有系统
性、促进性、约束性和规范性的特点，为构成系统的要素相互依存、相互制
约的关系集成，与人密切相关，人在其中起着重要作用，他既是机制运行的
承担者，也是机制作用的对象。② 周家明（2015）认为，社会科学领域中的

① 陈立旭：《论文化产业的社会功能》，《山东理工大学学报（社会科学版）》2004 年第 4 期，
第 61—65 页。

② 袁雯：《教师专业发展规划对教师专业成长的作用机制研究》，华东师范大学硕士学位论
文，2008 年，第 12 页。

机制，是指由多个制度、规范及方法组成，遵循特定的方式，影响特定对象，并随时间变化产生联动的内在逻辑过程及其运行体系。① 陈洪涛（2009）将作用机制看作是按照一定方式影响作用对象的内在动态逻辑联动过程及其运行体系，主要体现为目标、基本机构以及联结两者的逻辑关系。基本机构为政策和制度的总和，逻辑内化在基本机构之中，并使其与特定目标具有因果性关联。机制是基于制度并使其能够正常运行和发挥预期功能，这一目标的实现是以配套的制度体系以及保障制度效用的"动力源"为条件。②

本书认同陈洪涛对作用机制的三要素概括，即目标、制度及其内在逻辑联动。基于这一理解，将其与项目研究结合起来，就是要围绕中国—东盟命运共同体建设，探讨推进这一进程的相关制度安排，研究这些相关制度安排与中国—东盟命运共同体建设之间的内在联结和逻辑关联，以制度及其内在联结和逻辑关联为切入点，把握隐含其中的作用机制，从而实现文化产业推动中国—东盟命运共同体建设的目标达成，也就是说，作用机制的组成部分既是整个作用机制的个体，又是自身独立发展的主体，具有相对独立性，同时，作用机制的组成部分之间具有密切相关而又互促共进的关联功能，它们共同作用于中国—东盟命运共同体的建设目标。

对于这一作用机制的研究，需要关注以下六个因素：一是行为主体，主要包括文化企业、社团文化组织、民间社会组织和政府文化部门等。文化企业是文化产品投入、产出和交流推广的主体，是文化交流与合作的核心主体；社团文化组织是具有一定组织行为的机构，由文艺人员、文化装备、组织机构等要素构成，为文化交流与合作活动中较为活跃的积极因素，具有一定的载体平台和共同性质较强的文化资源；民间社会组织是一种松散的文化

---

① 周家明：《乡村治理中村规民约的作用机制研究》，南京农业大学博士学位论文，2015年，第121—122页。

② 陈洪涛：《新兴产业发展中政府作用机制研究》，浙江大学博士学位论文，2009年，第73—74页。

自由团体，能够为正式的社团文化组织增添光彩，提供优秀文化人才支撑；政府文化部门在国家和地区的文化交流与合作活动中，扮演着组织、协调、引导和服务的重要角色，主要负责文化及其产业发展政策的制定、实施保障和文化资源的调配等工作。二是行为主体内部运行机制，这是决定文化产业在中国—东盟命运共同体建设中作用机制的重要因素。只有文化企业、社团文化组织、民间社会组织和政府文化部门都具有良好的运行机制，才能保证自身运行效率的提高，从而保证作用机制整体效率的充分发挥。三是文化资源的流动和配置，这是与文化产业在中国—东盟命运共同体建设中作用机制运行效率密切相关的关键因素。文化资源在行为主体之间进行高效的流动，有助于减少交流成本，强化合作程度，提高共赢效益，因而各行为主体之间的密切联系与合作也有助于作用机制发挥的整体效率。① 四是文化及其产业政策，这是能够对作用机制形成产生重要影响的政策、法律和法规，文化及其产业政策与国家或地区的经济政策、文化政策、产业政策、教育政策等均有密切的关联。五是市场环境，这是文化企业开展文化交流与合作活动的基本背景。文化市场作为一种资源配置的方式，对文化企业、文化消费主体、政府文化部门等行为主体的文化交流与合作活动具有重要的影响。文化市场的发育程度、规范程度和运行效率，对国家和地区文化交流与合作活动的规模、效益、效率等都是至关重要的。六是外部联系，这是一个国家和地区的文化系统与外部大环境进行资源交流的重要环节，也是一个国家和地区开展文化交流与合作活动的行为主体进行的对外交流与合作。在全球经济一体化的大背景下，一个国家和地区的文化市场与外部市场逐步走向一体化，对于文化企业而言，外部联系有利于参与国际交流与合作，推动不同文化之间的相互尊重、相互融合及共同发展。

本书的框架结构设计，不管是研究设计、学术检视，还是趋势研判、对策探讨，都是以"作用机制"为核心，重点进行阐释文化产业发展与中

---

① 林昆勇：《试论区域创新体系中科技进步与经济增长的关联关系》，《中国青年科技》2008年第4期，第21—22页。

国—东盟命运共同体建设之间固有联结的内在逻辑。其中，专门针对作用机制的研究内容主要体现在第四部分机制构建之中，具体为第五章、第六章、第七章、第八章共四章，力图以平台依托、动力依赖、路径选择、目标达成等为切入点，融合文化产业作用机制需要关注的上述六个因素，探索文化产业是中国—东盟命运共同体建设的其中一个重要"动力源"，阐释文化产业对于中国—东盟命运共同体建设之间的内在逻辑和独特作用，实现本书研究的预期目标。

第二节　场景理论及其对区域
发展文化动力的探索

本节主要解决项目研究的范式依赖，为本书提供学理依据和理论指导。场景理论以芝加哥城市转型为研究对象，探索后工业社会区域发展的动力问题，并将关注点集中在文化动力。针对区域发展的动力问题，芝加哥大学教授特里·克拉克（Terry Nichols Clark）带领的研究团队通过对纽约、芝加哥、洛杉矶这三个美国国际化大都市进行对比研究，并借助芝加哥城市转型为研究背景，对芝加哥城市转型的动力机制和文化力孕育的深入探讨，主要提出城市研究新范式"场景理论"（The Theory of Scenes），并重点强调了其以价值观为核心的文化力对区域发展的重要作用。

一、作为场景理论研究对象的芝加哥城市转型

世界城市正积极通过文化博弈逐步从传统工业生产发展模式向以文化消费为主进行城市转型，芝加哥是其中由传统工业性城市向现代化国际性城市转变的典型代表之一。芝加哥是极具美国特色的城市，在不到两百年的发展历程中，凭借优越的区位优势以及不断强化的产业多元化战略成功地完成快速都市化和现代化进程，从一个工业城市一下跃居成为美国中西部地区重要的休闲、娱乐、文化中心和世界闻名的全球娱乐城市。

芝加哥的第一个居民是来自圣多明各（Santo Domingo）的毛皮制品商人，并于 1779 年在芝加哥河出口建造了第一个屯垦区。之后，芝加哥的城市建设迅速发展，1833 年建镇，仅用四年，到 1837 年便升格为芝加哥市。随后便以美国东西部重要交通枢纽为目标进行城市规划和建设。在芝加哥的发展建设史上，共经历了三次大转型：19 世纪 20 年代，运河的开凿和铁路的兴建为早期的芝加哥注入了不可抵挡的力量，中西部的贸易不断流向芝加哥，帮助芝加哥的机械工业和冶金业崛起；20 世纪 50 年代，芝加哥抓住"能源革命"的机遇，发展了丰富多样的新兴产业，电气机械和电子设备制造业促使芝加哥走向了历史发展的又一个高潮；20 世纪 80 年代，放弃钢铁、冶金等传统重工业进行经济转型和升级，致力于打造一个以服务业为主导的多元化经济结构和高质量的城市空间，治理重工业发展带来的种种城市问题。

与芝加哥三次大转型相对应，有三个重大事件对芝加哥的城市化现代化进程产生了重大影响，分别是 1871 年芝加哥大火（Great Chicago Fire），1893 年哥伦布世界博览会（World's Columbian Exposition）和 1933 年芝加哥世界博览会（Chicago World's Fair）。1871 年 10 月，一场芝加哥大火将市区内的城市建筑几乎全部烧光，约 300 人死亡，9 万人无家可归，财物损失达 2 亿美元。大火造成芝加哥经济损失巨大，但也使芝加哥获得了新生。在芝加哥城市重建期间，在这里诞生了世界上第一栋钢构架摩天大楼，芝加哥不断创新的城市建筑的传播使其在世界范围内获得极大声誉。1893 年，芝加哥主办哥伦布世界博览会，将该市南部的一片沼泽地精心打造，共建造了约 150 幢宏伟大厦，通过城市美化建设"梦幻城市"，吸引了 2750 万游客到芝加哥观光旅游，由此成为迄今最具影响力的博览会之一。哥伦布世界博览会的巨大成功成为美国城市美化运动的直接导火索和前奏，引发了"城市美化"竞争之战。1933 年，正值芝加哥建镇一百周年，因此将 1933 年的芝加哥世界博览会定名"一个世纪的进步"，展示当时世界各国在科学、技术、交通、建筑等方面的创新发展。1933 年芝加哥世界博览会像一支强心剂，不仅给处在经济危机中的芝加哥带来了经济和文化的双重效益，而且直接或间接向社会提供了近 10 万个就业机会，还给芝加哥带来近 4 亿美元的巨大商业利润，实现了提升城市形象和世博会圆满成功的双赢格局。20 世纪 90 年代以来，芝加哥利用城市设计创造一个高质量的城市空间，复兴城市中心区域，并成功地实现了城市转型。芝加哥城市开始从昔日的工业中心发展成为美国中西部重要的休闲、娱乐和文化中心，一举成为世界闻名的全球大都市。[①]

芝加哥城市的成功转型，吸引了世界专家学者的目光。一些学者从不同的视角解读芝加哥成功转型的秘诀，英国杂志《经济学家》将芝加哥城市的成功转型解读为"幸运加聪明"（Lucky and Clever）。[②] 芝加哥实现城市转型的成功因素包括以下几个方面：一是挖掘区位优势，大力完善城市基础设施。开凿水运、贯通铁路，建成世界最繁忙的奥海尔机场和世界最大的航空公司，促使芝加哥成为交通运输枢纽，对城市市容美化和提升，配套建设与市民生活相关的文化设施。二是适时转换发展观念，制定科学转型目标。城市发展观念的准确转变和调整是城市转型的成功关键，芝加哥在其转型过程中，并没有因为追求现代服务业等新兴产业而完全放弃传统制造业，在其实施"多元化经济"战略中，依然大力发展传统优势制造业，不断调整优化制造业产业结构，实现城市各个产业的多元化均衡发展。三是重视教育文化，产业依赖从"肌肉型"向"头脑型"转变。芝加哥曾经是重工业城市，依靠的是"肌肉型"产业，其转型成为重要的国际教育科研城市、文化体育城市和休闲城市，成为一个主要依靠人的智慧和独创性的"头脑型"城市，优质的教育资源、顶尖的科研机构、丰富的艺术生活、著名的球队等，是转型成功的标志，也是芝加哥转型成功的保证。四是发展第三产业，凸显"全球城市"特征。芝加哥市政府把会议展览业、文化娱乐产业作为城市新经济发展的重点产业，会议展览业、文化娱乐产业每年吸引游客超过 400 万

---

① Charles Madigan, *Global Chicago*, Chicago：University of Illinois Press, 2004, p. 56.

② "A Success Story：A Survey of Chicago", *The Economist*, March 18, 2006.

人，成为芝加哥最具吸引力的市民文化活动和旅游盛事，并且城市发展主动融入全球经济，形成了以金融服务业为主、制造业为辅的城市经济结构，发展成为重要的国际金融中心，吸引了波音、麦当劳等一大批世界知名企业的全球总部进驻芝加哥。

二、突出强调价值观及文化消费的场景理论

在特里·克拉克看来，场景是指在特定区域中与日常生活密切相关的生活或文化娱乐场所，如咖啡屋、酒吧、便利商店、公园、餐馆、美术馆等，这些场所能够吸引具有共同价值取向的社会成员开展与文化、休闲、娱乐等有关的文化消费，并赋予人们愉悦的心理享受和精神满足。可见，场景并非单纯的都市设施组合，它的内涵已超越原有的物化概念，其形式上包括了都市设施，但实质上又超越了都市设施，突出表现为一定社区范围内的地理空间、个人符号（如种族、阶级、性别、教育等）和其相互联结（如参加音乐会），以及人们进行"文化消费"时所追求的价值观[1]，对价值观的强调成为场景理论的突出特征，表现在：

第一，场景是生产、人力资本和文化消费的有机结合。随着全球化、个体化、中产阶级化和文化消费需求的增长，后工业社会发展的文化消费特性愈趋明显，以往的生产和人力资本理论已不能充分理解和阐释现有社会现象。场景理论是一种不排斥以生产和人力资本为主建立起来的文化理论，它主要承认在生产与人力资本的社会功能的前提下，增加了消费的维度，即是从消费、生产和人力资本三个方面来阐释后工业社会都市社会的发展动力。场景理论强调从生产转向消费，并把不同社会符号或纽带，比如邻里关系、阶级、社区等组织或团体中的居民与劳动者等个体，看作是一个文化消费者。

第二，将场景看作是文化与价值的外化符号并影响个体行为的社会事

---

[1]　Terry Nichols Clark，"Making Culture into Magic：How Can It Bring Tourists and Residents？"，*International Review of Public Administration*，Vol. 12，No. 1，2007，pp. 1–18.

实。场景本身超越了一个城市的基础设施组合本身的物化概念，是一个场景与文化、与价值观属性密切关联的结合体。场景理论的产生，从根本上改变了都市基础设施有机组合的本来意义，进而发展演变成为具有精神象征和文化意义的城市空间影响力。[①] 它作为人们所描绘的一种社会事实，通过将文化、价值观符号外化进而改变着人们的个体行为，影响着后工业社会的都市发展。

第三，价值观隐含于抽象符号的感知和信息传递之中。蕴含的文化价值观潜藏在都市设施之中，透过区域场景的分布和构成（都市设施组合）传递给人们，通过形成抽象的符号感知信息，并潜移默化地影响人们的生活、工作和娱乐诉求。越来越多的人，特别是创造性群体，不再只是单纯追求经济发展的物质感受和获得感，都市场景及其愉悦的生活方式对他们生活、居住的选择具有直接影响，迪士尼社区的文化营造和价值追求就是一个典型的例子。美国迪士尼公园（Disney Heaven）就是通过向人们构建起一个传统、亲善、愉悦的童话情景，从而要求迪士尼公园附近的城市娱乐设施建设要符合其企业文化及形象，使得在迪士尼附近的区域都保持较低的色情率、犯罪率和无家可归人口率，塑造出一个安定快乐的童话世界。

三、场景理论视野中的硬实力、软实力和巧实力

场景是城市的休闲娱乐设施或生活便利设施特定组合营造出的一种独特的城市气质，特定文化价值内涵依托于外在物质形态的都市设施组合，能够有效吸引具有一定个人符号和共同价值观的群体，特别是创造性群体（Creative Class）对生活区域的选择和文化消费活动。因此，场景理论所折射的文化力是一个依托以文化形态存在的都市设施组合，吸引创造性群体汇聚的共同价值观内涵，而不同城市的"场景"组合便会包含不同的价值观意义。创造性群体在工作中所追求的价值并不直接意味着欢迎其成员到某种文化消

---

① Janet L., *Abu-lughod*, *New York*, *Chicago*, *Los Angeles*: *America's Global Cities*, Minneapolis: University of Minnesota Press, 1999, p. 219.

费场所，也不意味着个人的消费和休闲行为直接由某种特定的血缘和地域关系来决定，相反，这些群体成员相同的消费行为可能是由他们共同持有的价值观所决定。[①]

芝加哥实现城市转型的成功之道印证了"场景理论"强调的文化力、创造性群体与区域发展三者之间存在的内在联结，它通过戴利市长富有独创性的智慧，借助城市中心区基础都市设施和文化休闲设施建设，以艺术和文化消费为政策导向，塑造都市设施建设中凸显的文化价值观，大力吸引创造性群体汇聚于此，最终带动区域经济社会发展，从传统的重工业城市、老工业城市成功实现作为"娱乐机器"（Entertainment Machines）的城市转型和升级，成为闻名遐迩的"全球大都市"。[②]

（一）硬实力：文化产业提升城市竞争力

一是推动城市经济增长。文化产业是以知识、创新、文化等非物质要素为文化生产力，取之不尽、用之不竭，促使其成为芝加哥经济增长的新动力源泉。20 世纪 50 年代后的芝加哥传统重工业面临持续性的严峻考验。长期依赖的优势重工业不但带来了巨大的资源消耗和环境污染，而且极易受经济波动影响促使芝加哥陷入经济危机，引发严重失业和人才外流。1957 年，芝加哥城市的企业数目和就业人数开始不断下降，到 1972 年，只剩下 7318 家企业，企业雇佣人员下降为 43 万人。[③] 从 1979 年到 1989 年的 10 年中，共减少了 15.2 万个工业就业岗位。[④] 20 世纪 80 年代，芝加哥开始从打击中清醒过来，开始试图振兴城市经济，放弃冶金、钢铁等传统重工业，发展文化产业，加大包含商业贸易、金融、旅游、会展业在内的第三产业在城市经

---

① 何玉珍、林昆勇：《美国芝加哥城市转型及其文化力的彰显与启示》，《城市》2015 年第 2 期，第 71 页。

② 何玉珍、林昆勇：《美国芝加哥城市转型及其文化力的彰显与启示》，《城市》2015 年第 2 期，第 71 页。

③ Janet L., *Abu-lughod*, *New York*, *Chicago*, *Los Angeles*: *America's Global Cities*, Minneapolis: University of Minnesota Press, 1999, p. 219.

④ 张庭伟：《为多元化的城市经济创建高质量的城市空间——芝加哥城市发展的一些做法》，《城市规划汇刊》2002 年第 6 期，第 10 页。

济中的比重，并逐渐上升为城市主导产业。比如印刷业与现代化出版、广告等现代行业的有机结合，充分地利用现代通信和传送技术，打造形成一个完整的产业链条，从而促使芝加哥城市发展成为美国商业印刷中心。密歇根湖以及众多的博物馆和艺术馆，具有鲜明美国特色的建筑与文化设施，独特区位优势等，加速促成芝加哥城市旅游业发展，并成为现代城市经济不可缺少的重要组成部分，每年吸引上千万游客，为当地提供超过30万个就业机会，促进城市文化消费的热潮，支撑芝加哥经济增长。会展业作为芝加哥重点产业，不仅拥有完善的会展设施、丰富的旅游资源，而且经常举办各种国际机电、五金、食品、电子产品、建筑等博览会，再加上三次扩建麦考密克展览中心，使城市化展览面积增加到220万平方米，成为美国最大的室内展览中心①，带动城市航空、旅馆、饭店、旅游等服务行业的发展。不断扩大对外交流与合作，向世界宣传芝加哥，有力提升芝加哥知名度，使芝加哥跃居成为美国会展业中心。芝加哥文化产业发展及其产业带动效应给经济发展带来了新能量，并逐渐成为芝加哥的支柱产业和新的经济增长点。

二是促进城市产业转型。文化产业是一个"无边界"的城市产业，能够有效促成城市其他不同产业、不同领域的重组和合作，促进城市传统产业结构升级，带动城市主导产业更替，催生城市新兴战略产业，完善城市产业链的融合发展，实现城市产业的优化升级。芝加哥作为一个老旧的传统工业城市，传统制造业在20世纪70年代失去竞争优势，1967年到1982年制造业就业减少46%，其中有四分之一工厂被关闭。② 在20世纪90年代中期，芝加哥实施城市转型中，没有因为追求现代服务业等新兴产业而完全放弃传统制造业，采取将现代服务业与制造业相结合的产业发展模式，调整优化生产效率低、产业附加值低的制造业，逐步形成高端制造业，推动传统制造业

① 李成兰：《从繁荣的地区性城市到复兴的国际性大都市——芝加哥城市发展研究》，华中师范大学硕士学位论文，2006年，第21页。

② 何玉珍、林昆勇：《美国芝加哥城市转型及其文化力的彰显与启示》，《城市》2015年第2期，第72页。

转型升级。伊利诺伊州前 100 家制造业企业中，有 60 家就在芝加哥大都市区；世界 500 强企业中，芝加哥拥有 33 家，其中 14 家是制造业企业。文化产业作为一种适应城市文化生产力与城市传统产业融合发展的城市新经济形态，能够不断引领城市新兴产业发展。芝加哥每年 5 月至 10 月举办各种旅游文化系列活动，包括具有 80 多年历史、世界上最大型的芝加哥室外音乐会（Chicago Music Festival），为庆祝独立日而举办的芝加哥美食节（Taste of Chicago），为纪念二战胜利而举办的芝加哥航空展（Chicago Air Show）等，均是通过城市传统旅游业结合城市历史文化、城市艺术文化元素等，发展成为一种集城市观光、娱乐、商务为一体的文化休闲产业，成为城市现代服务业发展的一个重要推动力。文化产业自身依附的现代化信息技术，自发形成的高增值产业集群以及自身具有的高辐射性、高渗透性、高增长性的经济特征，促使其在推动城市产业转型过程中逐步发展成为城市主导产业和支柱产业，成为城市发展新动力。

三是优化城市发展空间建设。城市作为文化产业的发展依托，是文化产业的一个重要集聚地。它依赖城市空间和资源利用，发展中不断推动城市空间更新和转型，二者之间形成一种互动互融互促的关系。海军码头（Navy Pier）是芝加哥将文化产业与城市旧区改造有机结合的最好例证，将旧仓库转变为一个购物、文化和娱乐的综合体，建设各种特色餐馆和商店，完善周边的艺术中心、公共博物馆、展览馆、千禧年公园、游乐设施和自行车道等配套设施，如今已成为芝加哥娱乐和会议的首选之地，每年观光人数高达 700 万人次。[1] 这不仅避免城市文脉的中断，为城市增添了历史与现代交融的文化景观，成为无法复制的城市独特吸引力，使得芝加哥城市更具魅力，将城市经济繁华感、文化底蕴厚重感和时代生机感有机融合。[2] 除此之外，文化产业依靠产业融合和集聚效应，在同一地理空间上集合形成文化产业

---

[1]　何玉珍、林昆勇：《美国芝加哥城市转型及其文化力的彰显与启示》，《城市》2015 年第 2 期，第 72 页。

[2]　厉无畏：《城市文创产业发展新路径》，《浙江经济》2012 年第 17 期，第 42 页。

园、产业聚集区及文化基地，成为文化产业快速拓展而产生的载体和平台，为城市注入更多的创新元素，营造具有包容性的人文空间，易于催生和满足个性化的文化生产和消费需求，带动周边城市空间的不断重组和优化。芝加哥早在50年前就修建了巨大的麦考密克会展中心，后经过一系列扩建和资金投入，形成了包含便捷的交通、饮食和酒店的会展中心商业区。文化产业的繁荣发展，有效地避免了城市建设发展过程中大拆大建，破坏城市生态环境的传统建设模式，能够对城市历史建筑的文化改造和传承发展，为城市持续发展提供一种新的建设理念和模式。

（二）软实力：文化产业提升城市吸引力

一是吸引创意阶层聚集。人才是区域经济增长的强大引擎，城市正是具有吸引创意人群的强大功能，而促进城市经济快速增长。佛罗里达把这群创意人群称为"创意阶层"，他们是一个快速增长、高学历教育、劳动力待遇丰厚的阶层，在不同的产业做不同的工作——从技术到娱乐，从杂志到金融，从高端制造业到艺术。创造性群体是城市区域经济发展的重要推手，他们更倾向于追求具有多样性、包容性、开放性的城市，更容易被那些活泼富有个性、分布在街边的设施所吸引①，崇尚更具开放性、包容性的人文氛围，时尚、丰富、多元的社会活动，以及自由、舒适的工作环境和具有时代色彩的生活方式。发展文化产业，有助于城市营造创意生态环境，吸引创意人才聚集。文化产业对高素质、创造性人才的大量需求，促使政府和高校更加注重创意人才的培养。芝加哥城市本身就是移民的产物，主要来自欧洲、南美、南亚、东亚等地区，非英语国家移民的相对集中，移民也成为芝加哥城市创意产业创造力的主要动力和创意人才的主体。据不完全统计，芝加哥人中20%为非美国本土出生的外国移民，城市中使用的语言竟达100多种，由此创造了芝加哥多元化的城市文化社区，使得芝加哥在美国城市中独具特色和魅力迷人。

---

① 何玉珍、林昆勇：《美国芝加哥城市转型及其文化力的彰显与启示》，《城市》2015年第2期，第71页。

二是展示城市文化形象。城市形象，主要包括城市物质和城市精神两个方面。城市形象，所凝聚的是一个城市所具有的个性特色文化内涵和良好的发展环境。每一个城市都有属于自己的独特城市形象特征，一个有生命力的城市，一定是具有自身独特的、有识别性的城市形象，通过城市的文化氛围、城市标志、城市建筑风格、市民意识等标志性因素得到充分的显现。文化产业不仅能够促进城市经济的快速发展，而且能够延续城市文脉和城市文化特色展现，使其发展成为一个城市展现个性和增加城市认同感的主要载体。文化产业带来的文化生产力和产品符号性能够增加城市的文化内涵，从城市居民的生活方式、城市地理标志性建筑以及市民价值观等诸多因素来影响一个城市的外在形象。芝加哥最初闻名于世是因为其发达的传统重工业和牲畜屠宰加工，曾被称为世界"屠宰之城"和"令人震惊的城市"。然而，伴随芝加哥城市屠宰加工业和重工业的衰退，芝加哥城市在遭遇经济危机后陷入了发展低谷。为了重振城市发展雄风，芝加哥以现代化国际性大都市为发展目标，以文化产业为切入点，以"文化+创造力＝创新"为口号，通过一系列的文化创意活动、极具城市魅力的城市文化设施建造重塑富有个性化、文化特色和吸引力的城市形象。经过不懈的努力，芝加哥孕育了年产值超过20亿美元的美国第三大艺术与创意产业，成为美国中西部重要的休闲、娱乐和文化中心和世界闻名的"全球娱乐机器"。

三是提升城市人文内涵。城市外在空间的亮化、美化和绿化，会给人们带来最直观的印象和感受，城市建设要避免"千城一面"、"复制城市"的困境，需要在文化内涵、文化魅力和文化氛围上做文章，真正促使城市建设和形象塑造从"物化"走入"内心"。每一个城市伴随着历史的演变和文明的进化，都凝结着时代变迁的人文内涵，凸显一个城市的独特文化魅力，成为增强一个城市吸引力的持续源泉。文化产业的发展，始终围绕着一个城市的文化资源挖掘、整合传播，并促使文化凝结于其他产业之中，在提升产业价值链的同时，将城市文化传播出去。文化产业对城市人文内涵的影响力也包含着对城市居民的人文素质的潜移默化，使城市居民素质成为一座城市文化软实力的有机组成部分及重要观测点。城市居民在经历了文化认识、文化消费、文化认同、文化传承等一系列文化熏陶的过程中，逐步改变着自身的行为文化，更加接受和认同一座城市，在潜移默化中加深对城市的凝聚力、认同感和归属感，并更愿意维护这座自己所居住的城市。芝加哥之所以为"创意阶层"和游客所向往的城市，不仅仅是由于其外在物化的城市建筑，更多的是依靠其散发着的城市人文魅力。

（三）巧实力：文化产业促进城市文化力渗透

文化产业对区域经济社会发展的推动效应不仅仅表现为对推动经济增长、实现产业转型、优化空间环境的硬实力作用，还包括吸引创意阶层、展示城市形象、提升城市内涵等软实力功能。硬实力和软实力的有机结合，能够有效凝结成为巧实力，有效提升城市的品位和格局，以城市文化的打造和城市精神的塑造来彰显城市综合实力和核心竞争力，为城市的建设发展提供源源不断的动力源泉。

一是打造城市文化。文化产业的外在发展载体是产业，内在核心是承载的文化。随着经济全球化和现代化的发展，文化的传播、文明的传承将越来越多地通过文化产业来实现，在发展区域经济的过程中，充满活力的文化产品和服务不仅对产业发展和经济增长十分重要，而且潜移默化地影响和传承人们的思想文化，积聚和凝练一个城市或区域的文化内涵及文化特质。文化产业的发展过程就是通过健康向上、多姿多彩的文化产品来实现以文化人、以文育人的过程，显现其文化责任的使命和担当。文化产业能够以现代化的文化艺术手段和现代化的传播手段，创造出更多富于时代气息、凸显城市特色的文化标志、文化符号和文化品牌，通过内在文化力作用实现城市转型，加速区域经济社会发展。芝加哥在后工业社会区域发展进程中，以都市设施建设为抓手，以富有特色和吸引力的文化活动为载体，以"场景"组合中体现和彰显的价值观为核心，吸引创造性群体的汇聚，以资金、投资、技术、先进管理等要素资源的有机组合推进芝加哥城市转型。芝加哥每年举办数千场高水平的文化活动，每天的活动少则三五场，多则十多场①，仅政府组织的文化活动就有 500 多场，打造了千禧公园夏季音乐节、格兰特公园舞蹈节、湖滨音乐节、航空展等旅游品牌。这些活动成为芝加哥的"城市名片"，成为芝加哥城市文化的重要载体，使芝加哥发展成为美国中西部重要的旅游、休闲、娱乐和文化中心，更让芝加哥享有"作为娱乐机器城市"（The City as an Entertainment Machine）的美誉。②

二是塑造城市精神。城市精神是居住在同一城市中成员所共同坚守的城市信念、价值认同以及共同遵守的价值体系，是一种影响着人们行为和思想的城市文化力。这种城市文化力主要体现在城市管理体系、城市精神、行为规范、制度文化、精神风貌等隐性载体中，是引导人们行为规范、价值认同、思想凝聚的内在精神，是一座城市存在的灵魂。文化产业本身具备很强的产业带动作用、价值辐射效应、文化扩散效应，不仅表现在城市空间建设、区域经济发展等直观感受上，更体现在赋予人们凝聚力、向心力和创造力等间接体验上，通过文化经济化和产业化的方式将城市精神为更多人接受和认同，促使创造性人才、投资者、旅客的认同和遵从。芝加哥在实现转型之前，显现出对传统工业模式的发展依赖，在制造业逐步失去竞争优势时，依托文化旅游业、节庆产业、会展业等文化产业，将城市从"老旧传统工业区"向"娱乐机器"的全面转型，将长期延续的城市文化与现代化的城市风格完美融合，赋予芝加哥追求多样性、包容性、开放性的城市特质和城市精神。借助于文化产业发展中传统文化与现代文化的充分挖掘和创新利用，将体现城市精神的包容、多元、开放价值观融入建筑风格、节庆活动以及城市规划中，将城市精神蕴含于都市设施和各种"场景"组合之中，人们不论是工作生活、创业置业，还是休闲娱乐、旅游观光，直面城市外在形象，感受城市精神及其传递的价值理念，为城市发展夯实物质力量和精神动力。

---

① 何玉珍、林昆勇：《美国芝加哥城市转型及其文化力的彰显与启示》，《城市》2015 年第 2 期，第 72 页。

② Terry Nichols Clark, *The City as an Entertainment Machine*, Amsterdam Boston［Mass］: Elsevier/JAI, 2004, p. 23.

第三节 治理理论及其对多元
主体协同合作的探究

本节主要解决项目研究的范式依赖，为本书提供学理依据和理论指导。治理理论探讨多元协同主体在发展公共事务中的重要作用，强调发挥公权力外其他多元主体的协同作用，聚焦效率政府、有限政府和透明政府建设。

一、管制、治理和协同治理的内在规定性

治理与管制相比较而言，它来源于管制，又区别于管制，内涵上包括了管制的含义，又赋予了不同于管制的内在规定性。伴随全球化进程的推进，传统管制面临的困境以及原有管制格局的治理难题，对国家主义提出了挑战，对国家—市场两分法提出了批判，客观上要求有效建构国家政府—社会关系，强调关注和重视政府之外的力量，构建包括国家、社会和市场等要素在内的新型组合，强化及完善公共事务的管理和公共产品及服务供给，推动国家经济社会管理职能的有效实现。①

治理理论（Governance Theory）在社会研究中得到广泛应用，对治理的内涵界定也为学术界所关注，学者们从不同的视角提出了对治理的看法。作为治理理论的创始人之一，罗西瑙严格区分治理与管制的含义，认为治理之所以区别于管制，除了有共同目标支持，还有实现共同目标的主体不限于政府，以及不需要依靠国家的强制力量对目标的实现进行保障。罗茨认为治理体现为政府管理的新过程以及管理社会的新方式，并列举了六种不同的治理定义，主要强调政府与民间、公共部门与私人部门之间的合作与互动，体现为多元主体的社会—控制体系治理。② 斯多克强调治理主体超越政府之外的

---

① 王诗宗：《治理理论及其中国适用性——基于公共行政学的视角》，浙江大学博士学位论文，2009年，第39页。
② 柳春慈：《治理理论视角下的乡镇政府职能研究》，中央民族大学博士学位论文，2007年，第69页。

其他组织及参与者，这些行为主体组成具有高度自主性以及充分自我管理的治理网络。[①] 从我国的情况看，对多元协同主体的研究和强调，成为我国学术界有关治理理论研究的学术关注。陈振明对治理的界定最具代表性，认为治理是公共行动众多主体如政府部门和非政府部门、第三部门或公民个人等，彼此合作，相互依存，分享公共权力，共同管理公共事务，推动实现与增进公共利益的共同目标。[②]

在治理理论对多元协同主体强调的同时，一些学者将关注的侧重点聚焦在不同治理主体如何实现协同，提高治理的效率及效能，以建立涵括多元主体的多层次跨领域，多元主体协同合作的治理体系。

协同治理是政府、企业、社会组织或公民等利益相关者组成的治理主体，以比较正式的适当方式互动和决策，体现相应的权利、责任和义务，解决共同面临的公共问题，实现治理主体公认一致的治理目标，具有公共性、多主体、互动性、正式性、动态性及政府主导等特征。其中，多主体强调政府、企业、社会组织以及公民间利益的冲突、调整及协同，互动性侧重多元主体信息资讯的双向流动，资源条件的互相共享，议题方案的协商解决，方案实施的分工合作等。[③] 具体说来，协同治理是以政府为主导，由政府、经济组织、社会组织和社会公众等共同参与，以平等协商为准则，以法律法规为指导，以公共事务管理为对象，实现维护和增进公共利益的目标，其特点为：一是整合性目标，解决多元主体不同的利益诉求和价值取向，避免动机及目标分野，汇聚努力方向，整合共同目标。二是开放性系统，为多元主体参与治理以及多元主体间的物质、能量、信息、技术及人才的交换流动等提供制度保障，保证平等的协商、谈判、妥协、协作和共同行动的实现。三是

---

① Stoker, G., "Governance as Theory: Five Propositions", *International Social Science Journal*, 1998, 50, (155), pp. 17-28.

② 陈振明：《公共管理学：一种不同于传统行政学的研究途径》，中国人民大学出版社 2003 年版，第 87 页。

③ 田培杰：《协同治理：理论研究框架与分析模型》，上海交通大学博士学位论文，2013 年，第 50—51 页。

动态性过程，协同治理的推进及目标实现受到多种因素的制约，是一个渐进的自我调整过程，这一特性在参与主体及其关系、治理对象、阶段性目标、资源及其交换上都能够得到体现。四是多元性主体，公共事务的日趋复杂，公民意识的日趋强烈，以及民主政治的日趋完善，社会对公共事务治理有更高的希冀和期盼，挑战的应对及目标的实现客观上要求多元主体的参与及良好互动关系的构建。五是模糊性边界，面对复杂的治理环境及纷杂的公共事务，要求模糊传统科层组织架构，集成治理体系的组成系统，策略性地忽略协同治理的问题、地域、部门、主体等边界，在共同治理目标下形成协调统一的治理行动。①

从上述分析可以看到，现有研究在探讨治理向协同治理的发展，除了强调多元主体的协同，还突出了治理对象、手段方式、信息交换、资源共享等过程性协同，以及治理目标达成、成果实现等呈现性协同。

二、多元主体协同与价值认同的内在统一

在探讨协同治理时，我们还应关注到，在影响治理效率和治理效能的因素中，价值认同具有重要作用，它会直接影响到协同的效能以及过程性协同的推进和呈现性协同的实现。作为 20 世纪末兴起于西方社会的公共管理学的一个重要理论，其突破传统管理的不足和局限，关键在于能够构建参与者共同的价值认同，从而通过低成本高效率地协商参与，实现真正的治理，这对于突破国与国之间的地理边界，进行跨越国界的公共事务治理显得尤其重要。

价值认同主要包含以下两个基本内涵：一方面，指国民和国家等个体或社会共同体通过相互交往而在观念上对某一或某类价值的认可和共享，外化形成共同价值观念，主张在多层次、多元化的价值观念中，倡导居于主导地位的核心价值，以统一思想、统一意志、统一行动；另一方面，指形成一种

---

① 刘伟忠：《我国地方政府协同治理研究》，山东大学博士学位论文，2012 年，第 46—48 页。

不分领域，不受国家、种族、宗教、意识形态、经济发展水平等限制，为国际社会广泛接受和认同的尺度和准则。因此，价值认同下的协同治理，是在治理语境及跨越更大地理空间范围的治理框架下，治理体系中的多元参与主体的有效协同以及治理行动的有效推进，其中一个重要前提就是在共同治理目标的驱使下形成或持有共同的价值观念，以此作为多元主体系统整合的基础和治理行为协调一致的约束性规范，并在治理的过程性协同和呈现性协同进程中，内化为协同治理主体间共同遵循的一种自觉价值取向。

对于中国—东盟命运共同体建设而言，治理及协同治理的意义在于，这一进程的推进及目标达成，不仅需要依赖包括中国与东盟国家的共同意志和协调行动，而且还需要依赖共同意志和协调行动背后的共同价值认同和价值取向，在同向同行中实现发展愿景和共同利益。无论是国家层面，还是中国—东盟命运共同体层面，多元主体之间价值认同的实现，都离不开各个国家主体平等意识的培育和尊重。治理理论作用于中国—东盟命运共同体建设，其关键应是对双边认同的核心价值观的培育、塑造和建构，破除不利于共同体建设的传统观念，从价值认同的视角，牢固树立区域及全球治理多元主体共同的价值认同，稳步推进命运共同体建设。

中国—东盟命运共同体建设，不可避免地受到国际社会风云变幻的深刻影响，各多元协同主体之间存在囿于国家利益冲突的博弈和价值观念上的差异，利益共同体、责任共同体和命运共同体的实现还依赖于多元协同主体间的价值认同，它能够为身份认同、愿景认同提供支持，推动中国—东盟命运共同体建设的目标达成。

第四节　对中国—东盟命运共同体建设的启示

基于对本书相关的文化产业、作用机制以及命运共同体等核心概念的界定，阐述场景理论以芝加哥城市转型为对象探索区域发展文化动力，治理理论强调价值认同对于多元主体协同的作用，结合本书研究目的及内容，对于中国—东盟命运共同体建设具有重要启示。

一、以文化合作平台搭建为基础，推动共同发展

随着中国与东盟合作的不断发展与深入，中国—东盟借助多样化的文化合作平台与载体，极大地推动和促进中国—东盟在文化创意、会展、动漫、艺术演出业、文化旅游业、新闻出版业、广播影视业等诸多方面文化产业领域的文化贸易，并且穿针引线地引领城市相关产业的交流，逐步形成了一个多层面、宽领域、颇具规模的交流与合作，从而实现相互依赖的发展，利益共享的发展，也是包容性的发展，为中国—东盟命运共同体的形成搭建合作桥梁。

中国与东盟国家通过产业园区、展示场馆、基地等形式的物质环境平台，形成能够具有共同价值取向的设施组合，以促进双方的经济文化合作。虽然目前，中国与东盟已建成不少大规模的文化产业合作平台，例如，2010年已建成的中国—东盟自由贸易区（CAFTA），是一个涵盖 11 个国家、19亿人口、实现大多数产品关税为零的巨大经济体，也是目前世界人口最多的自贸区，成为双方开展经济贸易、文化产业合作的新平台，但是中国与东盟的平台搭建还处于初级阶段，不能完全满足各种形式的合作交流，因此，不仅需要进一步兴建新的交流合作平台与空间，还需要进一步纵深发展，以更加开放的态度推进和深化双方的合作，不断拓展交流合作的内容。双边借助文化演出、影视作品、博览会、论坛等人文形式的"软"载体，产生多方面的文化切磋和文化思想碰撞，为实现"共同体"认同的最终目标而铺设交流基础。已举办 14 届的中国—东盟博览会和连续开展 9 届的中国—东盟文化产业论坛，双方高层领导频繁互访，投资项目的规模逐年增大，交易量逐年增多，从而促进中国与东盟实现实际意义上的共同发展。但是这些交流平台并未成为具有较强实力的国际品牌和中国标志，因此还需进一步对文化产业经营开拓创新，不断优化和扩展合作领域。

二、以文化产业合作项目为载体，实现共同利益

以多个平台为契机开展多领域的交流与合作是中国与东盟国家之间共同发展的基础，项目开发则是实现双方利益共赢的中心环节，因此，双方也一直不断地实施重大文化项目带动战略，从而加快文化产业基地和区域特色文化产业群建设，为中国—东盟命运共同体构建经济发展基础。

广西文化产业重点演出项目《印象·刘三姐》，它将桂林山水风光、民族文化品牌进行资源整合，努力打造世界级的民族文化艺术精品，其中还催生了"梦幻东南亚"、"鼓乐大楼"、"走进花山"等一批文化精品项目。在这些精品项目的带动下，广西与越南将中国创意运营模式运用到越南民族风情中，共同合作打造具有文化内涵的下龙湾大型海上实景演出项目。同时，《印象·刘三姐》的创造模式还得到了柬埔寨、马来西亚、新加坡等国家的认可，吴哥实景演出项目和马来西亚实景演出项目《印象·马六甲》均正在逐步实施，新加坡方面也在加紧洽谈合作过程中。目前中国与东盟已经成为影视文化产业合作的伙伴，共同开展影视媒体产业合作项目，双方逐步加大电视剧进口和出口数量。另外，2008 年以来，中国和东盟各国加强双方在新闻交换、节目制作与营销、技术合作与产业发展等重点领域的交流与合作，充分让东盟国家逐步了解中国。文化产业项目的合作不仅仅只是带来了国家与国家之间的经济利益，还促进了双方的文化认同和价值观构建，潜移默化地为实现中国—东盟命运共同体增加认同感和互信度。从目前情况看，中国与东盟各国的文化产业合作项目依然还存在领域限制和规模限制，谋划的一些中国与东盟文化宣传合作的文化产业项目并未进入实质性的进展，而且目前更多的项目合作主要集中在"货物贸易"、"服务贸易"、"投资"等方面。因此，中国应更积极与东盟国家在文化产业方面的对接与合作洽谈，拓宽文化合作项目的深度和广度，不断地增大双方的文化消费空间。

三、以文化合作交流协议为保障，承担共同责任

1991 年 7 月，中国—东盟携手开启中国与东盟的文化合作大门。

1991—2000 年，是中国与东盟文化合作的奠基期，中国—东盟双方签署了多份联合声明，为进一步深入开展各项经济、文化、社会等交流合作奠定了坚实基础。2001—2010 年，是中国—东盟文化合作的制度化阶段，特别是从 2004 年开始，首届中国—东盟博览会落户广西南宁，中国—东盟双方文化交流与合作日渐深入并走向常态化，并将中国—东盟文化合作与区域经济一体化进程有机交织在一起。

2005 年，中国与东盟国家在曼谷签署第一个文化合作官方文件《中华人民共和国政府和东南亚国家联盟成员国政府文化合作谅解备忘录》，推动中国—东盟双方文化交流合作由此步入实质性阶段。2006 年，中国—东盟双方代表共同签署的《南宁宣言》，对文化产业的重要作用以及"文化产业作为经济发展的新动力"形成共识，达成一致意见。2011 年，广西与东盟签订文化合作行动计划，扩展了广西与东盟国家文化产业发展的合作领域，并于 2015 年将文化产品和文化服务的内容纳入中国—东盟自由贸易区建设的进程中。中国—东盟双方文化合作涉及有形与无形方面的交流合作，尤其表现在文化企业和创意产业、艺术和文化管理领域的人力资源开发、产品开发和文化市场营销等产业领域的交流合作。中国与东盟国家通过在合作协议上达成的共识，赋予双方的共同责任，逐步实现文化产业合作机制化发展，这是中国—东盟文化产业合作持续发展的有效依托，是推动双边文化产业合作交流的有力保障。因此，双方友好合作协议的达成是培养和增强双方文化认同和互信的前提保障，是多国、多文化、多民族共同发展合作的"黏合剂"，是促使双方在未来逐步实现"共同命运"认同的基础。

四、以"共同命运"价值观为核心，聚力共同愿景

文化的多元性决定了中国—东盟双方文化产业合作，不仅存在着交流与合作的共性，而且存在着交流与合作的差异。文化上的这种差异，对中国与东盟国家之间的交流与合作不可避免地产生影响和制约，由此体现了进一步加强沟通协同以及相互尊重、求同存异的重要性，需要切实加强中国与东盟

国家之间的文化认同感和亲近感，探索构建中国—东盟命运共同体，实现不同民族、不同国家之间互利共荣的有效途径。

　　为实现这些目标，需要树立"共同命运"的价值观念，尊重东盟国家在文化传统、政治制度、意识形态等的不同或差异，实现不同文化交融共存、包容互鉴，各国人民彼此尊重、友好相处，推进构建以"共同命运"价值观为核心的中国—东盟人文共同体，形成对共同价值观认同的文化融合。随着区域经济一体化发展的深入，深化中国与东盟各国在经济、社会、文化、政治等多方面的交流合作，深化双边的文化交流与合作，通过平等交流与合作对话营造多元文化的融合，在深化合作交流中培育和形成"共同命运"的价值观念，在日益紧密的共生关系中形成一种自然而强烈的情感认同，对社会价值观、发展观、未来挑战以及区域面临的共同问题形成共同或相互适配而非冲突的认识和评判，成员之间习惯于你中有我、我中有你，从而实现共同认识、共同理解、共同目标和共同价值，为中国—东盟命运共同体建设提供强有力的支持。

　　这样的发展与演进，有助于中国—东盟双方之间经济、社会、文化的充分发展和高度融合，有助于中国与东盟各国以"共同命运"作为共同追求的发展目标，推动中国与东盟真正成为兴衰相伴、荣辱与共，真正成为共生、共荣、共利、共进的好邻居、好朋友、好伙伴，成为"人类命运共同体"建设的有机组成部分，为构建"人类命运共同体"进行积极探索和积累实践经验。

第二章 现实基础：文化产业在 "黄金十年" 对中国— 东盟关系发展的贡献

本章主要聚焦中国—东盟命运共同体建设的现实条件和发展基础，围绕中国—东盟关系的演进，回顾文化产业在这一进程获得的发展以及对中国—东盟关系发展的推动，把握中国—东盟博览会在其中扮演的重要角色和独特作用，探讨文化产业对中国—东盟关系发展的贡献，为 "钻石十年" 中国—东盟命运共同体建设奠定基础。

第一节 文化产业在中国—东盟 深化合作中的发展

国之交在于民相亲，民相亲在于心相近。就民相亲和心相近而言，文化产业具有独特的优势和独到的作用，中国—东盟关系的 "破冰" 以及后续的合作交流成就充分地证明了这一点。从中国与东盟各国人文交往的历史渊源看，中国与东盟各国在文化交流和文化产业合作上具有强大优势和广阔前景，双方都将得益于也受益于这一进程的推进。

一、影视演艺方面

中国—东盟国家通过签署文化交流的合作协定和协议，进一步促进了中国—东盟双方在影视演艺领域的交流与合作。2004 年，中国与东盟签订的

《落实中国—东盟面向和平与繁荣的战略伙伴关系联合宣言的行动计划》，就专门单列有中国—东盟双方文化合作的内容，明确规定中国—东盟双方将积极在文学艺术、表演艺术、视觉艺术和艺术教育以及文化产业方面开展交流与合作，其中特别提出要联合开发文化产品市场，大力发展文化产业。①2005 年，中国—东盟双方在曼谷签署《中华人民共和国政府和东南亚国家联盟成员国政府文化合作谅解备忘录》，明确规定缔约方将促进在有形和无形文化方面的交流与合作，积极鼓励和大力支持在当代艺术、文化企业和创意产业等方面的人力资源开发。② 2010 年，中国—东盟教育部长圆桌会议在中国贵州贵阳市举行，该会议发表了联合声明，要求积极开展中国—东盟区域性的青年语言、体育、艺术等领域的交流与合作。同年 11 月，中国—东盟文化交流培训中心在中国广西南宁市成立。

中国—东盟双方除了签署一系列协议、成立相应相关机构外，双方的演艺交流合作也取得了相应成果，除了每年在广西举办的南宁国际民歌艺术节，还有在马来西亚举办的"文化中国·四海同春"大型文艺表演，在杭州举行的"中国杭州·菲律宾文化周"等系列文化活动。2014 年，"中国—东盟文化交流年"推出了 120 多项中国—东盟文化交流项目，中国传统民间艺术、影视文化作品、知名艺术家、少数民族文化等，均走进东盟国家，其中有：在越南胡志明市举办了"多彩中华"迎新春晚会，在印度尼西亚雅加达卡尔蒂尼宫隆重举行"东盟最佳表演艺术——中国主宾国"系列展演活动，在马来西亚首都吉隆坡国家文化宫演出《云南印象》③。在同时期，泰国、新加坡、印度尼西亚等 9 个国家的艺术团启动"魅力东盟·走入中国"艺术文化之旅，泰国电影协会联盟代表、影视制作公司以及泰国知名

---

① 谢卓华：《"一带一路"背景下广西对接东盟文化产业发展研究》，《广西社会科学》2016 年第 3 期，第 35 页。

② 黄耀东：《中国—东盟文化交流与合作可行性研究》，《学术论坛》2014 年第 11 期，第 138 页。

③ 丁智才：《民族文化产业与对外传播——基于西南边疆民族地区对东盟传播实践的思考》，《学术论坛》2013 年第 8 期，第 83 页。

明星也联袂来华参加"上海国际电影节",等等。

2014 年 11 月,中国与东盟在北京举行东盟文化周 2014 暨影视合拍与旅游论坛,论坛主题为"同摄风华,共影东盟"。东盟国家的影视作品也进入中国,以《泰囧》为代表的一些与东南亚国家当地风土人情紧密结合的影视作品,在获得好口碑的同时,也为当地旅游宣传作出了巨大的促进作用,从而引发东盟国家同中国进行影视作品的合作热①。中国—东盟双方在电影、电视节目和主题文化活动等方面展开更为广泛、深入的合作。中国大型电视剧《甄嬛传》、《木府风云》分别在越南、老挝等国家热播,中国与东盟加强了电影电视行业的交流,2011 — 2015 年影视产品的进出口数量,特别是电视节目、电视剧的出口数量不断增长(见表 2-1)。这些成果的取得,使得中国以及东盟国家丰富多彩的文化以形象生动的方式得以展现,增进双边的认知和了解,也为深化双边友谊及交流合作奠定基础。

表 2-1　2011—2015 年中国向东盟进/出口影视产品情况

年份 类型	2011	2012	2013	2014	2015
电视节目 (时)	1133/5217	619/5554	813/3549	1239/3410	204/7355
电视剧(部)	40/78	20/78	22/93	48/91	8/129
动画片(时)	—/260	14/325	—/422	—/137	—/365
纪录片(时)	—/—	8/364	2/155	—/—	17/120

数据来源:《中华人民共和国 2011—2016 年国民经济和社会发展统计公报》。

二、新闻出版方面

自 2002 年起,中国与东盟媒体合作研讨会相继在北京、南宁等地举办。2008 年,第一届中国—东盟新闻部长会议签署了《中国与东盟新闻媒体合

---

① 范玉刚:《"一带一路"战略的文化维度及其区域文化空间塑造》,《人文杂志》2016 年第 3 期,第 26 页。

作谅解备忘录》，并发布了南宁会议共同主席声明。第二届中国—东盟新闻部长会议明确表示，中国—东盟双方将在媒体采访，影视节目交换、制作、推广、展播和发行等领域开展全方位合作。[1] 2010 年，中国—东盟文化产业论坛在广西南宁举行，双方同意将出版物的合作交流拓展到游戏、软件产业等领域。中国—东盟双方不仅在出版成果领域进行了充分的合作交流，而且在文化创意领域也进行了充分的合作交流，达到了预期的合作效果，取得了喜人的合作成效。

据统计，从版权输出的国家及地区比例看，东亚、东南亚地区总数占整个中国版权输出的 63%。[2] 其中，中国广西、云南两地依托与东盟国家地缘毗邻、文化相通的得天独厚区位优势，使广西、云南两地的出版业获得了率先走向东盟的先机。2011 年，昆明新知集团有限公司在柬埔寨首都金边开办了第一家海外华文书店——新知图书金边华文书局，实现了云南省出版物发行企业走进东盟零的突破。[3] 2012 年，新知图书老挝万象华文书局开业，成为目前老挝最大的书店。另外，报刊类出版也与东盟国家媒体开展积极合作。[4] 由云南《吉祥》、《湄公河》、《占芭》、《高棉》等 4 种外宣杂志，用老挝语、缅语、泰语、越语等 10 余种语言文字发行，并获得较好的发行业绩。

2008 年至 2011 年四年间，广西通过连续承办中国出版走向东盟的重大出版交流项目——越南、柬埔寨、印尼中国图书展销暨版权贸易洽谈会，实现了中国出版走向越南、柬埔寨、印尼零的突破。据统计，广西通过四届展会共出口中国优秀图书近 3 万种，总贸易达 100 万元，国内参展单位向东盟

---

① 黄耀东：《中国—东盟文化交流与合作可行性研究》，《学术论坛》2014 年第 11 期，第 138 页。

② 徐一林：《提升新闻出版对东盟的传播能力——以广西、云南新闻出版"走出去"为例》，《新闻爱好者》2016 年第 4 期，第 68 页。

③ 徐一林：《提升新闻出版对东盟的传播能力——以广西、云南新闻出版"走出去"为例》，《新闻爱好者》2016 年第 4 期，第 70 页。

④ 徐一林：《提升新闻出版对东盟的传播能力——以广西、云南新闻出版"走出去"为例》，《新闻爱好者》2016 年第 4 期，第 70 页。

国家输出版权合同和意向的图书达 600 种以上。广西通过直接出口、参加国际书展、举办广西书展和中国图书展销暨版权贸易洽谈会等多种渠道销售桂版图书，向东盟国家出口图书、音像电子出版物 21.6 万多册（碟），贸易总值达到 600 多万元。在第 22 届北京国际图书博览会上，向东盟推出《中国—东南亚铜鼓（老挝卷）》、《丝绸之路上的东南亚文明——泰国》等系列新书。[1] 中国—东盟双方在新闻出版业中的交流与合作，不仅有利于丰富中国—东盟双方的文化贸易，而且能够有效推进中国—东盟政治、经济和文化等多领域合作。

三、文化旅游方面

中国—东盟双方旅游资源互补性强，文化旅游合作也一直是双边区域合作的重要内容。早在 20 世纪 80 年代末 90 年代初，泰国、新加坡、马来西亚、菲律宾成为最早开放组团业务的中国公民出境游目的地国家。2005 年，老挝成为中国公民出境旅游目的地国家之后，东盟十国已经全部向中国游客敞开了大门。中国与东盟国家旅游部门通过共同挖掘异国风情文化主题，依托不同文化主题为载体设计跨国旅游线路，推动中国—东盟文化旅游业的繁荣发展。[2] 我国已经发展成为越南、柬埔寨最大的旅游客源市场，新加坡和泰国的第二大旅游客源市场，马来西亚的第三大旅游客源市场。

目前，已经建成多条著名的跨国旅游线路，第一条跨国旅游线路是广西的"海上胡志明小道之旅"、"中越红色旅游"和"南宁—越南河内—老挝万象—泰国曼谷—马来西亚吉隆坡—新加坡"南宁新加坡经济走廊的商贸之旅；第二条跨国旅游线路是云南的"昆明—河内米轨铁路之旅"、"澜沧江—湄公河民俗文化旅游"和"滇缅史迪威公路抗战之旅"；第三条跨国旅

---

① 徐一林：《提升新闻出版对东盟的传播能力——以广西、云南新闻出版"走出去"为例》，《新闻爱好者》2016 年第 4 期，第 70 页。

② 覃雪香、徐晓伟：《广西文化产业与旅游业融合发展研究》，《广西社会科学》2012 年第 8 期，第 24 页。

游线路是"北京—西安—越南顺化—老挝琅勃拉邦—柬埔寨吴哥—泰国曼谷、素可泰"的中国—东南亚古代文明之旅；第四条跨国旅游线路是"西安—缅甸仰光—泰国曼谷—柬埔寨吴哥—老挝万象"的佛教之旅；第五条跨国旅游线路是"泉州—厦门—广州—北海—越南下龙湾—新加坡—马来西亚马六甲—印尼雅加达—菲律宾马尼拉—三亚"游轮的中国—东南亚海洋文化之旅。① 已开通两条到达越南的海上旅游精品线路，第一条海上旅游精品线路是广西防城港至越南下龙湾海上旅游航线，该线路成为中国通往越南下龙湾距离最近、最快捷的海上跨国旅游航线；第二条海上旅游精品线路是海南三亚至越南海上邮轮边境旅游线路。② 同时，越南也开通了一条到达中国的海上旅游线路，即从越南义安省至中国海南省的海上旅游线路。近年来，伴随昆明—曼谷公路的建成，中国—东盟跨国自驾游兴起，跨国自驾旅游的游客数量增长迅速，跨国自驾游也成为今后双边文化旅游合作的一种主要趋势。

东盟各国普遍对旅游业依存度较高，对中国市场也非常重视，双方在文化旅游合作上有着强烈的愿望与共识。马来西亚、印尼、泰国、文莱等国家分别在北京、上海、广州、厦门、贵阳、济南等中国城市专门组织旅游推介会。自成立中国—东盟中心作为政府间国际组织以来，该中心运用多种方式吸引中国游客到东盟各国旅游，通过举办"中国—东盟绿色旅游研讨会"、"中越经贸、投资与旅游论坛"等一系列活动，并充分利用官方网站、新浪微博等新媒体推介东盟各国旅游。尤其是，东盟十国旅游部长签署《2011年至2015年东盟旅游发展战略计划》，其中确立了一个重要目标，就是在5年内推出东盟的"申根签证"，对区域外游客实行"一签游东盟"。由此可见，东盟主要旅游国家的签证一旦实现统一，游客便可实现"一签遍东盟"。可以预见不久的将来，东盟国家将会吸引更多的中国乃至世界

---

① 黄耀东：《中国—东盟文化交流与合作可行性研究》，《学术论坛》2014 年第 11 期，第141 页。

② 赵珊：《东盟成为中国出境游大热门》，《人民日报海外版》2012 年 6 月 12 日。

各国游客到访东盟，中国—东盟双方的文化旅游合作也将向纵深发展。

四、教育合作方面

伴随着中国与东盟双边关系的深入发展，中国—东盟双方在政府层面上的教育交流与合作不断加强，并且持续深入合作。近10年多来，中国—东盟双方政府间签署了一系列教育交流合作协议，并定期或不定期举办一系列教育合作论坛与活动。通过签订国家级教育合作协议，举办相关推介及交流活动，深化了中国—东盟国家政府间的教育交流与合作，为持续提升双边关系奠定了坚实的制度基础。

2004年，中国—东盟双方签署了《落实中国—东盟面向和平与繁荣的战略伙伴关系联合宣言的行动计划》，明确了双方的教育合作内容。该"行动计划"的主要内容有以下七个方面：一是继续通过东盟大学网络和中国教育部落实中国—东盟学术合作及交流计划；二是以东盟大学网络为平台，进一步发展中国—东盟合作研究、培训及杰出教师和学生交流等合作项目；三是加强中国—东盟国家语言的教学，鼓励相互留学；四是鼓励和支持中国—东盟校际交流与合作；五是在中国和东盟有条件的大学间推动学历学位互认；六是探讨建立中国与东盟各国国家公务员培训与交流机制，包括外交官培训；七是继续向东盟国家尤其是东盟欠发达国家，提供较多的短期和长期奖学金。2006年，《中国—东盟纪念峰会联合声明》明确指出，中国—东盟的重点合作领域由原来的5个扩大到10个，主要包括农业、信息通信技术、人力资源开发、双向投资、湄公河流域开发、交通、能源、文化、旅游和公共卫生。这充分表明，教育及人力资源开发方面已成为中国—东盟教育合作的重点。[①] 2007年，中国—东盟双方共同签订的《服务贸易协议》明确提出，中国—东盟双方将进一步开放教育服务领域。2008年，第一届中国—东盟教育交流周在中国贵州省举行，并确定此后的每年都举行中国—东

---

① 《中国—东盟纪念峰会联合声明——致力于加强中国—东盟战略伙伴关系》，《中华人民共和国国务院公报》2006年第34期，第1—20页。

盟教育交流周活动。2010 年，中国—东盟职业教育国际论坛在北京举行，论坛提议双方要搭建起一个中国—东盟职业教育合作平台，实现中国—东盟双方的教育文化互融互促。

与此同时，中国—东盟双方在中等和高等教育机构之间也全面展开深入交流与合作，设立中国—东盟政府奖学金直通渠道，进行中国—东盟双方部分高校学历和学位互认，中国政府逐年增加给予东盟国家留学生的奖学金，部分省区人民政府、部分高校在国家政府奖学金的基础上，纷纷设立东盟国家留学生奖学金，形成国家、省区市和高校三个层次的东盟国家留学生奖学金格局，极大地满足东盟国家留学生来中国学习的强烈愿望，东盟国家学生到中国留学的学生规模日益扩大。据统计，2011 年至 2015 年五年间，东盟国家到广西学习的留学生就达 37346 人，居中国各省区之最；同时，广西每年派往东盟国家留学的学生也超过 5000 人，也是中国派往东盟国家留学生人数最多的省份。① 随着来华东盟国家留学生和派往东盟国家留学生规模的不断扩大，中国在东盟国家的知名度和影响力也在加深。

目前，中国在东盟国家纷纷建立一批孔子学院和孔子课堂，通过派遣大批对外汉语教师，在东盟国家进行积极推广汉语和传播中国文化。例如，中国通过举办孔子学院、选派国际汉语教师志愿者和建立汉语教学基地等汉语国际化推广项目，使得越来越多的东盟国家民众逐步深入地了解和喜欢上中国文化，极大地促进了中国—东盟双边的教育合作和文化交流。②

五、科技合作方面

中国与东盟国家的科技合作，一方面，对于实现我国多边国家关系的战略升级与中国—东盟命运共同体的构建意义十分重大；另一方面，科技合作作为中国—东盟合作框架中的重要组成部分，对于提高中国—东盟双边或多

---

① 广西壮族自治区统计局：《广西统计年鉴·2017》，中国统计出版社 2017 年版，第 476 页。
② 宁常郁：《深化广西与东盟文化交流与合作研究及展望》，《东南亚纵横》2016 年第 1 期，第 69 页。

边区域科技创新能力和经济竞争力的发展尤为关键。

1993 年，中国与东盟国家开启了大规模的科技交流与合作大门。同年 9 月，时任东盟秘书长辛格率东盟代表团访华，中国—东盟双方就加强中国与东盟经贸、科技合作进行了深入探讨，并达成了广泛一致的共识意见，双方重点讨论了此前中国国务院副总理兼外长钱其琛出席东盟外长会议时提出的建立中国—东盟科技培训中心和技术开发服务中心的建议。辛格率领东盟代表团访华期间，与中国在科技合作上达成一致意见，同意设立中华人民共和国—东南亚国家联盟科学技术合作联合委员会，并审议中国—东盟之间的科技合作执行情况，研究进一步扩大中国—东盟之间经贸和科技合作的措施和建议，讨论中国—东盟双方共同关心的区域性国际经济问题。1995 年 3 月，中国—东盟双方在文莱斯里巴加湾市签订《中国—东盟科学技术联合委员会职责范围》，明确规定了中国—东盟科学技术联委会的职责是对中国—东盟联合合作的项目及活动进行计划、批准、协调、监督和评估，联委会由中国国家科委和东盟科学技术委员会（COST）的高级官员组成。[1]

在中国—东盟双边的科技合作上，双方还在以下五个方面共同致力于深化合作：一是依托中国—东盟科技论坛，由中国国家科技部联合东盟秘书处和各国科技部共同组建"中国—东盟科技论坛"组织机构，共同商议中国—东盟科技伙伴计划的发展和推进，联合建立中国—东南亚国家开放实验室。二是加强中国—东盟创新中心和中国—东盟技术转移中心建设，推动中国—东盟国家共建开放式实验室，尤其是在新能源与可再生能源、现代农业、生物、环保、电子信息和服务业领域，全面开展共性技术联合攻关与研发。[2] 三是发挥中国—东盟双方之间的双边或多边农业科技优势，依托中国在农业新品种开发的资源优势以及中国云南、广西等省、自治区的地理区位优势，联合东盟国家共同建设海外农业科技示范园，积极展示新品种和配套

---

① 许家康、古小松：《中国—东盟年鉴 2006》，线装书局 2006 年版，第 179 页。
② 马敏象等：《中国与东南亚、南亚科技合作战略与对策研究》，《云南科技管理》2015 年第 1 期，第 20 页。

新技术，并加强向东盟国家推广应用。四是加强中国—东盟双方国际科技特派员认定与活动，学习相关国际组织科技援外经验，积极探索中国对东盟国家开展科技援外的新思路和新模式，促进政府机关、企业机构、科研人员之间的交流与合作。[①] 五是推进南方丝绸之路科普基地建设与科普人文交流，利用中国—东盟现有的科普基础设施和有利条件，挖掘和利用双方的科普资源，开展中国—东盟双边及多边的科普活动，加强科普教育、宣传和科普论文、期刊、报告和相关研究参考材料的信息交流，促进中国—东盟科技交流合作，促使中国—东盟双方的学术机构与智库建立联系渠道，同时在知识产权保护领域开展合作，加强东盟国家文化产业专利保护，推动了东盟国家在我国申请文化专利保护工作，使得部分东盟国家在我国申请文化产业专利的数量保持平稳持续增长（见表2-2），从科技与文化的结合及其成果保护上丰富了中国—东盟在文化产业领域的合作成果，成为中国与东盟国家深化友好合作关系的重要支撑。

表2-2 部分国家在我国申请文化产业专利情况 （单位：项）

年份 国家	2011	2012	2013	2014	2015
马来西亚	141	135	113	165	135
新加坡	645	651	680	696	875
泰国	25	32	34	31	41
美国	32023	33556	34421	38997	43278
日本	45228	49678	48537	47547	46606

数据来源：《中华人民共和国2011—2016年国民经济和社会发展统计公报》。

六、会展平台建设方面

文化产业对中国—东盟关系发展的贡献，会展业是一个重要的观测点，

[①] 马敏象等：《中国与东南亚、南亚科技合作战略与对策研究》，《云南科技管理》2015年第1期，第20页。

中国—东盟博览会、中国—东盟商务与投资峰会和南宁国际民歌艺术节，为中国—东盟双方搭建了一个制度化的官方高层次平台。10 多年来，中国—东盟双方携手走过了一段不平凡的历程，中国—东盟双方贸易额增长了数倍，相互投资也在不断扩大，开创了中国—东盟合作的"黄金十年"，其中，双方产业园区的合作共建，占了很大比重。目前，中国正提速与东盟国家的跨境经贸合作区的建设步伐，积极推动跨境经贸合作区建设成为深化中国—东盟区域经济合作的新平台①，开创中国—东盟双边产业合作"钻石十年"的新发展。

在第十届中国—东盟博览会和中国—东盟建立战略伙伴关系十周年之际，我国通过举办一系列投资促进活动，拓宽中国与东盟产业合作渠道，拓展合作区域、合作领域和开放带动功能，推动形成更多"两国双园"格局，力促中国与东盟产业园区合作，推动中国与东盟的投资合作。第十届中国—东盟博览会中国—东盟双方紧紧围绕产业园区合作，成功举办第十届中国—东盟博览会投资合作圆桌会及东盟产业园区招商大会、中国和马来西亚建设"两国双园"（中马钦州产业园区和马中关丹产业园区）推介会、中国（凭祥）边境自由贸易示范区政策研讨会等一系列投资促进活动，成功推动中国企业投资东盟产业园区，积极为中国—东盟产业园区提供推介和招商平台，致力推动形成更多的"两国双园"格局，扩大相互投资。作为拓宽中国—东盟产业合作渠道的重要载体和中国—东盟务实合作取得的重要成果，中马钦州产业园区和马中关丹产业园区成功开辟了"两国双园"国际合作的新模式。而中国—东盟博览会也将进一步为"两国双园"建设做好服务，为中马钦州产业园区和马中关丹产业园区建设进一步搭建好展示、推介、宣传的平台，在展馆内开辟专门的展示区域，集中展示与推介"两国双园"项目。并继续通过举办一系列的投融资项目对接会和跨国公司投资意向说明会等投资促进活动，重点做好国内外投资机构与中马钦州产业园区、马中关

---

① 程亚丽：《产业合作推动中国—东盟共赢发展》，《国际商报》2014 年 5 月 20 日。

丹产业园区对接，着力安排好东盟各国投资促进机构官员和产业园区代表考察中马钦州产业园区等活动，推动"两国双园"招商。同时，还大力推介中国—印尼经贸合作区、凭祥边境自由贸易合作试验区、东兴国家重点开发开放试验区、中泰崇左产业园区等，大力推进产业园区建设，积极推动地方和企业层面的项目落地，吸引更多的项目和资金，引导更多的企业"走出去"，推动更多的中国企业对东盟产业园区开展集群式投资与发展。①

此外，南宁跨境贸易电子商务综合服务平台暨中国—东盟跨境电子商务产业园获批成为全国第 17 个试点城市，获准开展跨境贸易电子商务零售出口业务，力争打造一批业态突出、特色鲜明的现代服务业集聚区，积极培育一批有较强竞争力影响力的服务业龙头企业，形成了三大产业的融合发展、制造业与服务业"双轮驱动"的产业新格局，并致力建成服务"一带一路"、面向东盟国际市场、辐射西南中南国内市场的现代产业园区与服务业发展的新高地。②

第二节　中国—东盟博览会的文化产业发展探索

在中国与东盟国家不断发展与合作的进程中，中国—东盟博览会无疑是加速这一进程的实践典范，体现了通过以经贸合作的经济桥梁进行搭建起一个政治外交平台的国家战略，从而实现政治外交价值与经济文化利益的相辅相成，真正达到了政治、经济和文化等要素的完美结合。

一、利用地缘优势，促进文化交流互鉴

广西与东盟国家山水相连、习俗相通、文化相近，自然条件和人文环境得天独厚，具有面向东盟开放合作的良好区位条件。广西首府南宁作为中

---

① 何颖：《特区模式：构建"中国—东盟文化产业开放区"》，《沿海企业与科技》2007 年第 2 期，第 9 页。

② 陈斯雅：《补齐服务业发展"短板"》，《当代广西》2015 年第 13 期，第 25 页。

国—东盟博览会的永久落户地，反映了南宁独特的地理条件和区位优势，也充分彰显出一种高度的文化自觉和文化自信，不仅使得中国与东盟国家进行商品上的贸易，同时也促进了文化交流和文化产业的发展，使得我国壮族文化、中华文化与东盟文化融合互动的民间优势得到了充分发挥，为地方及区域经济社会发展增加了新活力注入了新动力，彰显了中华文化的迷人魅力和软实力，成为区域及地方经济发展的重要推手和强大动力。

壮族是我国人口数量最多的少数民族之一，其中广西的壮族总人数达到1700多万人。同时，壮族文化历史悠久，与东盟各国的民族文化有着深厚的历史渊源。并且，我们从地理区位上看，壮族位于中原与东南亚、华南、西南各个省份的文化交汇处。经过长期的历史沉淀，逐渐形成了稳定的传统习俗与风土人情，并创造了具有鲜明特色的文化成果。由于壮族是一个开放的民族，其文化也具有多元性，并对周边少数民族和东南亚各民族产生深远的影响。因此，在东盟各国区域内，无论在语言、宗教信仰、生活习惯、伦理道德等方面均展现出与壮族文化相同或相似的文化底蕴和特质。相关数据显示，海外华侨华人4500多万人，其中75%—80%的华侨华人生活在东南亚。居住在东南亚和世界其他各地的华人孕育了独特的华人文化。世界华人文化主要是以汉语汉字、饮食习惯、节庆民俗、宗亲乡谊为其重要内容和主要特征，与祖籍国的中华文化交相辉映，联系密切。[①] 东南亚华人是一个族群感十分强烈的族群，"根"的意识十分浓厚，接受华文教育，自觉传承中华文化。在情感和文化上的认同，以及血浓于水的桑梓情怀，成为中国与东盟文化交往和民心相通的一个重要内容。可以说，中国—东盟各国的文化交流与互鉴，既符合当地东南亚华人乃至世界华人的文化需求，又符合经济全球化和区域经济一体化背景下中国文化产业"走出去"、"请进来"的发展趋势，势必推动中国文化产业的稳步发展。

在中国与东盟的深入合作中，最主要的合作基础主要来源于两个方面：

---

① 王贤：《论中国—东盟区域性合作发展的文化根基》，《广西社会科学》2015年第5期，第47—48页。

一方面是中国—东盟的经济基础，即中国—东盟市场体系和由此派生出来的城市体系与区域分工；另一方面是中国—东盟的政治与文化基础，即基于行政的区域整合或基于共同文化特征的区域性认同。这两个方面是相辅相成，相互促进，相互作用，相互渗透，缺一不可。因此，文化上的交流与认同，成为中国—东盟双方展开深入合作中必不可少的重要因素，对于跨越行政区域的更广泛层次的区域合作，没有文化认同的引领，经济以及其他合作也就更加难以整合。① 而中国—东盟博览会的优势就在于，在加速区域经济要素流动的同时，也促进文化要素的双向互动，推动双边的文化交流和文化产业合作，使文化交流、文化产业合作成为博览会其中一个重要功能。

可见，由于中国与东盟国家在地理上山水相伴、海陆相连，民族上又同根同源，文化上也有共通之处②，在多重机遇与优势的叠加之下，寻找并激发壮族文化、中华文化与东盟文化的认同感，使之成为联结东盟国家的天然有利条件和信息沟通桥梁，促进国家之间、高层与民间的相互了解、增进友谊、民心相通、消除隔阂，以文化上的交流与力量推动双方在政治、经济等领域的深入合作，成为中国—东盟博览会得以成功举办并续写辉煌的坚实基础，也为中国与东盟的战略伙伴关系以及中国—东盟命运共同体的构建提供更为广阔的发展前景。

二、致力打造品牌，助力经济快速发展

中国—东盟博览会是一个以经贸交流与合作作为主要特征的经济发展平台，其经济活动的主要目标是追求经济效益和市场效益的最大化，成为检验其能否长期发展的重要依据。③ 中国—东盟博览会已经成功举办十四届，

---

① 何红梅：《试论壮族文化在中国—东盟经济发展中的作用》，《南宁职业技术学院学报》2009 年第 4 期，第 27 页。

② 古小松：《打造中国—东盟交流合作平台促进中国—东盟友好合作发展——中国—东盟博览会战略定位研究》，《东南亚纵横》2003 年第 12 期，第 2 页。

③ 何颖：《中国—东盟博览会竞争力研究》，《改革与战略》2006 年第 12 期，第 88 页。

李克强总理在出席中国—东盟博览会时曾提到了一个概念"黄金十年"，以此来展现中国与东盟国家 10 年来的风雨同舟、携手共进，不断把双方的友好合作推向新的高度。在过去的十多年里，中国与东盟的合作是同步推进的，经过持续不断的发展，这个原本规模不大的博览会在规模上已经拓展到 4600 个展位，显示了博览会的挖掘空间与发展潜力，同时也体现了博览会这一品牌的成功打造。①

博览会通过其品牌优势的影响力、实际的市场拓展力、现实的经贸成效、文化上的交流与认同以及资源产品的特色与互补，进而产生强大的竞争实力，带动中国与东盟国家经济的快速发展。一方面，中国—东盟博览会显著的经贸成效，主要是通过以经济增加值的增长率、资产利税率、进出口总量等经济指标来实现稳定和持续攀升。同时，中国—东盟博览会主要是依靠选择最佳的投入产出比和动态指标来提升其经济上的竞争力，因为参展商的投入产出比越高，产业效益越高，产业规模越大，会展产品和服务的市场竞争力也就越强。② 所以，中国—东盟博览会关键是要通过提高劳动生产率、资产利税率及经贸产品在中国与东盟以及在国际市场上的占有率等，来追求实现其最佳的产业效益。另一方面，产业结构作为中国—东盟博览会促进城市经济可持续发展能力的根本前提。我们只有通过合理的产业定位，不断强化城市产业结构的调整和升级，才能进一步提升区域产业竞争力。众所周知，中国—东盟博览会主要是以商品贸易、投资合作、服务贸易为重点内容。然而，随着其自身不断的发展与完善，所设置的服务与内容也在不断扩充，并日益注重文化的参与，通过其文化方面的交流与合作来优化双方互动的经贸环境，关键在于集中优选了那些中国—东盟双方之间最有市场潜力、最具互补性的文化产品作为参展商品，并结合中国—东盟双方发展程度和不

---

① 杜悦嘉、林昆勇：《中国—东盟命运共同体建设背景下广西文化产业发展的对策研究》，《城市》2015 年第 7 期，第 25 页。
② 张家寿：《拓展与东盟合作的平台——谈充分发挥中国—东盟博览会作用》，《广西日报》2010 年 2 月 1 日。

同的特点，使"引进来"与"走出去""两手抓"，以专业展支撑综合展，走出一条符合中国—东盟双方多样化发展需求的会展之路。同时，强化中国—东盟博览会在政治、文化和经济上的聚焦效应，有助于扩大博览会品牌的关注度和关联度，并且通过上下游联动的产业链条，产生出较大的产业关联竞争力，从而带动物流、交通、商业、旅游、餐饮等行业的快速发展，并且对中国—东盟双方参展国利用中国—东盟博览会的单方资源投入来达到多方面产出，尤其是提供经贸合作、文化传播和品牌效应等附加值，有利于提高中国—东盟各方及相关产业的经贸成效。因而，无论从增长速度还是发展趋势上看，中国与东盟的双边经济贸易额都在不断突破，随着政策的配套和机制的完善，2020 年突破一万亿元额度的目标在双方的共同努力下完全有可能实现。[①] 有了双边的这一目标将会形成一个更为良好的基础，促使双方的经济利益不断融合，再加上中国—东盟博览会所具备的文化内涵就会呈现出更大的活力与生机。

可见，中国—东盟博览会致力于联通国内和国际市场，发挥地缘优势和文化相通作用，以博览会的举办为着眼点致力于文化产业的大力发展，用文化产业及其产品去加强和拓展与东盟国家之间的友好合作关系，极大地顺应了文化与经济相互交融的发展大趋势，在发挥其品牌优势与作用的同时，成功地将文化元素注入经济过程并进行有效的整合，使其成为经济发展中最为重要的动力机制，进而有助于推动中国与东盟多层面全方位的合作。也就是说，经济发展是中国—东盟双方合作的物质基础，文化交流是中国—东盟双方合作的联结纽带，多边共赢是中国—东盟双方合作的共同愿景。文化上的亲近熟悉能够增进人民及国家间的友谊互信，文化产业的合作交流可以带动经济舞台的成果纷呈，从而推动中国—东盟双方文化与经济的整合联结，努力营造资源与成果的共同分享以及互联互通的良好合作氛围，进而致力于打造双方合作的"钻石十年"，不断带动双边经济贸易的繁荣

---

① 徐步、杨帆：《中国—东盟关系：新的启航》，《国际问题研究》2016 年第 1 期，第 40 页。

与发展。

三、加强制度设计，完善双边合作机制

广西依托中国—东盟博览会这一重要平台，充分发挥政策优势，进而进一步完善我国与东盟国家文化企业的深入交流与长期合作机制，并通过税收政策、融资政策以及出口方面的政策等加强对文化企业的引导，提升文化产品在双边贸易中的份额，加快文化产品与服务走进东盟国家市场的步伐。

中国—东盟博览会一开始，就具有一般商业会展所不具有的独特的政策优势，具有深刻的国际背景和国内条件。从当时的国际背景来看，中国—东盟博览会举办的根本目的，主要是致力于推动中国—东盟自由贸易区的顺利建设和如期建成，一方面是依托中国—东盟 11 国共同举办、11 国领导人共同推动为制度推手，另一方面是以《中国与东盟全面经济合作框架协议》为法律准绳，获得了国际社会多边合作的发展优势。[①] 从中国国内的现实发展来看，中国—东盟博览会具有重要的国家战略意义，是中国贯彻实施"与邻为善、以邻为伴"周边外交方针政策的具体化，是中国深化与东盟发展战略合作伙伴关系以及建设中国—东盟命运共同体的重要载体。基于上述国际背景和国内条件，中国—东盟博览会得到中国与东盟国家政府的高度重视，并在政策和资金上给予了大力支持，相对于国内其他展会，中国—东盟博览会就具有了独特的条件和独到的优势。得益于有利发展环境和支持条件，推动了中国—东盟博览会的连续成功举办，博览会的经济政治和文化效益得到凸显，成功地将南宁打造成为中国与东盟文化贸易发展交流与合作的窗口，使得国家和地方层面为文化产业发展提供了各种保护和促进政策，为弘扬作为中华民族传统文化有机组成部分的具有地方特色的民族文化，以及打造中国—东盟博览会等战略性文化品牌提供了重要的制度保障。因而，中

---

① 张家寿：《拓展与东盟合作的平台——谈充分发挥中国—东盟博览会作用》，《广西日报》2010 年 2 月 1 日。

国与东盟国家政府的重视支持，是中国—东盟博览会所具有的独特政策优势的一个重要前提。中国—东盟双边合作机制的优势框架，是中国—东盟博览会连续成功举办和可持续发展的重要源泉。中国—东盟双方"政府主导与市场运作相结合"的合作模式，使中国—东盟博览会获得了政府倾斜性与扶持式的独特政策优势，并推动着中国—东盟博览会通过独到的"产品"和"服务"，发挥了中国—东盟双方在政治、经济、文化的互利合作、合作共赢的机制作用。

中国—东盟双边对文化产业的高度重视以及对文化合作交流的倾斜扶持，为包括中国—东盟博览会在内的文化产业的发展提供了极为有利的政策环境。我国在"十二五"期间，明确提出要把文化产业发展成为国民经济的重要支柱型产业，并相继针对支持文化企业发展若干税收政策、文化产业振兴规划、金融支持文化"走出去"等出台了一系列政策，对文化贸易的发展给予大力支持。在大力发展经济贸易合作的同时，巩固和提升文化产业基础设施与载体建设，通过文化体制改革，完善发展合作机制，构建更加积极的促进政策，大力促进中国—东盟博览会文化贸易方面的发展，为文化产品和服务出口企业在参展、市场考察、产品认证、宣传推广以及人才培养等方面给予优先的政策支持，并使其与东盟国家双边贸易以及文化交流在各个层面的合作机制更加完善和不断发展。在国家层面的合作机制上，中国与东盟国家已经形成了不少合作机制，签订了一系列文化合作协议，朝着具体的、可操作的合作内容和实施举措方向推进，发挥双边文化合作交流领域议事协调机构的作用，建立以国家层面统领的涵盖不同层面的畅通的沟通渠道，签订及落实中国—东盟各项文化交流项目，统筹谋划中国—东盟文化交流合作的领域和发展规划，将中国—东盟双边的文化交流与贸易合作具体细化到具体合作项目。在行业层面的合作机制上，中国—东盟文化领域涉及的行业比较广泛，各个行业都有各自的鲜明特色，在国家层面文化交流合作协调机制的统领下，建立和完善中国—东盟文化交流合作相关行业的合作机制，通过行业协会加强中国—东盟双方的文化交流，并进一步加强和规范文化贸易市场行为，发挥政府主体之外的协同治理主体的作用。在民间层面的合作机制上，民间团体作为中国—东盟国家文化交流合作的重要力量，其地位重要，作用不容忽视，在以文化合作交流为切入点来推进中国—东盟双边合作中，具有独到的优势，发挥了重要作用。中国与东南亚各国每年都有许多重要的民间节日活动，比如宋干节、送水节、农耕节、民歌节、火把节等，这些节日中有些是中国—东盟跨国民族的共同节日。这些共同节日，已经成为我们深度构建中国—东盟国家民间合作机制，共同推动和促进中国—东盟文化交流的一种重要形式①，通过组织中国民间团体参加东南亚国家的民间节日活动来传承中国—东盟传统的民族文化，增加中国—东盟国家人民之间的深厚友谊，为中国—东盟国家的文化交流与贸易发展奠定坚实的基础，努力推动广西成为面向东盟的具有较大影响力的区域文化中心和中国—东盟文化贸易交流合作的重要枢纽。

四、成功构建平台，持续保持影响力

21世纪初，以文化产业为纽带，文化产业与中国—东盟关系发展交融渗透，以及中国—东盟关系发展进入制度化管道的初始时期，南宁国际民歌艺术节、中国—东盟博览会、中国—东盟商务与投资峰会的连续成功举办，影响力的保持和美誉度的提升，双边的广泛认可，使之逐步发展成为中国—东盟合作交流的重要平台，并在后续十几年的发展中保持着恒久的影响力，成为中国与东盟双边关系深化发展的其中一个重要路径依赖，首先就是得益于先期举办的南宁国际民歌艺术节的战略谋划、成功举办及其带来的重要社会影响和广泛社会美誉。

反观这一历史进程，南宁国际民歌艺术节在20世纪90年代的成功举办，在国内、东南亚及国际社会形成的良好影响，广西政府的策略谋划和奋力推进，再加上国家的战略决断和政策扶持，以及中国与东盟双边都具有加

---

① 金荣：《浅析中国—东盟文化交流在21世纪海上丝绸之路的影响及前景》，《广西社会主义学院学报》2014年第5期，第75页。

深合作交流的共同愿望，这些因素交融结合形成的合力，共同成就了南宁国际民歌艺术节以及后续的"两会一节"，使之逐步发展演变成为中国—东盟合作交流的一个重要平台①，极大地推动了广西文化产业的发展，广西文化产业所带来的效益已经远远高出经济的增长幅度，所创造出的价值也越来越大，在国民经济中所占的比重以及拉动国民经济增长的能力也越来越强，并且成功打造出一批具有广西特色的文化产业品牌②，其中最具知名度的首推《印象·刘三姐》山水实景演出，不仅为广西与东盟经贸合作深入发展作出巨大的贡献，成为展现广西魅力的亮丽名片，同时也促进了中国与东盟国家文化上的交流与合作，为广西经济社会的国际化发展夯实基础。2004 年 3月 20 日，广西桂林诞生的中国第一部大型常年山水实景演出——《印象·刘三姐》正式公演。《印象·刘三姐》是以世界级的风景区——阳朔山水为天然舞台，汇聚了刘三姐经典山歌、少数民族风情和漓江渔火等独特壮乡民族元素，加上以文化产业的方式进行运作，汇合山水剧场、刘三姐歌圩、书童山休闲度假区和阳朔西街在内"四位一体"的"锦绣漓江风景区"。《印象·刘三姐》之所以功成名就的四大要素是刘三姐的传说和民族风情、桂林的山水、张艺谋导演、版权产业化运作，这四大关键因素共同造就了《印象·刘三姐》。《印象·刘三姐》所蕴含的深厚的中国民族文化基础和极高的民族文化价值，由此产生了巨大的市场潜力，从而有效地拉动了桂林交通、住宿、旅游等第三产业的繁荣发展。作为一个文化特色品牌，成功地为当地带来了明显的经济效益与社会效益。另外，旧州绣球、坭兴陶和"三皮画"也是广西壮族文化最具有代表性的一个标志与象征物，成为广西对外交流与宣传的主打品牌，在许多国家级乃至国际性外交、重要会议和中国—东盟博览会等重要场合，其被作为贵重礼品赠送给中外宾客。并且通

---

① 赵铁：《中国—东盟合作框架下广西文化产业创新发展战略研究》，华中科技大学博士学位论文，2012 年，第 83 页。
② 陈学璞、李建平等：《面向东盟的广西文化产业发展新格局研究（下）》，《沿海企业与科技》2013 年第 1 期，第 57—70 页。

过其品牌产业化的运作，这些独具广西民族特色的工艺品在海外市场也十分走俏。①

南宁国际民歌艺术节的第一次创作成功，为后续的中国—东盟博览会、中国—东盟商务与投资峰会平台效应的持续显现，提供了前期借鉴，奠定了坚实基础。它与《印象·刘三姐》的相似之处都在于，它们都是广西文化产业特色品牌的一个重要代表，都是充分利用广西特色的民族文化资源和其独特人文魅力向世界展现多姿多彩、美丽迷人的中华民族独特文化，并与中国—东盟博览会、中国东盟商务与投资峰会同期举办，形成集文化交流、艺术欣赏、经济合作、政治互信为一体的品牌战略模式，在海外尤其是东盟各国产生了巨大反响②，在取得具有突破性的经济社会效益的同时，也成了中国与东盟国家深入合作与交流的重要平台，不断发展壮大广西文化产业的精品工程与特色品牌项目。中国—东盟博览会成功搭建了中国与东盟共享商机的合作平台，依托中国—东盟博览会的平台优势，可以促进信息互通与合作开发，使之成为中国—东盟区域经济合作的"风向标"③，实现市场对接与拓展，带动中国与东盟区域贸易，促进区域内资本自由流动，增强对区域外国家直接投资的吸引力。随着我国与东盟合作关系的逐步深入，新时期新阶段中国—东盟博览会将面临新的任务与挑战，更好地服务于国家对外开放战略，作为具有国际影响力的综合性会展平台，中国—东盟博览会必须适应国家新形势下的发展建设，才能保持生命力与持续发展的动力。要充分发挥自身的平台优势，进一步提升自身的战略地位与作用，打造升级版的中国—东盟博览会，使其成为"一带一路"与"中国—东盟命运共同体"建设的重要平台与窗口，紧紧围绕"一带一路"主题倡议，拓展与"一带一路"沿

---

① 贤成毅、丁晓裕：《广西文化产品出口东盟的品牌战略研究》，《广西大学学报（哲学社会科学版）》2014 年第 2 期，第 26 页。

② 贤成毅、丁晓裕：《广西文化产品出口东盟的品牌战略研究》，《广西大学学报（哲学社会科学版）》2014 年第 2 期，第 29 页。

③ 郎新发：《冷战后中国对东盟开展经济外交的必要性及实践创新研究》，河北师范大学硕士学位论文，2007 年，第 39 页。

线国家的合作，视野拓宽，领域拓展，发挥平台优势，围绕重点合作领域、经济走廊、机制建设等，积极推动政府、商界以及人文领域等多元治理主体的协同，共同探索从"中国—东盟命运共同体"向"人类命运共同体"建设的发展升华，从区域治理提升到全球治理。

中国与东盟双边文化产业合作交流平台建设，要进一步拓展其服务范围，深化"10+1"合作，积极回应东盟国家的关切以及区域全面经济伙伴关系（RCEP）的合理诉求，延伸会展的价值链，延伸到与之相关的合作领域，举办一系列的会议交流论坛与产业合作活动，推动双边互联互通、科技合作、产业合作、金融合作、海洋合作、人文交流等全方位多领域的合作①，将中国—东盟博览会的平台功能与效用充分发挥。

第三节　中国—东盟合作框架下
广西文化产业的发展

进入 21 世纪，全球政治、经济、科技格局等发生巨大变化，文化产业作为一种以文化内涵和智能创意为核心资源的新兴产业，在区域发展中的作用日益凸显。在中国与东盟合作框架下，随着双方战略伙伴关系不断发展及深化，为广西文化产业的发展提供了良好机遇带来了明显成效。

一、文化产业整体规模持续扩张

文化产业的规模作为衡量文化产业发展的一项重要指标，它具体包括文化产业的机构数、从业人员数和文化产业增加值等参数，来反映和说明广西文化产业规模上的发展情况。② 从表 2-3，我们可以看到 2014—2015 年广西文化产业发展的一些新变化。

---

① 王冰、陈维：《广西：面向东盟衔接"一带一路"》，《国际商报》2015 年 4 月 24 日。
② 杜悦嘉、林昆勇：《中国—东盟命运共同体建设背景下广西文化产业发展的对策研究》，《城市》2015 年第 7 期，第 24 页。

表 2-3　2014—2015 年广西文化产业增加值及构成（按行业类别分类）

文化及相关产业	2014 年		2015 年		同比增长（%）
	增加值（亿元）	分类型比重（%）	增加值（亿元）	分类型比重（%）	
文化制造业	166.11	43.6	200.46	47.3	20.7
文化批零业	24.56	6.4	41.78	9.8	70.1
文化服务业	190.72	50.0	181.98	42.9	-4.6
服务业企业	151.93	39.8	141.83	33.4	-6.6
非企业法人	38.79	10.2	40.15	9.5	3.5
合计	572.11	100	606.2	100	11.2

资料来源：根据统计年鉴相关数据计算。

在"两会一节"举办之前，广西文化产业的相关部门主要集中在广播电视业、新闻出版业、群众团体演出、博物馆、档案管理、群众文化事业等部门。2003 年，广西文化产业机构共有 1.43 万个，相关从业人员 5.55 万人[1]，无论是其文化产业机构数还是从业人员数都是相对较少的。[2] 此外，广西文化产业增加值在全国排位也是相对靠后的，在"两会一节"举办之前，广西文化产业的发展在全国仍然处于中等偏下的水平。但是随着 2004 年"两会一节"的成功举办，广西文化产业的发展脚步也明显加快。如图 2-1 所示，在从业人员数量上，2004 年 19.85 万个，2008 年 24.83 万个，2012 年增加到 35.07 万个；在文化产业增加值上，2004 年 120.99 亿元，2008 年 178.61 亿元，2012 年增加到 356.67 亿元；在文化产业机构数量上，2004 年 9808 个，2008 年 12800 个，2012 年增加到 19000 个。由此可以得出结论，从 2004 年开始，以每四年为一个节点，截止到 2012 年，无论是文化产业增加值、从业人员数，还是文化产业机构数均持续增长。[3]

---

① 许家康：《广西年鉴 2004》，广西年鉴社 2004 年版，第 432 页。

② 杜悦嘉、林昆勇：《中国—东盟命运共同体建设背景下广西文化产业发展的对策研究》，《城市》2015 年第 7 期，第 24 页。

③ 杜悦嘉、林昆勇：《中国—东盟命运共同体建设背景下广西文化产业发展的对策研究》，《城市》2015 年第 7 期，第 24 页。

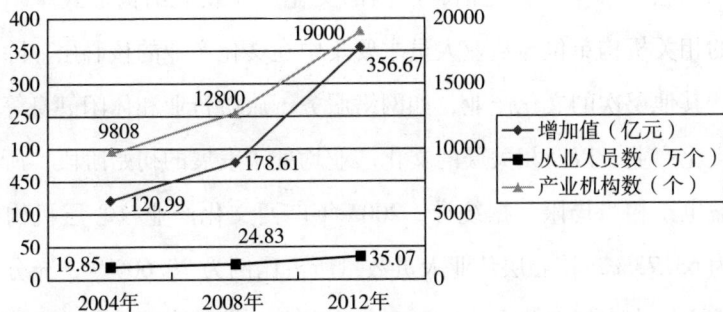

图 2-1　广西文化产业增加值、机构数、从业人员数

资料来源：根据统计年鉴相关数据计算。

因此，通过上述分析，我们可以得出基本结论，在中国—东盟合作背景下以及"两会一节"的成功召开之后，广西的文化产业增加值、文化产业法人单位数量以及从业人员的数量均实现较快增长，反映了广西文化产业的整体规模在不断扩大，始终保持着持续增长的态势。①

二、文化产业内部结构不断优化

何谓文化产业的内部结构？其主要是指文化产业的三个层次，而每个层次下又会对应文化产业具体的分类及相关行业。这三个层次主要包括：核心层、外围层以及相关层。属于核心层的文化产业，主要是指各种传统形式的、为大众耳熟能详的那些文化产业种类，具体包括广播、电视、电影、音像制品、文艺表演、图书馆、报纸杂志、博物馆和档案馆等。属于外围层的文化产业则主要指那些新兴的文化产业形式，如互联网、广告、会展服务、旅游服务、休闲健身、娱乐项目等。相关层的文化产业指的是那些能够支撑核心层与外围层的物质载体和提供技术支持的生产与销售的行业。②

---

① 杜悦嘉、林昆勇：《中国—东盟命运共同体建设背景下广西文化产业发展的对策研究》，《城市》2015 年第 7 期，第 24 页。

② 杜悦嘉、林昆勇：《中国—东盟命运共同体建设背景下广西文化产业发展的对策研究》，《城市》2015 年第 7 期，第 24 页。

在"两会一节"召开之前，广西的文化产业发展结构形式单一，其文化产业的相关机构单位与从业人员主要集中在文化产业的核心层。除了核心层之外，其他层次的文化产业，如网络服务、旅游行业和休闲健身等外围层的新兴文化产业，以及相关层的文化产业均处于发展的初始阶段，所带来的产业效益也是相当局限。据统计，2003 年广西文化产业核心层机构数量所占比例为 63.73%，核心层从业人员数量所占比例为 79.60%①，充分表明文化产业核心层占有绝对比重，广西文化产业单一性的内部结构比较明显。

"两会一节"成功举办后，广西文化产业结构调整加速，其内部结构的分布情况也发生了改变，新兴文化产业形态正在逐步形成并壮大，文化产业的领域也在不断拓展，产业的内部分工也更加细化，促使文化产业朝着更加全面的方向优化与发展。如图 2-2 所示，以 2004 年、2008 年、2012 年广西文化产业行业增加值为代表来体现其相关层次构成的变化。②

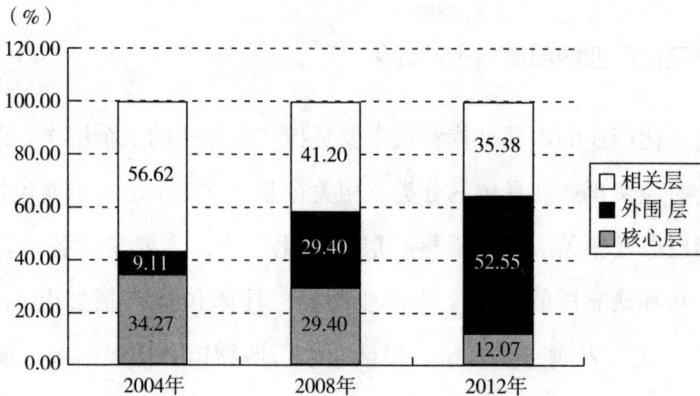

图 2-2　广西文化产业行业增加值构成

资料来源：根据统计年鉴相关数据计算。

通过上述数据对比分析，可以发现，随着"两会一节"的成功举办以

① 杜悦嘉、林昆勇：《中国—东盟命运共同体建设背景下广西文化产业发展的对策研究》，《城市》2015 年第 7 期，第 24 页。
② 杜悦嘉、林昆勇：《中国—东盟命运共同体建设背景下广西文化产业发展的对策研究》，《城市》2015 年第 7 期，第 25 页。

及中国—东盟合作框架的不断完善，为广西文化产业的发展带来了新方向，形成了新格局。如图2-2所示，包括互联网、广告、会展服务、旅游服务、休闲健身、娱乐项目等在内，属于新兴文化产业形式的文化产业外围层，在文化产业行业增加值所占的比重，从2004年9.11%，2008年29.40%，到2012年提升到52.55%。这一数据变化也有力地说明，随着"两会一节"的成功举办，从根本上改变了广西文化产业发展原先仅以核心层为主的单一格局，刺激了外围层与相关层的产业发展，会展服务、广告、旅游服务等文化产业外围层得到了快速发展，改变了内部结构的分布情况，并使得外围层的新兴文化产业发展逐步扩大并处于绝对主导地位，特别是推动会展服务业一枝独秀，在国内以及在东南亚地区产生了重要影响，使之成为中国—东盟年度盛会及发展经济政治文化关系的重要平台。

三、文化产业多重资源有效开发

中国是一个具有5000多年悠久历史和丰富文化资源的国度，但是仅仅拥有文化资源，并不代表能够成为文化产业强国。当然，没有文化资源就不可能开发、生产、加工提升为文化产业项目。文化资源作为文化产业得以发展的基础，对其进行有效开发与处理，使其成为加深中国与东盟投资合作的核心战略资源是我们发展文化产业的一大关键。

广西地处中国与东盟合作的前沿地带，作为我国少数民族自治区，不仅有着丰富的民族文化资源，而且具备与东盟国家的特色互补优势。发展双边关系，需要"盘活"这些民族文化资源，使其转化为投资项目的发展优势，走进东盟市场，进而推动双边的多领域项目合作。"盘活"，是文化资源产业化发展并形成投资项目过程中起着画龙点睛作用的一个重要环节。深入挖掘广西壮族文化的深层内涵，对文化的基因进行提炼整合，并在深入理解壮族文化的基础上找出其特色和亮点，大力宣传这些具有文化特色的活动与产品，利用文化上的相似性来寻找支持与认同，利用文化上的差异性增强对东盟国家吸引力。换句话说，为了能够做到更好地继承、发扬、创新民族文化传统的同时还能提升双方合作的动力，做足东盟文章①，中国不仅要以丰富而独特的广西文化资源为依托，而且要充分运用现代技术、产业手段、市场机制和政策引导②，深入挖掘民族历史文化资源的重要经济社会价值，依托广西正在大力发展"14+10"千亿元产业的创意设计平台载体，积极引导广西区域文化产业与其他产业的深度融合和全面渗透，切实把文化产业全面纳入广西"14+10"千亿元产业体系发展的总体布局中。更加注重以全球化战略思维来规划好广西各门类文化产业的发展，重点优化广西文化产业发展的区域布局，加快形成以区域文化重点产业为主导、相关产业联动发展的广西文化产业体系③，着力提高文化产业增加值占广西生产总值的比重，大力实施发展成熟的文化创意产业项目，努力实现广西文化资源优势向广西文化产业优势的转化，使文化产业成为广西区域经济社会全面转型升级、实现科学发展的重要引擎，全面促进第一、第二、第三产业的稳健、持续发展。切实加强品牌生产与广西特色项目策划和市场开发，充分发展好国内市场，全面开拓好国际市场，走出一条规模化、集约化的以文化资源打造文化品牌道路，进而推动文化产业更好更快地发展成为广西区域支柱性产业。

　　紧紧围绕中国与东盟多国共同具有的那文化、儒佛文化以及华人文化等三大文化资源开发投资项目，其蕴藏的价值不可估量，合作项目包括：壮族始祖遗址开发，铜锣文化的开发与保护，古籍整理与出版，民间节庆活动，国际旅游、观光园区经营等。文化资源在加强中国与东盟深化合作中越来越能够显示出其独特魅力，在中国与东盟关系发展中也起到匠心独运的作用。④

---

　　① 杜悦嘉、林昆勇：《中国—东盟命运共同体建设背景下广西文化产业发展的对策研究》，《城市》2015年第7期，第26页。

　　② 施惟达：《民族文化：中国—东盟文化产业发展的重要资源》，《民族艺术研究》2006年第6期，第23—24页。

　　③ 张光丽等：《加快推动广西文化产业成为国民经济支柱产业的对策建议》，《广西经济》2012年第5期，第25—26页。

　　④ 刘婷：《广西民族文化资源评估与文化产业开发研究》，《广西社会科学》2011年第2期，第32页。

在广西的积极开发和示范带动下，一些省市都表现出与东盟国家开展项目合作的浓厚兴趣，同时，也有越来越多的东盟成员国表达与广西进行投资与合作的愿望。

四、文化产业"走出去"战略稳步推进

根据维基百科的解释，"走出去"战略最早始于 1999 年，其主要表现为中国政府积极倡导和大力支持的海外投资战略。在广西文化产业"走出去"战略不断推进的过程中，广西充分利用了自身的地缘优势和人文优势，主要依托中国—东盟博览会这个平台，突出以东盟国家为重点，通过举办中国—东盟文化产业论坛等文化交流活动，全面打造一个全方位、多层次、宽领域的中国—东盟文化产业交流与合作的综合平台。[①] 利用位于广西南宁的中国—东盟商品交易中心以及钦州保税港区作为产品进出口方面的平台和基地，以及中国—东盟自由贸易区建设等一系列项目，搭建起一个文化产品展示、交流和交易平台，着力加强中国与东盟国家的文化交流与合作，稳步推进文化产品的进出口贸易，积极为广西文化产业"走出去"战略的实施与推进以及中国与东盟国家交流与合作的深化与发展奠定了强而有力的基础。

"中国—东盟文化产业论坛"从 2006 年开始举办，2011 年起，"中国—东盟文化产业论坛"正式升格为由文化部与广西壮族自治区人民政府联合主办的省部级论坛，并于 2012 年将"中国—东盟文化产业论坛"更名为"中国—东盟文化论坛"。该论坛发挥了十分重要的作用，一方面，"中国—东盟文化论坛"已发展成为中国—东盟双方进行文化对话的重要平台，对话领域从文化产业扩展到了文化艺术、非物质文化遗产保护、公共文化服务和文化人力资源培训等方面，为中国—东盟双方在文化领域的交流与合作提供了新的活力与保障。另一方面，"中国—东盟文化论坛"记载了中国和东

---

① 赵铁：《中国—东盟关系与广西文化产业创新发展》，广西师范大学出版社 2013 年版，第 75 页。

盟文化发展繁荣的历程，通过中国—东盟文化论坛大会上一系列的磋商对话，中国—东盟各国相继签署了《南宁宣言》、《中国—东盟文化合作谅解备忘录》、《中国—东盟文化产业互动计划》等文件，对中国和东盟文化产业发展起到了积极的推动作用。①

在广西文化产业"走出去"战略稳步推进的过程中，一系列载体正在形成，2006 年启动的"广西文化舟"活动，标志着广西文化正在以崭新的姿态驶入东盟国家。"走进东盟·广西旅游大篷车"等民族歌舞晚会，更多的是在展现广西独特的少数民族文化以及美丽的自然风光的同时，加强促进了广西文化与东盟文化的深入交流与合作。广西与东盟国家之间的艺术院校合作也十分密切，双方通过频繁开展艺术教育交流活动，签署合作办学协议。据统计，在广西留学的东盟国家学生超过万人，其中艺术类专业学生超过 300 人。此外，相关数据资料显示，广西文化产品出口东盟的品牌发展速度迅猛，在出口东盟市场上最具代表性的品牌，无疑是《印象·刘三姐》的山水实景演出。"刘三姐"文化品牌已经在东盟各国有着良好的社会基础，从 1960 年的经典电影《刘三姐》开播后就已经风靡东南亚各国，再到如今的山水实景演出更是使"刘三姐"这一文化品牌获得了东盟国家的高度认可与赞赏，并成为东盟国家学习和借鉴中国文化产业发展的精品杰作，为广西文化产业"走出去"战略的推进开辟了一条重要途径。越南下龙湾海上实景演出《越来越美》以及柬埔寨吴哥窟的实景演出《微笑的高棉》，成功地将广西文化产业发展的现实优势与东盟国家的自然风貌和文化内涵有机结合起来。

此外，广西文化产业"走出去"战略不断向其他领域延伸与拓展。广西新闻出版业就先后在越南、柬埔寨、印尼等东盟国家多次举办了中国图书展销版权洽谈会，这也成为中国文化产业对外交流的一个重要途径。中国—东盟文化产品物流园区、中国—东盟国家数字出版基地等五个项目已经列入

---

① 简文湘：《新常态、新合作、共发展》，《广西日报》2015 年 9 月 28 日。

"广西文化产业城"的总体规划中，以实现国际性图书和版权的贸易平台以及中国的文化产品更加畅通的走向东盟，极大地推动文化产业"走出去"战略的实施与发展。

第四节　文化产业在"黄金十年"的作用评估

自 2004 年"两会一节"成功举办以来，不仅为中国与东盟各国进一步深化交流、拓展合作、增强互信、共同发展提供了重要平台，同时也体现了以"两会一节"为代表的广西文化产业对中国—东盟深入合作与交流所作出的重要贡献。从 2004 年至 2013 年的 10 年间，中国—东盟博览会成功举办了十届，成功促进了中国—东盟自由贸易区建设，加快了中国与东盟文化交流合作，对于深化中国与东盟合作以及区域经济社会发展起到了重大推动作用，造就了中国—东盟关系的"黄金十年"，为中国—东盟"钻石十年"的未来发展奠定了坚实基础。

一、开启文化交流与合作新篇章

中国与东盟地理相邻，不仅共同拥有一个丰富多彩、各具特色的文化资源，而且共同拥有一个不断增长、潜力巨大的文化消费空间。[①] 中国—东盟文化论坛是中国与东盟国家间文化交流的盛会，是中国—东盟博览会十大品牌论坛之一。以文化产业为切入点搭建中国与东盟合作交流的重要平台，并通过文化产业论坛的举办来深化双边的文化产业合作，为命运共同体的建设储备动能，文化产业在这一进程中的战略意义和平台依托体现了较好的创新价值。

为充分发挥广西在中国—东盟文化产业合作中的区位优势，进一步促进中国与东盟各国的文化产业发展，2006 年，在广西南宁举办首届"中国—

---

① 陈学璞、李建平等：《面向东盟的广西文化产业发展新格局研究（上）》，《沿海企业与科技》2012 年第 12 期，第 38 页。

东盟文化产业论坛"。在该论坛上，中国和东盟各国的文化学者、文化官员、知名文化产业项目策划人及其他相关知名人士，就"文化产业发展"主题进行高端讨论，共同发表了《中国—东盟文化产业论坛南宁宣言》，中国与东盟各国将共同致力于文化产业的合作和交流。2007 年，在第二届"中国—东盟文化产业论坛"上，来自中国和东盟各国的官员、专家学者、企业界人士在论坛发表了 20 余场大会主题演讲，代表们分别介绍各国的文化产业发展现状、发展前景，论坛重点通过《印象·刘三姐》、梧州人工宝石、动漫游戏产业等具体案例探讨文化产业项目的内涵及发展道路。2008 年，第三届中国—东盟文化产业论坛在广西南宁市举行，该论坛以"相互借鉴、合作共赢"为主题，与会代表围绕"中国与东盟各国文化产业发展的借鉴与合作"、"构建促进中国与东盟文化产业交流合作新环境"、"文化产业在中国—东盟自由贸易区建设中的作用"和"中国—东盟文化产业论坛的交流合作平台作用"等主题进行讨论。2009 年，第四届中国—东盟文化产业论坛在广西南宁市举行，该论坛围绕金融危机给中国与东盟各国文化产业带来的机遇和挑战、民族文化的传承保护与产业开发、大型实景演艺的特点及效果评价、创意与城市发展、奥林匹克与文化产业、中国—东盟自由贸易区框架下文化产业的合作六个议题全面展开。2010 年，第五届中国—东盟文化产业论坛在广西南宁市举行，该论坛以"中国—东盟文化产业的互动与发展"为主题，围绕"演艺业的改革与发展"、"演艺业交流合作的途径和模式"、"动漫游艺业面临的机遇和挑战"、"动漫游艺业的共同繁荣与发展"、"中国—东盟文化产业的模式、内容及发展"和"文化产业发展对中国—东盟自由贸易区建设的促进作用"六个议题进行深入探讨。2011 年，第六届中国—东盟文化产业论坛在广西南宁市举行，该论坛以"博物馆运营管理与文化产品创意开发"为主题，围绕"经济全球化、文化产业发展背景下的博物馆运营管理"、"博物馆文化产品创意开发"和"关于国际间博物馆合作交流的建议"等议题展开讨论。2011 年中国—东盟文化产业论坛升格为省部级论坛，纳入中国—东盟博览会框架体系。2012 年，"中国—东盟文化产业论坛"正式更名为"中国—东盟文化论坛"，论坛以"亚洲图书馆的资源共享与合作发展"为主题，围绕"数字图书馆的建设与合作"和"文献资源的共建与共享"两个分议题进行了分组讨论。可以看到，论坛主题从"文化产业"升格为"文化"，范围得到扩展，层次得到提升，希望通过文化产业和文化事业的同步并进共同推动中国与东盟国家关系的新发展。

经过 10 年来的稳步快速发展，论坛已经成为中国—东盟双方文化对话的重要平台，对话领域从文化产业扩展到了文化艺术、非物质文化遗产保护、公共文化服务和文化人力资源培训等方面。[①] 在"中国—东盟文化论坛"推动下，中国与东盟相继签署《南宁宣言》、《中国—东盟文化合作谅解备忘录》、《中国—东盟文化产业互动计划》、《东亚图书馆南宁倡议》等一系列文件[②]，稳步推进中国—东盟在文化领域的交流与合作。中国—东盟文化论坛每年一届定期举行，使中国—东盟双方的文化与产业合作在保护、发扬各国原有文化遗产与文化多样性基础上，中国—东盟双方充分挖掘文化资源，推动文化的尊重和认同，形成具有区域特色的文化身份，促进民间的交往交流，推进中国—东盟文化产业间的深入合作，成为东亚区域文化合作的重要支柱和强大动力。

二、增强中国—东盟合作发展新动力

在中国—东盟双边关系的发展中，文化产业一直是一个活跃领域，中国与东盟建立战略伙伴关系以来，中国—东盟双方各领域合作不断拓展和深化，文化领域的交流与合作近年来更是取得长足发展。[③] 十年来，中国—东盟博览会搭建起一个非常好的合作平台，是中国—东盟合作的一个里程碑，

---

① 蔡武：《在第二次中国—东盟（10+1）文化部长会议上的发言》，《中国文化报》2014 年 5 月 5 日。

② 简文湘：《新常态、新合作、共发展》，《广西日报》2015 年 9 月 28 日。

③ 李珊珊：《中国—东盟文化交流年开幕》，《中国文化报》2014 年 4 月 8 日。

中国—东盟睦邻友好与互利合作取得了巨大成果，中国—东盟合作已经成为发展最快、最富活力的国际区域合作典范，合作交流平台的成功打造以及一系列合作机制的有效建设，为国际间的区域合作发挥了很好的示范效应。

在2004年至2013年中国—东盟博览会成功举办的十年间，文化交流与合作活动精彩纷呈（见表2-4），成为一张亮丽名片，具有突出亮点：一是文化交流活动不断增多，2004年刚开始时有大地飞歌、东南亚美食节、名人高尔夫、风情东南亚等，到2013年第十届时，除了大地飞歌、名人高尔夫等原有传统节目的保留，已经发展覆盖到了智库战略对话论坛、出版博览会、青年艺术品创作大赛、汽车拉力赛等广泛领域。二是文化产业合作领域不断扩展，旅游业在文化产业中占有非常重要的地位，中国在与东盟开展文化产业合作中，也非常注重发挥旅游业的积极拉动作用，并通过旅游业的合作交流为文化产业的广泛合作奠定基础，从旅游业扩展到了文化产业的其他领域，2004年第一届中国—东盟博览会专门设置旅游专题展区，2005年召开中国—东盟旅游研讨会推动中国—东盟双方在旅游合作方面的信息交流和业务合作，将合作领域从演艺、展览、影视、音像、艺术品、出版物等传统领域发展到动漫、网络游戏等新兴领域。三是文化产业的合作机制和官方管道不断完善，从2006年开始在中国—东盟博览会期间定期举办中国—东盟文化产业论坛，为中国与东盟文化产业合作交流搭建了制度性平台，成为中国—东盟合作的"新引擎"，为中国—东盟自由贸易区如期建成作出了贡献，标志着中国—东盟双方进入全面深入合作的新阶段，这给中国—东盟文化产业合作带来了新的机遇和新的活力。2012年，第一届中国—东盟文化部长会议在新加坡举行，作为一个促进文化和艺术交流的平台，可以促进东盟成员国文化认同，深化文化领域的合作，规划中国—东盟双方文化合作发展方向，为双边文化产业合作搭建了官方渠道。①

---

① 宾阳：《2011中国—东盟文化产业论坛南宁开幕》，《中国文化报》2011年10月20日。

表 2-4　2004—2013 年 10 届中国—东盟博览会举办的
主要文化交流与合作活动一览表

	中国—东盟博览会期间举办的主要文化交流与合作活动
第一届 （2004 年）	《风情东南亚·相聚南宁 2004》、《中华情·中国—东盟博览会盛典之夜》和《大地飞歌 2004》三个晚会以及中国—东盟国际高尔夫名人邀请赛、"网球之友"名人赛、时装节、美食节等相关活动。
第二届 （2005 年）	《东盟 10 国国礼特展》、《大地飞歌 2005》、《风情东南亚·相聚南宁 2005》、《2005 中国—东盟"网球之友"健身联谊活动》、《第二届中国—东盟高尔夫名人邀请赛》和《高尔夫精英暨高尔夫文化周》等相关活动。
第三届 （2006 年）	《金风送来山水情——风情东南亚·相约在南宁》、《大地飞歌 2006》、《绿城歌台》、《第二届中国—东盟舞蹈论坛》、《"网球之友"联谊活动》、《第三届中国—东盟高尔夫名人邀请赛》、《2006 中国—东盟文化产业论坛》、《2006 中国—东盟国际汽车拉力赛》和《首届中国—东盟青年艺术品创作大赛》等相关活动。
第四届 （2007 年）	《2007 中国—东盟汽车拉力赛》、《大地飞歌 2007》、《2007 南宁·东南亚国际旅游美食节》、《"网球之友"联谊活动》、《第四届中国—东盟高尔夫名人邀请赛》、《2007 绿城歌台》、《振宁之夜——外国艺术家专场晚会》、《欢乐南宁·中外嘉宾大联欢》、《第二届中国—东盟青年艺术品创作大赛》和《2007 中国—东盟文化产业论坛》等相关活动。
第五届 （2008 年）	《第一届中国—东盟智库战略对话论坛》、《大地飞歌 2008》、《2008 南宁·东南亚国际旅游美食节》、《"网球之友"联谊活动》、《第五届中国—东盟国际高尔夫名人邀请赛》、《2008 风情东南亚》、《2008 绿城歌台》、《第三届中国—东盟青年艺术品创作大赛》、《2008 中国—东盟国际汽车拉力赛》和《2008 中国—东盟文化产业论坛》等相关活动。
第六届 （2009 年）	《大地飞歌 2009》、《第二届中国—东盟智库战略对话论坛》、《大地飞歌·激情之夜》、《"网球之友"联谊活动》、《第六届中国—东盟高尔夫国际名人邀请赛》、《2009 南宁·东南亚国际旅游美食节》、《广西民族歌舞秀"绣球飞"》晚会、《"绿城歌台"广场文化活动》、《和谐南宁·欢乐绿城》巡游活动、《外国艺术家专场演出》、《中国—东盟国际摄影节》、《广西本地民歌歌曲创作大赛》、《2009 中国—东盟国际汽车拉力赛》和《2009 中国—东盟文化产业论坛》等相关活动。
第七届 （2010 年）	《2010 中国—东盟国际汽车拉力赛》、《第三届中国—东盟智库战略对话论坛》、《大地飞歌 2010》、《"网球之友"联谊活动》、《第七届中国—东盟高尔夫国际名人邀请赛》、《"美在广西"广西青年歌手演唱会》、《外国艺术家专场演出》、《2010 中国—东盟文化产业论坛》、《第四届中国—东盟青年艺术品创作大赛》等相关活动。

	中国—东盟博览会期间举办的主要文化交流与合作活动
第八届 （2011 年）	《中泰友谊歌会》、《中国—东盟青少年艺术盛典》、《第四届中国—东盟智库战略对话论坛》、《大地飞歌 2011》、《"网球之友"联谊活动》、《第八届中国—东盟高尔夫国际名人邀请赛》、《中国—东盟国际象棋少年精英赛》、《中国—东盟礼仪形象大使大赛》、《第五届中国—东盟青年艺术品创作大赛获奖作品暨五周年成果展》、《中国—东盟艺术品竞拍会暨青年就业创业教育基金会义拍活动》、《2011 中国—东盟文化产业论坛》、《2011 中国—东盟（南宁）渔业文化周》等相关活动。
第九届 （2012 年）	《2012 中国—东盟文化论坛》、《中国—东盟教育交流周》、《第六届中国—东盟青年艺术品创作大赛》、《第五届中国—东盟智库战略对话论坛》、《大地飞歌 2012》、《"网球之友"联谊活动》、《2012 中国—东盟高尔夫国际名人邀请赛》、《中国和东盟艺术家巡回表演》、《中国—东盟（广西）艺术品交流交易博览会》、《文化中国·海外华文媒体聚焦广西》和《2012 中国—东盟（南宁）渔业文化周》等相关活动。
第十届 （2013 年）	《第十届中国—东盟高尔夫国际名人邀请赛》、《大地飞歌 2013》、《第十届中国—东盟高尔夫国际精英邀请赛》、《第六届中国—东盟智库战略对话论坛》、《中国—东盟博览会 10 周年回顾纪念活动》、《迎中国—东盟博览会葡萄酒文化体验周》、《中国—东盟（南宁）戏剧周》、《2013 年中国—东盟出版博览会》、《第七届中国—东盟青年艺术品创作大赛》、《第十届 CAEXPO "网球之友"联谊活动》、《2013 年中国—东盟汽车拉力赛暨中国—东盟媒体汽车拉力赛》、《中国—东盟青年联谊会》和《2013 中国—东盟（南宁）渔业文化周》等相关活动。

资料来源：杨华：《中国—东盟文化交流的"黄金十年"》，《东南亚纵横》2014 年第 4 期，第 72 页。

中国—东盟文化交流与合作，从 2006 年到 2012 年，从"文化产业论坛"到"文化论坛"，从"经济发展新动力"到"文化产业资源保护与开发"，从"博物馆运营"到"图书馆间合作"，中国—东盟文化产业论坛一路走来，每一年都有新的亮点、新的收获和新的进步。中国—东盟文化产业论坛顺应世界发展潮流，紧跟时代发展步伐，通过积极创新中国—东盟双方文化交流与合作的形式，来充实双方文化交流与合作的内涵，进而提高双方文化交流与合作的效率，不断深化中国—东盟双方文化交流与合作，达到焕发中国—东盟双方文化交流与合作的生机与活力，推动中国—东盟文化交流与合作的视野和眼界不断开阔，文化交流与合作的质量和层次不断提升，为促进中国—东盟文化产业的稳健发展奠定了坚实的基础。

三、彰显文化产业巨大发展潜力

发展文化产业，其目的就是要满足人们的精神文化生活需求。文化需求主要指能够满足人们精神文化生活的一种需求，它是人们日常生活的重要组成部分，具体体现为文化消费行为，即是人们可以享受文化产品与服务的消费活动。文化消费是人们一种文化上的体验，情感上的享受，以及对社会地位与社会关系的追求，它是经济发展到一定阶段的产物，消费结构演变由"粗放型消费"到"集约型消费"再到更加注重消费质量的"舒展型消费"的发展。人民群众的文化需求逐渐由被动接受变为文化生产的引导力①，不仅追求衣、食、住、行、通讯卫生和生活环境等物质生活水平上，而且在文化娱乐、广播影视、图书出版、体育康复、旅游休闲等精神生活上也提出了更高的要求。因此，以文化需求为导向，将会拓展中国与东盟国家新的市场空间与潜力，并拉动文化产业的快速发展，夯实双方的合作基础。

文化消费需求对于文化产业发展至关重要，它离不开科技、资金、工业化等的大力支持，但是如果缺乏大众的文化消费需求，也会没有文化生产与市场交换，脱离了市场的文化产业，最终也会变得毫无价值。文化产业建设与发展，不仅需要着眼国内市场，更要积极开拓国际市场。文化需求的不断扩大为中国与东盟的合作提供了广阔的空间，即使在全球金融危机的影响下，文化消费需求也并没有因为经济的萎靡而下滑，反而呈现出快速增长的态势。随着中国综合国力的增强和文化软实力的提升，对文化产业的发展愈加重视，中国通过文化产品输出的方式，展示源远流长的中华民族五千多年悠久历史和千年传承的华夏文化内涵。东盟涵盖 10 个国家，具有数亿人口，正在发展成为中国文化产品出口的重要目的地，中国—东盟双方在文化产业合作与市场消费需求上的潜力巨大。与东盟国家开展文化产业合作，其覆盖面相当广泛，不仅体现在音乐、舞蹈、美术、戏曲、文学、影视、图书出版

---

① 胡攀：《大力发展文化产业满足文化消费需求》，《重庆邮电学院学报（社会科学版）》2004 年第 3 期，第 97 页。

等传统狭义领域，而且还体现在服饰文化、建筑和家居文化、饮食文化、民俗文化、养生文化、旅游文化、宗教文化、伦理文化、文物收藏与鉴赏等广义文化领域，这些领域的中文图书、音像制品和传媒市场以及演艺市场，在东盟国家具有市场前景，发展潜力巨大。在文化产业的新兴领域，同样具有较好的市场前景。从用户偏好看，因为文化相近的缘由，东盟国家不同于欧美国家，更倾向于一种融入了"中国元素"的武侠类题材游戏，这类产品较之欧美国家更具有竞争力和市场前景，越南是东盟国家第二大游戏市场就是一个较好的说明。我们更应抓住文化消费需求这一"风向标"，加强与东盟国家在电影、电视剧、动漫等众多文化消费行业上的合作，探索双方文化合作中新的增长点，建立起新的产业项目链，生产更多能够吸引东盟国家消费者的优质文化消费品，以此来完善和提升双边的合作关系。

市场效应需要通过一定的产业推动和消费累积来实现，文化消费是一种基于社会大众对文化的一种艺术性鉴赏，与其他消费一样，需要借助广阔的社会市场，并且只有消费主体越广泛，经济效益才能越高，文化传播才能更广泛，文化影响力也就越大，市场效应的实现才有可能。因此，人们日益增长的文化消费需求既是文化产业发展的不变方向，也是打开中国与东盟新的合作市场的金钥匙，也是双边文化产业合作发展的基本立足点。

四、深植命运共同体人文根基

"一带一路"建设是人类命运共同体构建的有效载体，加快推进"一带一路"建设，不仅有利于促进沿线各国经济繁荣与区域经济及产业合作，而且有利于加强不同文明交流互鉴，促进世界和平发展。从国际社会发展潮流来看，推进"一带一路"建设与经济全球化及区域经济合作发展大趋势是相互适应的，是中国进一步融入世界经济体系、强化与周边国家开展经贸合作的客观要求。从国内经济发展需求来看，推进"一带一路"建设，是中国立足国情，开拓国际国内两个市场，构建全方位开放新格局的一项重大部署。

推进“一带一路”建设体现了历史的传承和现实的需求，其发展前景广阔，不仅是一种国家布局，而且是一种务实合作实践推动。①“一带一路”建设的每一节点、每一部署、每一步骤，都可以成为中华文化创意元素的“聚宝盆”，稳步推进“一带一路”建设，就是发现和挖掘整个中华文化创意元素的超级“大宝库”。在推进“一带一路”建设这个立体化的全方位发展的产业格局下，文化产业可以在“一带一路”建设格局下，顺利实现行业内的新突破，并积极实现文化产业与其他产业的深度融合。历史上，古老的丝绸之路，给我们留下了“一带一路”沿线的丰富文化资源。大力发展丝绸之路文化产业，不仅可以加速我国西部地区、边疆地区、民族地区文化产业的发展，而且通过文化产业扩大社会就业、促进生产消费，并把文化产业积极培育发展成为本区域的经济支柱性产业，从而加速区域经济快速发展。回顾历史，汉唐时期，南北陆上丝绸之路是中国与西方交往联系的主要通道。宋元以后，中国与地中海地区的交往联系主要以海上通道为主，从中国的泉州、福州、广州，通过马六甲海峡进入印度洋，再经红海抵达东非，进入地中海后，到达北非和欧洲，这条海上航线成为我国主要的国际交流联系大通道。中国倡导的“海上丝绸之路”建设，是“陆上丝绸之路”的延伸发展，也就是说，我们不仅要在陆上和“一带一路”沿线相关国家进行互联互通，而且也要和在海上无法互联互通的国家进行发展全方位的交流合作。

正是在这个意义上，文化产业具有独特的发展优势：一是文化产业发展的国际性，文化产业的大发展，必须走国际化发展道路，在推进“一带一路”建设这个进程中，我们可以通过加强“一带一路”沿线各国的文化交流和贸易往来，将中国优秀文化及和谐发展、和平共处的理念传播出去，使“一带一路”沿线不同文化背景、不同宗教信仰的各国、各地区、各民族人民对中华文化增进了解、交流、理解、沟通和尊重，以此达到增强“一带

---

① 范建华：《带状发展：“十三五”中国文化产业发展新趋势》，《云南师范大学学报（哲学社会科学版）》2015年第3期，第84页。

一路"建设的文化认同。二是文化产业发展的多元性,"一带一路"沿线国家具有不同的经济发展程度,不同的社会政治背景,从而使得"一带一路"沿线国家的文化具有丰富多彩的经济基础、政治特色和多元文化。多元性在给"一带一路"沿线国家带来了更大变数的同时,也给"一带一路"沿线国家带来了更大的发展空间。三是文化产业发展的关联性,"一带一路"沿线文化带包括环渤海文化产业圈、藏羌彝文化走廊和泛亚国际大通道文化产业带等,它们不仅具有自身文化的显著特色,而且体现文化带地域间的关联和交融,体现了"一带一路"的包容性,承载沿线国家不同诉求和期盼,引领"一带一路"沿线文化带的文化产业发展,推进"一带一路"沿线文化带的文化产业合作模式的发展与创新。

中国与东盟同属亚洲,都有一个复兴崛起的"亚洲梦",中国和东盟国家在内的亚洲人民的命运是彼此相通与相连的。因此,中国与东盟国家在建构命运共同体的过程中,可以通过升级人文产业合作来强化命运共同体的根基,丰富命运共同体的内涵,夯实命运共同体的基础。[①] 国之交,在于民相亲,人文交流与合作范围广、形式多、内容杂,中国—东盟双方要积极利用现有平台和传统文化资源,推动文化合作和人文交流,加强精英阶层价值观的沟通,促进中产阶级之间的交流,密切普通民众之间的传统友谊,充分发挥中国—东盟双方各文化交流主体的重要作用,凸显中国—东盟双方人文交流合作的活力与亮色,在"和平、包容、共赢"的发展理念下,形成最广泛的一致共识,建立一个强大的共建合力和共赢机制,进而推动双方的价值认同、文化认同乃至区域身份认同,开创"一带一路"下人文产业合作与交流新格局,为建构中国—东盟命运共同体提供重要支撑力量。

---

① 陆建人:《"一带一路"倡议与中国—东盟命运共同体建设》,《创新》2015 年第 5 期,第 49 页。

第三章 发展态势："钻石十年" 中国—东盟命运共同体 建设的必然性

本章主要以中国—东盟命运共同体建设为着眼点，通过追溯中国—东盟命运共同体建设的历史发展，从自然历史过程的视角阐释其产生的历史逻辑和现实必然，界定中国—东盟命运共同体的深刻内涵，分析其文化意义，展示其发展前景，为以文化产业作为切入点推动中国—东盟命运共同体建设，深入把握和充分发挥二者联结的作用机制奠定基础。

第一节 中国—东盟命运共同体建设的缘起

2003 年，中国与东盟建立了战略合作伙伴关系。2004 年，中国—东盟博览会成功举办，此后的十年，双边关系快速发展，合作交流成果丰硕，成为了中国与东盟关系发展的"黄金十年"。经过 10 多年的合作，双方已经建立起合作交流的雄厚根基，双边关系由陌生到熟悉、由隔绝孤立到深入合作、从友好合作到睦邻互信，在政治、经济、安全、文化等领域逐渐形成了你中有我、我中有你的双边关系新格局。① 中国领导人审时度势高瞻远瞩，将中国—东盟关系的时代背景与"人类命运共同体"的新型国际关系理念巧妙相融，提出携手共建"中国—东盟命运共同体"的重要思想，推动中

---

① 赵铁、林昆勇、何玉珍：《中国—东盟命运共同体的共同体诠释》，《广西民族研究》2016 年第 1 期，第 153 页。

国—东盟关系由"黄金十年"迈向"钻石十年"。

作为中国政府的重要倡议，"中国—东盟命运共同体"建设是习近平主席于2013年10月在印度尼西亚国会上发表的重要演讲中第一次明确提出。习近平主席在演讲中明确指出："中方高度重视印尼在东盟的地位和影响，愿同印尼和其他东盟国家共同努力，使双方成为兴衰相伴、安危与共、同舟共济的好邻居、好朋友、好伙伴，携手建设更为紧密的中国—东盟命运共同体，为双方和本地区人民带来更多福祉。"① 在推进"中国—东盟命运共同体"建设中，中国—东盟双方合作要始终坚持讲信修睦、合作共赢、守望相助、心心相印、开放包容，使双方成为兴衰相伴、安危与共、同舟共济的好邻居、好朋友、好伙伴②。这一重要演讲，从五个方面的内涵和三个方面的目标，对中国—东盟共同体的建设愿景作了高度概括：一是"讲信修睦"，就是坚持人与人交往在于言而有信，国与国相处讲究诚信为本，中国愿同东盟国家一起真诚相待、友好相处，不断巩固中国—东盟双方政治和战略互信；二是"合作共赢"，就是坚持中国愿在平等互利的基础上，不断扩大对东盟国家开放，使中国的发展更好惠及东盟国家；三是"守望相助"，就是坚持中国和东盟国家唇齿相依，肩负好共同维护亚太地区和平稳定的共同责任；四是"心心相印"，就是坚持中国—东盟双方合作与发展的友谊之树常青，夯实双方关系的社会土壤，交往多了，感情深了，心与心才能贴得更近；五是"开放包容"，就是坚持在充满多样性的区域，各种文明在相互影响中融合演进，为中国和东盟国家人民相互学习、相互借鉴、相互促进提供重要的文化交流与合作基础。"好邻居、好朋友、好伙伴"是中国—东盟命运共同体建设愿景的生动描述。2014年12月，以"团结一致，迈向和平繁荣的共同体"为主题的"10+1"东亚合作领导人会议在缅甸首都内比都

---

① 习近平：《携手建设中国—东盟命运共同体——在印度尼西亚国会的演讲》，《人民日报》2013年10月4日。

② 习近平：《携手建设中国—东盟命运共同体——在印度尼西亚国会的演讲》，《人民日报》2013年10月4日。

举行，李克强总理对打造更紧密的中国—东盟命运共同体明确地提出了六点建议：一是中国愿意与东盟国家共同努力，着手协力规划中国—东盟关系发展大战略；二是中国愿意与东盟国家齐心协力，致力共同打造中国—东盟自贸区升级版；三是中国愿意与东盟国家加强基础设施建设，加快建设互联互通基础网；四是中国愿意与东盟国家共同开拓创新，精心营造海上合作新亮点；五是中国愿意与东盟国家加强联手安全合作，努力保障传统领域和非传统领域"双安全"；六是中国愿意与东盟国家共同抓好生态文明建设，积极开拓人文科技环保合作新领域。① 可以看到，李克强总理为中国与东盟国家携手建设"中国—东盟命运共同体"，在原有发展方向和基本原则的基础上做了进一步的阐述。2015 年 3 月 28 日，习近平主席在博鳌亚洲论坛明确表示，中国和东盟国家将携手建设更为紧密的中国—东盟命运共同体，共同致力在 2015 年共同完成两项重要工作，一是中国—东盟自由贸易区升级谈判；二是中国—东盟区域全面经济伙伴关系协定谈判。② 2016 年 3 月 8 日，外交部部长王毅在十二届全国人大四次会议新闻中心表示，中国和东盟双方关系发展站到了一个新的起点上，我们将进一步践行习近平总书记提出的"亲诚惠容"的周边外交理念，共同致力打造更加紧密的中国—东盟命运共同体。③ 可以看到，"中国—东盟命运共同体"建设是针对未来十年中国与东盟关系发展，从"黄金十年"迈向"钻石十年"，由我国郑重提出的重大倡议，也是对双边关系未来发展的蓝图描绘。

在国家和政府层面积极推动的同时，我国学术界高度关注这一重大倡议，许多关注中国—东盟关系发展的学者分别从不同层面对"中国—东盟命运共同体"开展了专门研究，提出了自己的看法，形成了相关研究成果。

① 《李克强出席第十七次中国—东盟领导人会议时强调　开创中国—东盟战略伙伴关系起点更高、内涵更广、合作更深的"钻石十年"》，《人民日报》2014 年 11 月 14 日。
② 习近平：《迈向命运共同体　开创亚洲新未来——在博鳌亚洲论坛 2015 年年会上的主旨演讲》，《人民日报》2015 年 3 月 29 日。
③ 《外交部长王毅就中国外交政策和对外关系回答中外记者提问》，《光明日报》2016 年 3 月 9 日。

陆建人（2015）认为，"中国—东盟命运共同体"本质上不是实体，而是对双方基本价值观、发展观的认同。"一带一路"倡议是打造中国—东盟命运共同体的重要途径，通过"一带一路"建设，中国和东盟双方将获得更多的共同利益，增加更多的认同感，结成命运共同体。① 曲星（2013）指出，"不论人们身处何国、信仰何如、是否愿意，实际上已处在一个命运共同体中。与此同时，一种以应对人类共同挑战为目的的全球价值观已开始形成，并逐步获得国际共识。这一全球价值观包含相互依存的国际权力观、共同利益观、可持续发展观和全球治理观。"② 李文（2015）认为，东盟是"一带一路"建设的重点和优先区域，中国—东盟命运共同体建设与"一带一路"息息相关，建设中国—东盟命运共同体，一定离不开东亚共同体建设，需要东南亚和东北亚共同发挥各自的独特优势，实现多元共生与包容共进，共同造福于本地区人民和世界各国人民。③ 葛洪亮、鞠海龙（2014）认为，携手建设"中国—东盟命运共同体"，这一战略构想的提出将为南海问题和南海局势的和平解决带来了一个新思路和新框架，也为中国—东盟双方的战略伙伴关系的稳步持续发展，特别是中国—东盟双方政治互信和安全合作关系的增进提供了一种新理念、新指南。④ 陈邦瑜（2015）认为，共同生存与发展观念是"中国—东盟命运共同体"建立的核心理念。⑤ 刘军、柯玉萍（2016）提出，"中国—东盟命运共同体"的建设依靠根植于双方人民深层意识的认同心理的培养、基于中国和东盟双边多边机制的文化交流、国家和地方政府共同驱动、"一带一路"和亚洲基础设施投资银行的助力，是超越

① 陆建人：《"一带一路"倡议与中国—东盟命运共同体建设》，《创新》2015年第5期，第44页。
② 曲星：《人类命运共同体的价值观基础》，《求是》2013年第4期，第53—55页。
③ 李文：《"一带一路"与中国—东盟命运共同体建设》，《东南亚纵横》2015年第10期，第9页。
④ 葛洪亮、鞠海龙：《"中国—东盟命运共同体"构想下南海问题的前景展望》，《东北亚论坛》2014年第4期，第25页。
⑤ 陈邦瑜：《国际共同体视角下构建"中国—东盟命运共同体"》，《领导科学论坛》2015年第19期，第30页。

具体利益在互动中不断的建构。① 赵铁、林昆勇等（2015）研究探讨中国—东盟命运共同体建设的内涵，认为"中国—东盟命运共同体"建设的主要动力内在地来自中国和东盟各国的根本利益和长远发展目标，影响因素包括经济合作的制度化发展、中新合作提供的范本，以及利益交换关系存在潜在的不稳定性、具体合作政策和标准规范上可能存在的分歧等。② 唐文琳、唐明知（2016）认为，建设中国—东盟命运共同体的重要途径是加强推进中国—东盟的互联互通建设，重点在于提升互联互通水平，必须创新思路解决互联互通资金瓶颈、扩大贸易自由化程度、加强人文交流强化双方政治互信。③

从上述分析我们可以看到，"中国—东盟命运共同体"是基于中国与东盟关系的外交新理念，它以中国和东盟各国的根本利益和长远发展为动力，以"2+7"合作框架为具体举措，以"一带一路"建设为依托，以提升互通互联为抓手，共同打造一个"坚持讲信修睦、合作共赢、守望相助、心心相印、开放包容、兴衰相伴、安危与共、同舟共济、命运相连"的中国—东盟命运共同体。其中值得注意的是，"中国—东盟命运共同体"不是法律实体，而是亲诚惠容周边外交理念下中国—东盟关系的最理想状态，是双方关系交融深化的集体认同过程。陆建人（2015）强调，建设"中国—东盟命运共同体"不是像欧共体那样具有法律框架的实体，也不是虚无缥缈的空壳或纯粹理念，而是对中国—东盟双方的价值观、发展观、未来挑战的共同认同，对亚太地区区域面临的共同体问题的共同认同，建设中国—东盟命运共同体的过程，就是一个中国—东盟双方彼此认同、彼此理解、彼此达成共识的过程。④

---

① 刘军、柯玉萍：《论中国—东盟命运共同体的建构》，《学术探索》2016年第1期，第34页。
② 赵铁、林昆勇、陈林：《中国—东盟命运共同体建设问题探析》，《广西社会科学》2015年第2期，第38页。
③ 唐文琳、唐明知：《中国—东盟命运共同体背景下互联互通的建设》，《广西大学学报（哲学社会科学版）》2016年第3期，第101页。
④ 陆建人：《"一带一路"倡议与中国—东盟命运共同体建设》，《创新》2015年第5期，第47—48页。

第二节　中国—东盟命运共同体
建设的自然历史过程

就推进中国—东盟命运共同体建设来说，它是中国与东盟国家关系的自然发展，体现了中国—东盟双边关系发展的内在需要，表现为双边互动、共同推动的历史发展进程，是中国与东盟双边情感认知与价值认同以及形成共同情感和共同价值观的过程。中国—东盟命运共同体建设，不仅是一个重要的理论课题，而且是一个重大的现实发展问题，对于深化中国—东盟战略伙伴关系，拓展中国—东盟战略伙伴关系的深度和广度，推动中国—东盟新型战略伙伴关系的构建具有重大意义。

一、中国与东盟国家安危与共风雨同舟共发展

中国与东盟国家山水相连，血脉相亲，文化相近。自古以来，中国十分重视与东盟国家之间的睦邻友好，与邻为善，以邻为伴。中国与东南亚国家共同打造了陆海丝绸之路，与东南亚国家进行了密切交往和友好往来。到明代，郑和七次下西洋充分展现了当时中国"以德睦邻"和"共享太平之福"的周边外交政策，为东南亚国家带去中国的瓷器、丝绸和茶叶等物品，换回香料、染料和宝石等物品，加深了中国与东南亚国家的友好关系。到近代，中国和东南亚国家一样都承受外来侵略、掠夺的命运，遭受被殖民、被压迫的屈辱，在追求人民自由、民族解放的进程中，进行了英勇的抗争，实现了国家的独立，维护了民族的尊严。①

中华人民共和国自成立后，始终坚持睦邻友好的外交政策，1953 年，与印度、缅甸共同倡导"和平共处五项原则"，为中国同东南亚等周边国家

---

① 林昆勇：《积极推进中国—东盟命运共同体建设》，《东南亚纵横》2015 年第 7 期，第 35—36 页。

的关系提供了指导原则，并发展成为处理国际关系的基本准则。① 在之后相当长的一段历史时期内，由于当时的国际大环境以及国内外各种因素的影响，中国与东盟国家的关系经历了一个相当曲折的发展过程。改革开放以来，我国推行的周边外交政策是以"与邻为善、以邻为伴，坚持睦邻、安邻、富邻"作为基本方针。1991 年，与东盟正式对话，并开始成为东盟的磋商伙伴。1996 年，成为东盟的全面对话伙伴国。1997 年，与东盟各国联合发表《联合宣言》，共同确定了中国与东盟共同建立面向 21 世纪的睦邻互信伙伴关系。2002 年，与东盟共同签署《中国与东盟全面经济合作框架协议》，提出 2010 年如期建成中国—东盟自由贸易区的战略目标。2003 年，与东盟共同签署《南海各方行为宣言》和《中国—东盟面向和平与繁荣的战略伙伴关系联合宣言》，正式加入《东南亚友好合作条约》，与东盟正式建立战略伙伴关系。中国与东盟本着相互尊重、相互支持、共度时艰、携手发展的原则，双方先后于 2004 年、2006 年、2010 年制定《行动计划》，先后于 2003 年、2005 年召开关于非典型性肺炎问题特别会议和东盟地震和海啸灾后问题领导人特别会议，先后于 2006 年、2011 年发表纪念中国与东盟建立对话伙伴关系 15 周年和 20 周年峰会的《联合声明》。2013 年，习近平主席发出倡议要进行携手建设中国—东盟命运共同体，全面阐述中国对东盟实施睦邻友好政策，中国愿同东盟国家一道共同努力，使双方发展成为兴衰相伴、安危与共、同舟共济的好邻居、好朋友、好伙伴。同时，李克强总理在第 16 次中国—东盟领导人会议上明确提出中国—东盟关系未来发展的推进合作的根本在深化战略互信，拓展睦邻友好和深化合作的关键是聚焦经济发展，扩大互利共赢的"两点政治共识"，以及积极探讨签署中国—东盟国家睦邻友好合作条约、启动中国—东盟自由贸易区升级版谈判、加快互联互通基础设施建设、加强本地区金融合作和风险防范、稳步推进海上合作、加强安全领域交流与合作和密切人文、科技、环保等交流的"7 个合作领域"。

---

① 林昆勇：《积极推进中国—东盟命运共同体建设》，《东南亚纵横》2015 年第 7 期，第 36 页。

2014 年，我国在第 17 次中国—东盟领导人会议上明确提出，要深化中国—东盟合作发展，必须着力协同规划中国—东盟关系发展大战略、共同打造中国—东盟自由贸易区升级版、加快建设互联互通基础网、精心营造海上合作新亮点、努力保障传统领域和非传统领域"双安全"和积极开拓人文科技环保合作新领域等"6 点建议"。①

中国与东盟国家关系发展，特别 1991 年中国正式成为东盟磋商伙伴以来，中国与东盟国家安危与共、风雨同舟共发展的历程可以从表 4-1 得到说明和体现。从中国与东盟关系的演变可以看到，中国的繁荣发展同世界特别是东盟国家的联系密不可分，因此更加重视与东盟国家结成好邻居、好朋友、好伙伴。历史和现实证明，中国的繁荣发展有利于东盟国家的繁荣富强，中国的繁荣发展和东盟国家共同发展日益紧密地联系在一起。我们有理由相信，在睦邻、安邻、富邻的基础上，中国与东盟国家关系将会继续保持快速发展的良好势头，好邻居、好朋友、好伙伴将是中国—东盟关系不可逆转的主流。②

表 4-1　中国与东盟国家关系发展历程

时间	重大事件
1991 年 7 月	中国外交部钱其琛部长出席第 24 届东盟外长会议开幕式，标志着中国开始成为东盟的磋商伙伴
1996 年 7 月	东盟外长一致同意中国为东盟的全面对话伙伴国
1997 年 12 月	中国江泽民主席出席首次中国—东盟领导人会议，中国与东盟领导人共同发表《联合宣言》，明确确定面向 21 世纪的睦邻互信伙伴关系
2002 年 11 月	在第 6 次中国—东盟领导人会议上，中国—东盟双方签署《中国—东盟全面经济合作框架协议》，明确确定 2010 年要建成中国—东盟自由贸易区
2003 年 10 月	在第 7 次中国—东盟领导人会议上，中国与东盟签署了《中国与东盟面向和平与繁荣的战略伙伴关系联合宣言》，中国正式加入《东南亚友好合作条约》，双方政治互信进一步增强

---

① 林昆勇：《积极推进中国—东盟命运共同体建设》，《东南亚纵横》2015 年第 7 期，第 36 页。

② 林昆勇：《积极推进中国—东盟命运共同体建设》，《东南亚纵横》2015 年第 7 期，第 36—37 页。

续表

时间	重大事件
2004 年 11 月	在第 8 次中国—东盟领导人会议上，中国与东盟共同签署《中国—东盟全面经济合作框架协议货物贸易协议》（以下简称《货物贸易协议》）和《中国与东盟争端解决机制协议》，实质性推动中国—东盟自由贸易区建设
2005 年 7 月	中国与东盟开始实施中国—东盟自由贸易区《货物贸易协议》
2007 年 1 月	中国与东盟共同签署中国—东盟自由贸易区《服务贸易协议》，奠定了中国—东盟如期全面建成自由贸易区的坚实基础
2009 年 8 月	中国与东盟共同签署中国—东盟自由贸易区《投资协议》，标志着中国—东盟双方成功地完成了中国—东盟自由贸易区协议的主要谈判，中国—东盟自由贸易区将如期在 2010 年建成
2010 年 1 月	中国—东盟自由贸易区如期建成，形成一个拥有 19 亿人口、国内生产总值接近 6 万亿美元、贸易总额达 4.5 万亿美元、由发展中国家组成的自由贸易区
2011 年 11 月	在第 14 次中国—东盟领导人会议暨中国—东盟建立对话关系 20 周年纪念峰会上，中国与东盟共同发表《第 14 次中国—东盟领导人会议联合声明》
2012 年 11 月	中国应邀出席第 21 届东盟峰会、第 7 届东亚峰会、第 15 次中国—东盟（10+1）领导人会议、东盟与中日韩（10+3）合作 15 周年纪念峰会等东亚系列峰会
2013 年 10 月	在第 16 次中国—东盟领导人会议上，中国与东盟共同发表《纪念中国—东盟建立战略伙伴关系 10 周年联合声明》
2014 年 4 月	中国—东盟文化交流年开幕式在北京举行

资料来源：林昆勇：《积极推进中国—东盟命运共同体建设》，《东南亚纵横》2015 年第 7 期，第 36 页。

二、中国与东盟国家共同面临历史性发展机遇

以 2013 年中国—东盟建立战略伙伴关系 10 周年为标志，中国—东盟合作的经济政治格局发生了深刻变化，双方携手建设更为紧密的命运共同体，中国—东盟合作关系开启由"黄金十年"迈向"钻石十年"的历史新篇章。中国与东盟国家在政治、经济、安全和人文等多领域开展了充分的合作，互利共赢合作不断加深，社会人文交流十分活跃，国家利益纽带日益牢固，使

得中国与东盟国家的共同体意识不断增强。在"亚洲世纪"的发展新形势和新机遇下，不断加强和深化合作，实现共同更好发展，成为中国与东盟各国的共识，中国与东盟国家也正在朝休戚与共、命运攸关的利益共同体方向发展。①

中国—东盟关系基础深厚、纽带牢固、双方合作潜力巨大、前景广阔②，双方优势互补、利益相融、共同发展、互利共赢，共享发展机遇，共促发展成果。早在 2000 年，中国在第 4 次中国—东盟领导人会议上就提出了建立中国—东盟自由贸易区的设想。2002 年，中国在第 6 次中国—东盟领导人会议上共同签署《中国—东盟全面经济合作框架协议》。2004 年，中国与东盟签署《货物贸易协议》，双方开始对 500 多种产品实施降税。2005 年，中国与东盟实施《货物贸易协议》，双方 7000 多种产品开始全面降税。2006 年和 2007 年，中国对东盟出口额增长分别为 28.80% 和 32.02%，同时期内，东盟对中国出口额也分别增长 19.38% 和 21.07%。2010 年 1 月，中国—东盟自由贸易区如期建成，中国与东盟双方除敏感产品外都享受零关税。同年，东盟成为中国第四大贸易伙伴，双方贸易额达到 2928 亿美元，其中，中国对东盟出口为 1382.2 亿美元；自东盟进口为 1545.6 亿美元，对东盟贸易逆差为 163.4 亿美元。中国与东盟的进出口额从 2002 年的 547.81 亿美元增加到 2011 年的 3630.89 亿美元，创出历史新高。十年间双方贸易额增长超过 6 倍，年均同比增长率超过 25%。2010 年至 2013 年，中国与东盟贸易额每年均以两位数增长，其中，2012 年双方贸易额达到 4000.93 亿美元，同比增长 10.2%。③ 2013 年，中国—东盟双方的贸易额达到 4436.1 亿美元，同比增长 10.9%。④ 中国连续三年成为东盟第一大贸易伙伴，同时，东盟成为中国第三大贸易伙伴。2014 年，中国—

---

① 林昆勇：《积极推进中国—东盟命运共同体建设》，《东南亚纵横》2015 年第 7 期，第 37 页。
② 齐建国：《从"黄金十年"走向"钻石十年"——中国—东盟关系回顾与展望》，《外交》2013 年第 4 期，第 142—148 页。
③ 吕余生、王士威：《中国—东盟年鉴 2013》，线装书局 2013 年版，第 204 页。
④ 吕余生、王士威：《中国—东盟年鉴 2014》，线装书局 2015 年版，第 203 页。

东盟双方的贸易额再创新高,达到 4804 亿美元,同比增长 8.3%。[①] 中国与东盟深化各个领域的合作以及共同推动地区繁荣发展有着广阔空间和美好前景。[②]

和平与发展是世界不同国家和地区的主流走势,亚太地区的安全秩序日益向合作安全、和平稳定和共同繁荣的方向发展。中国—东盟双方不断深化合作,实现更好繁荣发展,成为中国与东盟双方的共识。在"黄金十年",中国与东盟双方已经结成了一个休戚与共的利益共同体,在"钻石十年",中国与东盟将会朝着利益更加共享、命运更加交融的利益共同体的方向发展。但是,影响中国—东盟双方友好合作关系的不确定因素仍然存在,局部冲突隐患尚未彻底消除,领土主权和海洋权益等争端不时干扰,各种矛盾问题及挑战仍然严峻,需要中国与东盟国家共同妥善应对。中国的发展为东盟、亚洲乃至世界带来的不是威胁,而是发展机遇,命运共同体的建立,可以使中国与东盟国家、亚洲各国乃至世界各国进行共同抓住自身经济社会发展的机遇,共同分享经济社会发展的成果,共同增进中国及东盟国家和亚洲各国以至世界人民的福祉。

三、中国特色大国外交首先在东盟国家践行

面对地区及国际形势的发展变化,中国提出并强化构建具有中国特色的大国外交,将拓展周边关系作为新时期中国对外政策的优先发展方向,为实现中华民族伟大复兴营造更加和平、稳定的周边环境,同时推动中国的繁荣发展更多惠及周边国家。2013 年是中国—东盟关系承上启下、继往开来的重要年份,中国—东盟双边关系全面提升,东盟成为中国开展周边外交的优先方向,揭开了中国与东盟外交的恢宏序幕。中国把发展与东盟国家的关系置于周边外交关系之首,坚定不移地深化睦邻友好交往。中国与东盟双边合

---

① 吕余生、沈德海:《中国—东盟年鉴 2015》,线装书局 2016 年版,第 205 页。

② 林昆勇:《积极推进中国—东盟命运共同体建设》,《东南亚纵横》2015 年第 7 期,第 37 页。

作互惠互利、合作共赢，将为中国与东盟双方关系的健康、稳定、快速发展奠定坚实基础，也为命运共同体的建设提供良好条件。①

中国特色的大国外交推动了中国与东盟双边国家领导人交往频繁。2013年，中国与东盟以建立战略伙伴关系10周年为契机，双边高层往来频繁，双方政治互信不断增强。4月，柬埔寨首相洪森出席亚洲博鳌论坛并访问中国；文莱苏丹哈桑纳尔出席亚洲博鳌论坛并访问中国。6月，越南国家主席张晋创访问中国，中越发表《联合声明》；中国与缅甸签署《中缅全面战略合作伙伴关系行动计划》。8月，新加坡总理李显龙访问中国。9月，老挝国家主席朱马里访问中国。10月，中国国家主席习近平在访问印度尼西亚时发表题为《携手建设中国—东盟命运共同体》的演讲，中国与印度尼西亚共同发表《中华人民共和国和印度尼西亚共和国全面战略伙伴关系未来规划》；中国国家主席习近平在访问马来西亚时明确指出，中国与马来西亚双方决定将中马关系提升为全面战略伙伴关系；习近平主席出席APEC峰会，发表题为《深化改革开放 共创美好亚太》的演讲。同月，李克强总理访问文莱，中国—文莱双方发表《联合声明》；李克强总理访问泰国，中国与泰国双方发表《中泰关系发展远景规划》；李克强总理访问越南，中国与越南双方发表《新时期深化中越全面战略合作的联合声明》。2014年11月，李克强总理出席第9届东亚峰会与第17次中国—东盟（10+1）领导人会议。②

中国与东盟国家领导人的频繁互动推动了双边国家经贸合作进一步加强，扩大经贸利益交融、推动共同共赢发展成为中国与东盟国家关系稳定发展的重要纽带。2013年，中国成为东盟的最大贸易伙伴，东盟成为中国第三大贸易伙伴，中国与东盟建成了世界上最大的发展中国家自由贸易区。其中，中国是印度尼西亚、马来西亚、越南、缅甸等东盟国家的最大贸易伙

---

① 林昆勇：《积极推进中国—东盟命运共同体建设》，《东南亚纵横》2015年第7期，第37—38页。

② 林昆勇：《积极推进中国—东盟命运共同体建设》，《东南亚纵横》2015年第7期，第38页。

伴；中新苏州工业园区、中新天津生态城、中马钦州产业园区、马中关丹产业园区等中国与东盟国家合作重大项目稳步推进，成效显著。我国积极倡议筹建亚洲基础设施投资银行，重点向东盟国家在内的本地区发展中国家的基础设施建设提供资金支持，提出与东盟国家共同建设"21世纪海上丝绸之路"。2014年，我国提议与东盟共同打造中国—东盟自由贸易区升级版，愿意与东盟国家共同推进建设跨境经济合作区和产业园区，宣布成立21世纪海上丝绸之路基金，优先支持中国与东盟"互联互通"的基础网建设，坚持通过对话协商解决与东盟国家的边界领土和海洋权益争议。① 与东盟国家在落实《南海各方行为宣言》框架下启动磋商"南海行为准则"，积极推进中国与东盟国家的共同发展和共同繁荣，齐心协力进行规划好中国—东盟关系发展大战略和共同打造中国—东盟自由贸易区升级版。

长期以来，维护周边国家的和谐稳定以及国家之间的良好关系，是保持和推动我国经济社会持续健康快速发展的重要前提。东南亚地区毗邻我国南大门，在周边外交格局中的重要性不言而喻。中国越发展，同周边国家特别是东盟国家的联系就越紧密，就越是珍惜周边睦邻友好关系之可贵。实践证明，中国与东盟各国同呼吸、共命运，在和平共处五项原则的基础上发展睦邻友好关系，能够为本地区国家和人民带来福祉，有利于促进亚太地区的稳定与繁荣，也可以极大丰富中国特色大国外交的深刻内涵，为中国—东盟命运共同体以及人类命运共同体建设奠定坚实基础。

第三节 中国—东盟命运共同体建设的内涵

"中国—东盟命运共同体"和"命运共同体"体现了个性和共性的辩证统一关系，"中国—东盟命运共同体"具有"命运共同体"的一般特

---

① 林昆勇：《积极推进中国—东盟命运共同体建设》，《东南亚纵横》2015年第7期，第38页。

征，同时又具有中国—东盟特殊背景下的特定内涵。古希腊哲学家亚里士多德认为，人天生就是群体性生活的动物，追求的目标是一种有秩序的"共同善"。① 当今世界，随着利益的相融交织，全球化进程加快，多元化的国际秩序形成，更加促使各国逐渐形成你中有我、我中有你，追求"共同善"的"共同体"格局。目前，中国—东盟关系正由"黄金十年"迈向"钻石十年"，构建"中国—东盟命运共同体"在这一过程中扮演着重要角色。因此，把握"共同体"的核心内涵和逻辑演绎无疑具有重要的学术价值和实践意义。②

一、共通性："共同体"的固有之意

共同体作为人类共同生活的存在物，既是一种观念性的存在，也是一种实体性的存在。③ "共同体"一词来源于拉丁文 communis，communital，其本来意义为伙伴关系（fellowship），中译有"共同体"、"社区"等。学理意义的探讨最早可以追溯到亚里士多德，他在《政治学》中将其作为一个纯粹的政治学概念进行探讨，指的是特定的政治生活单位或者古希腊城邦，这些古希腊城邦被认为是为实现某种共同的善而建立的政治共同体，是城邦成员追求共同目标及共有共享的政治实体。④

在后来的研究中，"共同体"走出了政治学的范畴并逐渐被社会学等其他学科广泛运用。德国社会学家滕尼斯（1957）为杰出代表，他在《共同体与社会》（*Community and Society*）中对"共同体"的概念做了完备的表述。滕尼斯认为，共同体的本质是现实的和有机的生命，包含一切亲密无间

---

① ［古希腊］亚里士多德：《亚里士多德全集》第三卷，苗力田译，中国人民大学出版社1997年版，第6页。

② 赵铁、林昆勇、何玉珍：《中国—东盟命运共同体的共同体诠释》，《广西民族研究》2016年第1期，第150—155页。

③ 王宏伟：《古希腊城邦政治共同体之中的民主政治与奴隶制——一种共同体理论的研究视角》，天津师范大学硕士学位论文，2008年，第5页。

④ 赵铁、林昆勇、何玉珍：《中国—东盟命运共同体的共同体诠释》，《广西民族研究》2016年第1期，第150页。

的、秘密的、单纯的共同生活，在共同体中，一个人自出生之日起与他的家庭（伙伴）便是同甘共苦，休戚与共的，是一种身体与血缘结合的生机勃勃的有机体。① 他强调共同体的公共性、相互性以及自然性，认为共同体是原始的天然的一种状态，自然发展形成的，在发展过程中分别经历血缘共同体、地缘共同体和精神共同体三个阶段。血缘共同体基于血缘关系，为天然的、最基础的共同体，而后发展为地缘共同体，表现为基于共同的栖息地，最终将进一步发展为精神共同体，它被认为是真正的人类最高形式的共同体。滕尼斯对"共同体"的这些阐释被学术界普遍认可和广泛引用，许多学者从各自的学科视角和不同的假设前提对其深刻内涵进行深化和发展。麦基弗（1917）在《社区：社会学研究》中强调，共同善和公共利益是共同体的共同特征。马克思（1844）认为，以社会财富的充分满足和人类私有制的彻底消除为前提的自由人的联合体才是人类的真正共同体形式，它是符合人需求的自由联合体。② 雷德菲尔德（1941）界定的共同体是一种"同质共同体"，共同体中人们做同样的事情，服从群体的习惯，甚至精神生活都是一致的，是一个完全隔绝外界的自给自足的"小共同体"。③ 塞文·布林特（2001）认为，共同体是基于成员间共同活动或信念，由情感、忠诚、共同价值和个人情感联结在一起的一群人。④ 马克斯·韦伯（1922）丰富了滕尼斯关于共同体的观点，强调共同体具有排他性的特征。⑤ 有些学者从安全层面厘定共同体内涵。理查德卡·瓦根伦（1952）最早提出"安全共同体"的概念⑥，并在《政治共同体和北大西洋区域：国际组织的历史经验》

---

① Ferdinand Tonnies, *Community and Society*, New York: Michigan State University Press, 1957, pp. 33-35.

② 《马克思恩格斯全集》第1卷，人民出版社1995年版，第68页。

③ Robert Redfield, *The Folk Culture of Yuca Tan*, Chicago: The University of Chicago Press, 1941, p. 27.

④ Steven Brint, "Gemeinschaft Revisited: A Critique and Reconstruction of the Community Concept", *Sociological Theory*, 2001 (1), p. 39.

⑤ ［德］马克思·韦伯：《经济与社会》上卷，林远荣译，商务印书馆1997年版，第382页。

⑥ Richard W., Van Wagenen, *Research in the International Organization Field: Some Notes on Possible Focus*, Princeton: NJ Center for Research on World Political Institution, 1952, pp. 10-12.

中对共同体的内涵做出全面的阐释。卡尔·多伊奇（1957）认为，"安全共同体是实现'一体化'的集团"，主要价值观的一致性和共同的反应性是构建共同体的必备条件。① 伊曼纽尔·奥德勒和迈考·巴尼特（1998）强调，"成员国之间拥有共同制度、共同价值观、共同的共同体感"，是一种去除争端的具有强烈互信的国际多元"安全共同体"②。建构主义大师亚历山大·温特（2000）认为，相互依存、共同命运、同质性和自我约束是构建"安全共同体"集体身份的主要因素。③ 巴里·布赞（2005）则对国际领域中的共同体进行探讨，认为共同体蕴含对"共同善"的追求和成员间的"分工合作"。④ 可以看到，不同学科背景、不同时代的学者对共同体的研究嵌入每个阶段的时代含义，被不同学科研究赋予了相应的内涵和意义，"共同体"的本来含义和完整意义显而易见。⑤ 就本来意义而言，"共同体"是指在共同区域中，在共同环境下生活在一起的人群集合体，即一种身体与血缘结合的有机体。就完整意义而言，"共同体"是在特定的区域中，拥有相同或相近的生活习惯、文化传统、价值追求和目标愿景，集体认同感强，社会整合度高，为了追寻某种共同利益或共同善而集合在一起的有机依存体。⑥

由此可见，"共同体"的本来含义突出共同区域、共同环境，其完整意义又强调共同的文化、价值观和目标愿景的追求，这两个层面的含义，体现

---

① Karl W. Deutsch and Sindney A. Burrel, et al., *Political Community and the North Atlantic Areas: International Organization in the Light of Historical Experience*, Princeton: Princeton University Press, 1957, pp. 5-6.

② Emanuel Adler and Michael Barnett, *Security Communities*, Cambridge: Cambridge University Press, 1998, pp. 6-7.

③ ［美］亚历山大·温特：《国际政治的社会理论》，秦亚青译，上海人民出版社2000年版，第350页。

④ ［英］巴里·布赞、［英］阿娜·冈萨雷斯·佩莱兹：《国际共同体意味着什么?》，任东波、蒋晓宇译，《史学集刊》2005年第4期，第1—6页。

⑤ 赵铁、林昆勇、何玉珍：《中国—东盟命运共同体的共同体诠释》，《广西民族研究》2016年第1期，第150—151页。

⑥ 赵铁、林昆勇、何玉珍：《中国—东盟命运共同体的共同体诠释》，《广西民族研究》2016年第1期，第151页。

了共同体具有的"共通性"核心特征。"共通性"这一核心特征具有共存性、共生性、共意性、共变性等四种表现形式：（1）共存性，指人们在共同体活动中凝结而成的有关人类共同体的各种同质的属性和关系①，它由共同区域、共同利益、共同文化三方面构成。共同区域指人们聚居在一定相近区域范围内共同生活，形成具有一定人口规模和活动范围的"质化空间"，共同生活是共同体的基本生成条件。共同利益，即为共同善，是人类为了追求温暖、情感、安全等某种利益而结合形成的一个社会单位，它是共同体形成和存在的根本。共同文化，包括共通的社会观念、共通的生活习惯、共通的归属情感，这是共同体形成的必要前提。（2）共生性，指无论是农村、城市还是民族、国家，在共同体中都是相互依存，互利共荣、协同发展的，人与人之间存在着各种各样共生关系连接，任何共同体成员的自我存在、自我组织、自我发展都要依赖与他人和其他成员的交往互动才能达到"自我实现"的状态。（3）共意性，它是共同体成员中共同形成的相互信任观念和集体认同意识，也是一种共同体成员之间就共同关心的问题所产生的共同认知、共同理解和共同判断，这是共同体存续和秩序维持的纽带。（4）共变性，说明共同体并非与生俱来，经过一系列的演化，从最初的单个联合体到社会、再到共同体需要经历一个持续发展渐进的过程，从简单的地缘共同体、血缘共同体发展到最高层次的精神共同体，这一基于共通价值观的共同体并非一蹴而就，而是在紧密联系、相互依存的关系中不断发展和升华提升。②

在"共通性"的上述四种表现形式中，共存性是物质前提，共生性是必要条件，共意性是核心要素，共变性是逻辑结果，它们相互联系、相互依存，共同作用于"共同体"的演进和发展，在共同区域、共同环境中实现

---

①　毛渲：《中国与周边国家"命运共同体"概念与战略分析》，华东理工大学硕士学位论文，2015 年，第 261 页。

②　赵铁、林昆勇、何玉珍：《中国—东盟命运共同体的共同体诠释》，《广西民族研究》2016年第 1 期，第 151—152 页。

对共同文化、共同价值、共同目标和共同愿景的追求。

二、依存性："命运共同体"的应有之意

从学理依据上看，"命运共同体"与滕尼斯提出的"精神共同体"具有密切的内在联系。滕尼斯提出的"精神共同体"，麦基弗倡导的"共同体意识"，以及鲍曼主张的"温馨共同体"，都从不同侧面赋予了共同体具有的美好向往、信任安全、相互理解、彼此依赖的深刻内涵，这种体现强烈情感性质的"我们"或"我们的"意识成为"命运共同体"的应有之义。①

滕尼斯将"共同体"划分为血缘共同体、地缘共同体和精神共同体三个发展阶段，强调精神共同体存在具有约束性的思想情感，成员间形成默认一致的共同价值观和文化观念，并作为特殊意志和社会力量将共同体成员整合在一起。② 麦基弗发展了滕尼斯的这一思想，认为"共同体"是可以通过有意识地人为努力创造出来的，其目的是为了实现共同利益，也可以是一个集团所共有的一套利益。它由三部分构成：（1）共同体自身的意识，即基于共同利益至上而产生的"我们"以及"我们的"群体意识；（2）空间和身份感，即对自己在共同体中的角色、责任和义务的体认；（3）归属感，即共同体成为自己不可缺少的条件，主要包括物质和精神依赖。③ 鲍曼进一步阐释了共同体的现代性，认为"共同体是一个'温馨'的地方，一个温暖而舒适的场所"，"共同体意味着的并不是一个我们可以获得和享受世界，而是一种我们将热切栖息、希望重新拥有世界"。④ 这些学者的阐释为"命运共同体"依存性的应有之义提供了充分的学理依据。⑤

---

① 赵铁、林昆勇、何玉珍：《中国—东盟命运共同体的共同体诠释》，《广西民族研究》2016年第1期，第152页。

② Ferdinand Tonnies, *Community and Society*, New York: Michigan State University Press, 1957, p. 47.

③ Robert M. Maclver, *Society—Its Structure and Changes*, New York: Rlong & R. Smith, 1931, pp. 61-63.

④ ［英］齐格蒙·鲍曼：《共同体》，欧阳景根译，江苏人民出版社2003年版，第2—4页。

⑤ 赵铁、林昆勇、何玉珍：《中国—东盟命运共同体的共同体诠释》，《广西民族研究》2016年第1期，第152页。

“命运共同体”除了具有充分的学理依据，还具有深刻的时代背景。当今的人类社会处于一个巨变时代，世界正进入一个全新的历史转折时期。世界多极化、经济全球化和社会信息化纵深发展，没有任何一个民族或国家能够阻挡世界缩小的步伐，也没有任何一个民族或国家还能够自给封闭自足、独善其身，国家间的相互依存和依赖达到了前所未有的程度，区域与组织的整体力量越来越显现出巨大能量，整体效应往往会大于各个单独个体的效应之和，世界也越来越需要区域与整体之间的力量平衡与发展，国家间“你中有我，我中有你”的交织关系已经成为区域经济政治发展的时代潮流和主要趋势。目前，欧洲、美洲、亚洲已经或正在分别进行不同形式的区域内合作，形成各具特色的共同体或者共同体雏形。随着国际局势的发展，诸多新的全球性问题不断涌现，中国与东盟国家作为全球版图的有机组成部分，亟须形成“命运共同体”，才能在国际世界中占据属于自己的位置。[1]

中国在多个国际场合，积极倡导携手建设一个“你中有我，我中有你”的命运共同体。“命运共同体”不是一个纯粹的宣传口号，是我国积极倡导有关国际问题和人类社会治理的一种新理念，成为中国政府外交战略的一个重要内容，成为实现“中国梦”的一条重要途径，树立了中国作为负责任的大国的良好国际形象。“命运共同体”首度出现在2011年《中国的和平发展》白皮书中，提出要建设一种“不同制度、不同类型、不同发展阶段的国家相互依存、利益交融，形成‘你中有我，我中有你’的命运共同体”[2]。可以说，我国所提倡的“命运共同体”，是一种以共同体内部个体成员间的相互依存为核心，超越不同的政治制度、不同的发展水平、不同的文化特征、不同意识形态所形成的共生理念和共利关系，体现了“命运共同体”依存性的深刻意义。[3]

---

① 赵铁、林昆勇、何玉珍：《中国—东盟命运共同体的共同体诠释》，《广西民族研究》2016年第1期，第152页。
② 国务院新闻办公室：《中国的和平发展》，《人民日报》2011年9月7日。
③ 赵铁、林昆勇、何玉珍：《中国—东盟命运共同体的共同体诠释》，《广西民族研究》2016年第1期，第152页。

"命运共同体"的依存性包含以下四个基本层面：（1）共同利益，这是共同体形成的基本前提，强调"在竞争中合作，在合作中共赢。在追求本国利益时兼顾别国利益，在寻求自身发展时兼顾别国发展"①，共同利益诉求是构建命运共同体的重要根基。（2）共同责任，利益和责任必定是相辅相成的，共同体成员实现利益的同时需要肩负相应的责任，即维护地区繁荣和稳定的责任，强调与周边国家的共同安全及合作安全，强调"国家无论大小、强弱、贫富，都应该做和平的维护者和促进者，不能这边搭台、那边拆台，而应该相互补台、好戏连台"②，"守望相助"是建设命运共同体的根本保障。（3）共同发展，是相互依赖的发展，是利益共享的发展，也可称为包容性发展，强调"人类只有一个地球，各国共处一个世界。共同发展是持续发展的重要基础，符合各国人民长远利益和根本利益"③。就是既要让自己过得好，同时也要让别人过得好的一种共荣、共进、开放包容的理念，这是命运相连的国家之间所追求的共同善和共同目标。（4）共同理解，随着共同体发展的深入，成员之间的共生关系日益紧密，自然而然地形成一种强烈的"认同感"和价值的"互适性"，即双方在经过历史上长期的交流和相互理解，对社会价值观、发展观、未来挑战以及区域面临的共同问题有着共同的或相互适配而非冲突的认识和认同，成员之间形成一种你中有我、我中有你、风雨同舟、休戚与共的更加紧密的伙伴关系、朋友关系，这是命运共同体建设的核心要义。④

"命运共同体"依存性的四个层次并非孤立存在，而是一个层层递进、交融发展的渐进过程。"命运共同体"与"共同体"是"和而不同"的两

① 习近平：《共同维护和发展开放型世界经济——在二十国集团领导人峰会第一阶段会议上关于世界经济形势的发言》，《人民日报》2013 年 9 月 6 日。
② 习近平：《共同创造亚洲和世界的美好未来——在博鳌亚洲论坛 2013 年年会上的主旨演讲》，《人民日报》2013 年 4 月 8 日。
③ 习近平：《共同创造亚洲和世界的美好未来——在博鳌亚洲论坛 2013 年年会上的主旨演讲》，《人民日报》2013 年 4 月 8 日。
④ 赵铁、林昆勇、何玉珍：《中国—东盟命运共同体的共同体诠释》，《广西民族研究》2016 年第 1 期，第 152—153 页。

个概念，共同体强调事物的统一性和整体性，体现为共同的区域、共同的社会特征、共同的集体意识以及共同的目标的有机整体。命运共同体具备"共同体"这一概念的基本特性，是最高境界的共同体，是共同体的最高发展层次，是差异性和整体性的统一，体现在不同文化、种族、肤色、宗教和不同的社会制度中，经过长期的交流、合作、发展及融合，凝结成一个你中有我、我中有你、命运攸关、利益相连、荣辱与共的超越国家和民族物理空间概念的相互依存的有机集合体。①

三、交融性："中国—东盟命运共同体"的特有之意

"中国—东盟命运共同体"与"命运共同体"体现了共性和个性的辩证统一关系，是"命运共同体"的物质载体和时代表现形式，蕴含了一种关系交错、利益交融的复合关系，共同的身份、共同的价值、共同的目标和共同的愿景将中国与东盟紧紧地联系在一起，这种水乳交融的共通共变态势进一步推动和深化了在和平发展的共同目标下中国与东盟面向和平与繁荣的战略合作伙伴关系。②

作为中国政府的重要倡议，"中国—东盟命运共同体"强调坚持讲信修睦、合作共赢、守望相助、心心相印、开放包容，"使双方成为兴衰相伴、安危与共、同舟共济的好邻居、好朋友、好伙伴"③，体现了中国—东盟关系发展的最高阶段，是双边关系持续健康发展的自然历史结果。④从区域因素看，中国与东盟国家山水相连、血脉相亲、文化相通，文化背景上的亲缘性、经济结构上的互补性、社会发展上的同质性拉近了彼此的距离，成为共同体构建的极为有利条件。从关系发展看，中国—东盟关系正在由"黄金

---

① 赵铁、林昆勇、何玉珍：《中国—东盟命运共同体的共同体诠释》，《广西民族研究》2016年第1期，第153页。
② 赵铁、林昆勇、何玉珍：《中国—东盟命运共同体的共同体诠释》，《广西民族研究》2016年第1期，第153页。
③ 《习近平谈治国理政》第一卷，外文出版社2017年版，第292页。
④ 赵铁、林昆勇、何玉珍：《中国—东盟命运共同体的共同体诠释》，《广西民族研究》2016年第1期，第153页。

十年"迈向"钻石十年",双边关系由陌生到熟悉、由隔绝孤立到友好合作和睦邻互信,在政治、经济、社会、安全、文化等领域逐渐形成了"你中有我,我中有你"的双边关系新格局。"中国—东盟命运共同体"所具有的交融性的特有之意,要求坚持和平发展的基本原则,奉行"亲诚惠容"的近邻外交理念,构建"一带一路"合作新格局。

一是坚持和平发展的基本原则。中国与东盟各国都经历了磨难和战争,和平发展始终是各国坚守的第一要务。中国现代化的快速发展,综合国力得到提升,"中国崛起"让东盟国家产生了担忧,不信任始终横亘在中国—东盟关系发展中。受制于各种因素,一些东盟国家对中国"近而不亲",某些国家甚至担心一体化的共同发展会进一步加大国家发展的差距,"中国—东盟命运共同体"建设会成为中国管控的工具,从而损害自身的利益。对中国来说,与东盟国家一起建设"中国—东盟命运共同体",不是为了霸权政治以及建立以自己为中心的势力范围,而是为了构建一个和平稳定、共同发展的生存环境。和平稳定的建设发展环境至关重要,但又容易受到经济、文化、宗教等不同因素的影响,这需要各国共同努力,逐步消除信任赤字,推动双方文化认同、价值认同以及身份认同。共同发展目标需要双方在更大范围内构建多方面、多层次的利益汇合点,在和平中实现发展,在发展中促进和平,实现和平与发展的良性互动和多方共赢。[①]

二是奉行"亲诚惠容"的近邻外交理念。"亲诚惠容"的交往理念是习近平主席在周边外交工作座谈会上提出来的,强调要常见面,多走动,多做得人心、暖人心的事,使周边国家对我们更友善、更亲近、更认同,让命运共同体意识在周边国家落地生根,它体现了中国传统文化的精髓,我们"要切实抓好周边外交工作,打造周边命运共同体,秉持亲诚惠容的周边外交理念,坚持与邻为善、以邻为伴,坚持睦邻、安邻、富邻,深化同周边国

① 赵铁、林昆勇、何玉珍:《中国—东盟命运共同体的共同体诠释》,《广西民族研究》2016年第1期,第153页。

家的互利合作和互联互通"①。"亲"强调巩固地缘相近、人缘相亲、文缘相通的情感纽带，使东盟各国对中国更亲近、更认同、更支持，使"命运共同体"深入人心。"诚"即为诚心、诚信、诚意，要求尊重东盟国家发展现实、宗教信仰和政治制度，真诚开展协商、对话、合作，对东盟国家做到承诺必践，坦诚以待。"惠"是双方本着互惠互利的原则开展合作，编织更为紧密的共同利益网络，将双方的利益融合和共同发展提升到一个更高水平。"容"则是开放包容、求同存异，以开放的胸襟、包容的心态对待国家间的分歧，以"兼济天下"的情怀实现各方的和谐共处和共同发展。②

　　三是构建"一带一路"合作新格局。丝绸之路经济带和21世纪海上丝绸之路是打造"中国—东盟命运共同体"的重要路径，特别是"21世纪海上丝绸之路"对于中国—东盟关系具有特别意义。首先，兼顾共同利益，实施一系列互联互通经济合作项目，促进临港产业、海上货物贸易、海洋运输、能源资源等领域的双边和多边合作，给中国和各个东盟国家带来实实在在的共同利益，这是构建"中国—东盟命运共同体"的首要基础。其次，承担共同责任，维护海上贸易通道安全，打击海盗，保护海洋资源和生态环境，搁置南海争端，共同开发，应对挑战，维护地区和平与稳定，这是构建"中国—东盟命运共同体"不可或缺的重要内容。再次，实现共同发展，推动产业升级、经济繁荣和社会和谐，造福民生，推动东盟国家的经济社会发展和现代化水平，这是构建"中国—东盟命运共同体"的首要目标。最后，推动共同理解，增进彼此间的包容理解和战略互信，促进经济、社会、安全、文化等领域的互联互通，倡导和合、包容和亲仁善邻的中华精神，增强民族国家的向心力和凝聚力，逐步实现身份认同、文化认同、价值认同和愿景认同，这是构建"中国—东盟命运共同体"的根本保障。③

---

①　《习近平谈治国理政》第二卷，外文出版社2017年版，第444页。

②　赵铁、林昆勇、何玉珍：《中国—东盟命运共同体的共同体诠释》，《广西民族研究》2016年第1期，第153—154页。

③　赵铁、林昆勇、何玉珍：《中国—东盟命运共同体的共同体诠释》，《广西民族研究》2016年第1期，第154页。

"中国—东盟命运共同体"内涵丰富,在"共同体"理念中嵌入命运相连的依存意识,不仅表现为一种特定社会关系的纽带联结,而且外显为一个共同区域、共同环境下对共同文化、价值观和目标愿景的共同追求,使中国与东盟各国逐步走向身份认同、文化认同、价值认同和愿景认同,真正成为安危与共、同舟共济的好邻居、好朋友、好伙伴,最终实现中国—东盟命运共同体建设的预期目标。①

第四节　中国—东盟命运共同体建设的文化意义

作为一种非物质力量,文化具有凝聚共识、协同步调的重要功能,需要以身份认同、文化认同、价值认同、愿景认同为前提,其中就蕴含了"共心"的意义。"中国—东盟命运共同体"是对双方价值观、发展观、未来挑战的认同,对区域面临的共同问题的认同,其建设过程就是彼此认同感不断增强的过程。② 可见,区别于其他命运共同体对共同利益的单一强调,共心性是推动中国与东盟关系发展的内生力量,也是中国—东盟命运共同体建设的显著特征,彰显了中国—东盟命运共同体建设的文化意义。

一、认同的互信观:中国—东盟命运共同体建设的重要依托

互信是携手建设中国—东盟命运共同体的重要表征,东盟各国与中国的关系日趋改善,中国—东盟双方政治互信继续发展,前东盟秘书处秘书鲁道夫·赛维里诺曾表达了这样的看法,认为中国已经成功地使东盟各成员国不再将其看成是个威胁,更积极的一点是,东盟国家日益镇定甚至是满意地把中国看成是一个崛起的亚洲大国。③

---

① 赵铁、林昆勇、何玉珍:《中国—东盟命运共同体的共同体诠释》,《广西民族研究》2016年第1期,第154页。
② 陆建人:《"一带一路"倡议与中国—东盟命运共同体建设》,《创新》2015年第5期,第47—48页。
③ [菲]鲁道夫·赛维里诺、王玉主:《中国—东盟关系:过去、现在与未来》,《当代亚太》2008年第3期,第9—12页。

中国与东盟的战略互信得到全面建设和发展，在地缘政治方面，中国与东盟国家陆海相连、血脉相亲，中国始终把东盟国家作为周边外交优先方向，尊重和平等地对待东盟各国，支持东盟在区域合作中的中心地位，东盟也把中国当作东盟一体化的重要机遇，中国—东盟双方日益成为统一的整体，共同努力建设有利双方的地缘政治；在战略互信方面，中国与东盟双方政治互信不断加深，东盟与中方举办"10+1"领导人会议和东盟地区论坛（ARF）外长会议等一系列高级会议，各方同意加强交流沟通，增加国家战略、国防战略和决策的透明度，增进政治互信，通过共识的方式达成更高层次的政治合作；在互信合作方面，"2+7"合作框架是中国—东盟命运共同体的延续，是这一共同理念的具体化。中国在落实"2+7"合作框架中明确提出，加快推进商签中国东盟国家"睦邻友好合作条约"，加快推进中国—东盟自由贸易区升级版谈判，共同建设 21 世纪海上丝绸之路和成立亚洲基础设施投资银行等一系列倡议，旨在携手推进更为紧密的合作，夯实政治互信。

二、认同的发展观：中国—东盟命运共同体建设的基本动力

认同的发展观是中国—东盟命运共同体的基本动力，在经济全球一体化深入人心的今天，任何一个国家凭借自身单一的力量都是极为有限的，国际交流合作及相互依存的程度日趋紧密，世界各国都有一个通过加强彼此合作来维护和扩大自身利益的强大需求。[1]

经过十几年的发展，中国与东盟的经济合作，不仅取得了丰硕的成果，更扩大了双方的共同利益，使得双方利益关系更加紧密，这成为构建"中国—东盟利益共同体"最坚实的基础和最有效的推动力。世界经济整体复苏乏力，中国—东盟合作正处于发展建设的关键时期，中国与东盟国家基于资源的互补性加强紧密协作，通过深化交流合作来促进利益共享。中国—东

---

[1]　孙西辉：《论构建"中国—东盟利益共同体"的外交战略》，《国际关系研究》2013 年第 1 期，第 134 页。

盟双边正加紧制定涵盖 2016 — 2020 年的双边合作行动计划，加紧落实"2+7"合作框架，加快中国—东盟自贸区升级谈判成果的达成，积极推动"一带一路"倡议与区域国家发展战略的有机对接，建立健全中国—东盟国家计算机应急响应组织合作机制，携手共同建设中国—东盟信息港，乘"中国—东盟海洋合作年"的东风，继续推动海上合作，以成功举办建立对话关系 25 周年纪念峰会为契机，提升区域内相关国家整体发展水平，努力塑造发展创新、增长联动、利益融合的经贸合作格局，夯实双边共同发展的经济社会基础，形成双边认同的发展观，为中国—东盟命运共同体建设注入新动力。

三、认同的价值观：中国—东盟命运共同体建设的精神力量

"国之交在于民相亲"，深刻说明文化相近基础上的人文交流，能够促使中国—东盟命运共同体意识在各成员国的人民心中落地生根，使得成员国民众普遍认同命运共同体及其所推崇的价值观，在认同的价值观下集聚力量、凝聚合力，提供中国—东盟命运共同体建设的精神力量，这是构建中国—东盟命运共同体的关键所在。

中国在与东盟国家建构命运共同体的过程中，可以通过升级人文产业合作来强化命运共同体的根基，丰富命运共同体的内涵，夯实命运共同体的基础。[①] 在过去 20 多年的发展历程中，中国与东盟在教育、科技、文化、卫生、青年、旅游、媒体等合作已取得重大成就，并在中国与东盟建立对话关系 25 周年的时候，中国与东盟各国进行举办一系列纪念活动。为了进一步夯实中国—东盟合作关系的坚实基础，2016 年，被确定为"东盟—中国教育交流年"。深入的人文交流是"亲诚惠容"外交理念的具体实践，不仅可以为深化双方合作筑牢民意基础，还能增进理解，在合作中增进理解，在对话中解决分歧，形成"中国—东盟命运共同体"价值观的共同认同，夯实

---

① 陆建人：《"一带一路"倡议与中国—东盟命运共同体建设》，《创新》2015 年第 5 期，第 49 页。

双边合作交流以及关系发展的共同基础。经过中国与东盟的共同努力，进一步推动双边的合作关系迈上一个新的水平，共同致力于建设一个更加紧密的"中国—东盟命运共同体"，维护地区的和平稳定，为区域内国家带来繁荣发展，将和平与繁荣的战略伙伴关系转变成为双边关系深化和发展的现实。

四、认同的战略观：中国—东盟命运共同体的建设愿景

中国与东盟国家的关系已经站在新的历史起点上。中国与东盟国家命运相连、利益攸关，携手建设中国—东盟命运共同体是中国—东盟双方实现国家共同发展梦想、促进中国—东盟合作持久繁荣的共同目标需求。在命运共同体愿景下，中国—东盟双方建立起政治上平等互信、经济上合作共赢、文化上交流互鉴的新型战略伙伴关系，为携手建设中国—东盟命运共同体的发展开辟了更加广阔的前景。①

古语云，"合抱之木，生于毫末；九层之台，起于累土"。进入 21 世纪以来，中国坚定不移地把东盟国家作为周边外交的优先方向，支持"东盟共同体"建设，支持东盟各国的发展壮大，致力于开创中国—东盟双方合作繁荣发展的新局面。坚持与邻为善、以邻为伴的周边外交方针，坚定奉行讲信修睦、合作共赢、守望相助、心心相印的合作政策，秉持传承历史友谊、增进互利互信、推进交流合作、共谋合作发展理念，真诚对待东盟国家，与东盟国家结成好邻居、好朋友、好伙伴，让东盟国家受益于中国发展，中国也从东盟国家的发展中获得机遇和助力，实现合作共赢、共同繁荣。对于中国来说，东盟不仅是中国在国际政治领域的重要朋友，而且是中国发展互补互济、互利共赢、经济合作的好邻居和好伙伴。中国倡导并与东盟国家携手建设中国—东盟命运共同体，需要得到东盟国家的理解、支持和协作。东盟国家在联合自强的同时，重视与中国的密切合作，

---

① 林昆勇：《积极推进中国—东盟命运共同体建设》，《东南亚纵横》2015 年第 7 期，第 38 页。

需要把中国当作维护东盟共同体的重要支撑。东盟国家看重中国在国际舞台上的影响力，把中国视为平衡西方影响、维护自身政治、经济利益的重要力量。中国—东盟关系的发展具有坚实的基础。中国人民与东盟各国人民有着相似的历史遭遇和共同的历史命运，需要平等相待、互相尊重，共同面临和平与发展的历史任务，合作发展互利共赢有益于双方。在中国—东盟命运共同体建设框架下，中国与东盟国家间的多边合作不断深化，开创了东亚地区合作的新局面，双方关系也实现了新发展迈上了新台阶。①

展望未来，中国—东盟关系正在迈向前景广阔的"钻石十年"。中国继续与东盟国家真诚相待、友好相处，不断巩固政治和战略互信；在平等互利的基础上，扩大对东盟国家开放；积极倡导综合安全、共同安全、合作安全的新理念，共同维护本地区和平稳定，这将给中国与东盟国家的经贸合作、人文交流带来更多发展机遇。中国与东盟国家历史相连、文化相通，民间交往将日益密切。中国—东盟关系大树在 10 多年深耕厚植的基础上将更加根深蒂固、枝繁叶茂。只要中国与东盟国家携手建设中国—东盟命运共同体，增进政治互信，促进合作共赢，就一定能够使中国—东盟战略伙伴关系提升到一个更高的水平，为东亚合作以及促进亚太地区和平与稳定、发展与繁荣作出更大的贡献。一个紧密的中国—东盟命运共同体、一个繁荣的亚洲命运共同体是世界的福音。中国将牢牢把握中国—东盟战略合作的大方向，坚定地把携手建设中国—东盟命运共同体寓于东盟共同体、东亚共同体、亚洲命运共同体、人类命运共同体的发展之中，让中国人民和东盟各国人民携手共同努力，共同谱写中国—东盟合作发展的历史篇章，开创携手建设"中国—东盟命运共同体"的美好未来，共同为世界和平与发展的崇高事业作出更大贡献。②

---

① 林昆勇：《积极推进中国—东盟命运共同体建设》，《东南亚纵横》2015 年第 7 期，第 38—39 页。

② 林昆勇：《积极推进中国—东盟命运共同体建设》，《东南亚纵横》2015 年第 7 期，第 39 页。

第五节　中国—东盟命运共同体建设的战略谋划

中国—东盟命运共同体建设既事关重大、影响深远，又错综复杂、任重道远，需要加强整体设计，做好战略谋划，只有上升到国家战略的高度，从国家战略层面加速推进中国—东盟命运共同体建设，建设有利的国内外环境，形成共同体建设的广泛共识和强大合力，才能使共同体的建设得到有效推进及实现预期的战略目标。

一、准确把握方向，明晰合作目标

从国家战略高度看，准确把握方向是建设中国—东盟命运共同体的关键所在。同时，还应相互对自身以及对方的合作目的、合作模式形成较为稳定和明晰的谋划，使双边关系的发展方向具有更大的确定性和建设性。双方应清醒地意识到，建设中国—东盟命运共同体反映了区域内民众的共同愿望，具有重大的现实意义和坚实的社会基础，是顺应世界和平与发展潮流的时代要求，也是构建和谐亚太的重要举措。[①]

中国与东盟双方应共同作出努力，以达成以下目标：一是实现发展战略对接，更加重视从战略全局发展中国与东盟关系的战略伙伴关系，把战略互信作为双方关系稳定发展的根本保障，紧密结合各国的实际情况，使中国的发展战略与东盟国家的发展战略相互嵌入、对接融合，使中国—东盟命运共同体的核心理念始终贯彻于中国与东盟合作发展全过程，实现中国与东盟国家的共同发展共同繁荣。二是落实好"命运共同体"倡议，着力打造中国与东盟国家的利益共同体，在政治上坚持正义、秉持公道、遵循道义为先原则，在经济上坚持互利共赢、共同发展、携手进步原则，重点是通过"一带一路"建设，将中国与东盟国家的利益串联起来，将

---

① 赵铁、林昆勇、陈林：《中国—东盟命运共同体建设问题探析》，《广西社会科学》2015年第2期，第41页。

中国与东盟国家利益共同体的愿望转变为现实，大力践行中国与东盟合作的互利性和共赢性。三是强化携手合作和共同发展，中国与东盟国家命运相连，利益交织，建设中国—东盟命运共同体是中国与东盟实现繁荣富强、促进持久稳定繁荣的共同要求，中国与东盟各国只有共谋发展、共同发展和共享发展，中国与东盟国家的关系才能站在新的历史起点上实现升华和飞跃。①

二、加强互联互通，深化互利合作

从区域发展视野看，不论是在全球经济一体化发展层面，还是在亚太地区一体化发展层面，中国—东盟双方之间的合作都不是单一的经贸、文化的交流与合作关系问题，而是在新的历史条件下，中国—东盟双方之间如何进一步加强政策沟通、道路联通、贸易畅通、货币流通和民心相通，不断深化互利互惠合作，致力打造包括利益共同体、责任共同体在内的中国—东盟命运共同体的重大战略问题。

具体来说，中国—东盟双方合作可从以下三个方面加强"五通"，以政策沟通、道路联通、贸易畅通、货币流通和民心相通来实现合作共赢。一是中国—东盟双方在广泛的领域内拥有共同利益和一致观点，在国家发展战略上构成深层次的相互依存关系②，应积极寻求共同利益，形成推进中国与东盟关系发展的动力源泉。二是通过共同建设"一带一路"，有效地整合沿"带"沿"路"东盟国家的优势资源，立足传统友谊，增进互利互信，推进共赢合作，共谋协同发展，加强务实合作，实现中国—东盟双方在政策、道路、贸易、货币和民心等五个方面的"互联互通"，着力提升中国—东盟双方合作的整体水平。三是努力把握中国国情与东盟各国国情的有机结合点，找准中国利益与东盟各国利益的共同汇合点，通过更为主动

---

① 赵铁、林昆勇、陈林：《中国—东盟命运共同体建设问题探析》，《广西社会科学》2015 年第 2 期，第 41 页。

② 崔秋灏：《中国与东盟睦邻关系的战略思考》，《理论导刊》2008 年第 4 期，第 120—122 页。

和更加有为的外交实践，回应国际社会的期待，向国际社会推介中国的内外方针政策，讲好中国故事，传播中国声音，把实现"中国梦"和东盟各国人民实现美好生活的美好愿望以及实现亚太地区和平稳定繁荣发展的美好愿景有机统一及充分对接，让中国—东盟命运共同体意识在东盟国家落地生根，释放出巨大的和平发展能量，为亚洲经济一体化以及全球经济一体化提供新动力。[①]

三、积极凝聚合力，携手推进建设

从实践进程看，建设中国—东盟命运共同体是一个先提出远景设想再逐步填充内容，体现广泛实践性和深刻创新性的渐进过程。从涵括内容看，中国—东盟命运共同体内涵相当丰富，范围相当广泛，既涵括以"经济搭台、文化唱戏"为主要载体的经贸交流合作领域的命运共同体，还包括上升到战略认知和双边关系重大定位的国家利益层面的命运共同体。这两个层面的意义，使得中国—东盟命运共同体兼具经济和政治属性，体现了经济与政治的良性互动和同向同行。

上述目标的实现，需要中国与东盟凝聚合力，携手努力，以积极的姿态和渐进的方式加快推进中国—东盟命运共同体建设。在这个过程中，需要形成阶段性的建设成果，不断增添建设动力，使中国与东盟各国人民能够感受到中国与东盟关系发展的新变化，共同致力于推动这一新变化，增强获得感，增进双边人民在心理认知和价值理念上的认同，形成强大合力建设中国—东盟命运共同体。中国将东盟国家视为好邻居、好朋友、好伙伴，相互理解，相互尊重，以互谅互让、协同并进、利益共享的方式加快推进中国—东盟命运共同体建设，尽最大的诚意妥善处理双方存在的分歧，着力拓展双方的合作空间，重点增加双方的利益增长点，强化双方合作，在共圆"亚洲梦"的进程中，与东盟各国结成相互扶持、互相帮助、携手共

---

① 赵铁、林昆勇、陈林：《中国—东盟命运共同体建设问题探析》，《广西社会科学》2015年第2期，第41—42页。

进追逐"亚洲梦"的好伙伴，共同推动地区福祉以至亚洲及世界的繁荣发展。①

四、顺应时代潮流，共促繁荣发展

在新的历史条件下，中国与东盟双方登高望远，从国家战略层面去全面深入把握中国与东盟深化合作的重大意义，构建面向未来的中国—东盟新型关系，推动地区持续繁荣稳定发展，扎实推进政策沟通、道路联通、贸易畅通、货币流通和民心相通，真正使双方成为兴衰相伴、安危与共、同舟共济的好邻居、好朋友、好伙伴，致力于成为利益共同体和责任共同体，向讲信修睦、合作共赢、守望相助、心心相印、开放包容的命运共同体方向努力前行。

为了实现中国—东盟命运共同体建设目标，应全面深入把握双边外交实质，为稳步推进中国—东盟命运共同体建设争取一个良好的周边发展环境，使得中国—东盟命运共同体建设成果更多地惠及周边国家，实现共同发展。同时，更需要准确把握双边外交工作面临的新形势、新任务和新目标，不断增强双边外交工作的积极性、主动性和创造性，更加主动地参与国际及地区的热点问题的解决，维护中国人民和东盟人民的根本利益，顺应时代和平、发展、合作、共赢的潮流。同时，必须清楚地认识到，建设中国—东盟命运共同体，是一个具有重要及深远历史意义的合作大战略，不可能一蹴而就，它需要中国与东盟各国以及其他相关国家的共同努力，需要排除意外事件或外部力量的破坏或阻挠。当然，我们不能因为目前发展中存在的问题和困难而对中国与东盟战略伙伴关系失去信心，甚至对双边建立命运共同体目标存有疑虑。事实证明，建设中国—东盟命运共同体不是外交口号，也不是流于纸面的形式，而是中国与东盟合作发展的外交大战略，是时局发展的需要和

① 赵铁、林昆勇、陈林：《中国—东盟命运共同体建设问题探析》，《广西社会科学》2015 年第 2 期，第 42 页。

时代发展的潮流，它不会因一时一事的变化而改变，而会通过一系列的务实合作、具体倡议和实际行动来贯彻落实。①

中国与东盟各国需要有互相包容的心态，努力寻找和发现双方真诚相待、友好相处、合作共赢的切入点，真诚携手合作，努力通过平等对话和友好协商妥善处理分歧和争议，一步一个脚印，通过系列阶段性成果稳步推进中国—东盟战略合作伙伴关系，携手共建中国—东盟命运共同体，推动共同体建设目标的完美实现，为亚太地区乃至世界创造一个和平友好、繁荣稳定的美好未来。

---

① 赵铁、林昆勇、陈林：《中国—东盟命运共同体建设问题探析》，《广西社会科学》2015 年第 2 期，第 42 页。

第四章　平台依托：文化产业对于中国—东盟命运共同体建设的内在价值

本章围绕文化产业发展与中国—东盟命运共同体建设之间的内在关联，从维系和平的纽带、推动发展的动力、促进合作的基石、实现共赢的载体等视角，分析文化产业在中国—东盟命运共同体建设中的内在价值和重要作用，为深入把握文化产业的作用机制，服务中国—东盟命运共同体建设提供理论支持，使之成为文化产业在中国—东盟命运共同体建设中作用机制的有机组成部分。

第一节　维系和平的纽带

战争与和平是国际政治研究的重要领域，东南亚地区作为世界上最重要地缘政治区域之一，对国际经济政治格局具有重要影响。中国与东盟双边文化产业的交流与合作发展，能够成为中国与东盟各国、东南亚各国之间进行交流合作的载体，也能够发展成为中国与东盟各国携手建设中国—东盟命运共同体及推动世界各国和平发展的纽带。文化的交流互鉴与维护和平稳定的发展环境是一个紧密相连的结合体，通过文化的交流互鉴，能够充分凸显中国与东盟和平共处的社会价值和时代意义，中国与东盟合作关系日益加深，也能够推动双边文化的相互包容和相互借鉴。文化作为文化产业的本源和基石，文化产业是文化发展历史积淀的时代硕果。人类社会发展实践告诉我们，只有秉持开放包容、交流合作、共同发展的理念，国家与国家之间才能和睦和谐，地区之间才能和平稳定，国家发展才能长治久安，人民的福祉才能不断改善。在当今世界文化经济兴起并迅速发展的今天，作为世界舞台上扮演重要角色的中国和东盟，需要切实通过文化产业的交流与合作共同谋划及实现和平发展的目标。

一、对话与合作促成睦邻伙伴

中国与东盟海陆相邻，特殊的地理位置决定了中国—东盟双边合作对双方繁荣发展的重要性。东盟自 1967 年建立以来，经历了东南亚区域战略环境的巨大转变。冷战结束后，中国—东盟双方关系有了一个新的发展，中国—东盟双方文化产业的合作发展也日益兴起，出现了一个和平与发展的良好国际环境，这十分有利于中国发展与东盟国家的合作关系，为中国经济持续稳步快速发展提供了一个良好的历史机遇。从中国与东盟关系纵向发展的历史看，中国与东盟经历了 20 世纪 60 年代的相互敌视阶段，70—80 年代的发展阶段，90 年代的成熟阶段，21 世纪初期发展至今的稳固阶段。1967 年，《东南亚国家联盟成立宣言》（即《曼谷宣言》）宣告东南亚国家联盟（简称"东盟"）的正式成立。20 世纪 70 年代初，东盟开始谋求与中国建立友好关系。1974 年和 1975 年，马来西亚、菲律宾和泰国先后与中国建立外交关系，马菲泰三国解除对中国的贸易禁令，中国—东盟合作的经贸关系由此起步。到 20 世纪 70 年代末，伴随国内外形势的发展与变化，中国实施改革开放战略，对东盟国家的外交政策也随之调整。此后，中国与东盟国家在政治协商沟通解决柬埔寨问题的过程中，探索进行合作，取得了初步成绩，富有成效。到 20 世纪 80 年代初，中国推行积极的周边外交战略，把中国与东盟国家的合作关系作为中国外交工作的重点内容，这成为中国—东盟合作发展关系的一个重要转折时期。1990 年，印度尼西亚与中国恢复外交关系。同年，新加坡与中国正式建立外交关系。1991 年，文莱与中国建立外交关系。同年，中国与越南也实现了外交关系正常化。至此，中国与东盟的全部成员国均已建立或恢复了外交关系，这为中国—东盟对话与合作奠定了坚实基础。之后，中国—东盟双方合作进入了一个建立伙伴关系的新阶段。1991 年，东盟第一次邀请中国外长参加东盟国家外长会议；1996 年，中国—东盟合作关系从磋商伙伴上升为全面对话伙伴；1997 年，中国—东盟双方发表《联合声明》，共同提出建立"面向 21 世纪的睦邻互信伙伴关系"。

二、理解与信任共筑命运共同体

21 世纪之初，中国—东盟双方的睦邻关系在政治、经济、安全、文化、教育等各个领域都表现出充分的发展活力和良好的发展态势。2003 年，温家宝总理在东盟商贸与投资峰会上发表了题为《中国的发展和亚洲的振兴》的主题演讲，并对中国一贯奉行的睦邻友好政策做了进一步的阐释，明确提出了"睦邻"、"安邻"和"富邻"的政治主张，重点强调我国这些政治主张是实现自身发展战略的重要组成部分，是我国国家战略发展的既定方针。一是"睦邻"主要是继承和发扬中华民族亲仁善邻、以和为贵的哲学思想，中国与周边国家在和睦相处的原则下，共同推动亚太地区的稳定与和谐的一种国家关系结构；二是"安邻"主要是积极维护本地区的和平与稳定，始终坚持通过对话解决争端和分歧，积极营造和平安定的地区发展环境；三是"富邻"主要是加强中国与周边邻国的互利合作，深化区域和次区域合作，积极推进地区经济一体化，与亚洲其他国家实现共同发展。[①] 中国实施的一系列重大举措，赢得了东盟国家的一片好感，逐步转变了过去东盟国家对中国的一些传统看法，也进一步稳固和发展了中国与东盟合作的关系。

在这一时期，中国与东盟的友好合作关系也经受了同风雨、共患难的历史考验，风雨同舟、荣辱与共，见证了真情，深化了友谊，铸就了中国与东

---

① 《温家宝出席东盟商业与投资峰会并发表演讲》，《人民日报海外版》2003 年 10 月 8 日。

盟关系发展的"黄金十年"，共同迎接中国—东盟关系的新发展和下一个
"钻石十年"的到来，使得中国—东盟命运共同体建设的愿景呼之欲出，成
为进入 21 世纪以来中国与东盟关系持续稳定发展的自然历史过程的必然结
果。在助推这一结果的动因中，中国—东盟博览会、中国—东盟商务与投资
峰会等文化产业在其中所起的重要平台作用功不可没。回顾历史可以看到，
从 1997 年亚洲金融危机，到 2008 年国际金融危机爆发，中国与东盟各国始
终患难与共，在共同面对金融危机的斗争进程中，中国宣布人民币不贬值，
以负责任大国的高姿态有力地帮助东盟国家共渡难关，中国—东盟双方在这
一患难真情中加深了彼此的理解与信任。2004 年，印度洋海啸发生后，中
国积极向东盟等受灾国家提供了大量捐款，并派出中国医疗队最早抵达灾区
进行国际救援。2008 年，中国汶川特大地震发生后，东盟各国人民感同身
受，热情地把 5 亿多元的援款交到了四川灾民的手中，印度尼西亚和新加坡
等国还向中国四川地震灾区派出了紧急救援队。中国汉语和印尼语中都有
"患难与共"这个成语，"患难与共"这个词是中国与东盟各国在危难中相
互扶持的生动写照。中国—东盟合作的和平之路越走越通畅越宽广。2013
年，习近平主席在印尼国会演讲中，明确提出中国与东盟国家携手建设中
国—东盟命运共同体的倡议，强调要坚持讲信修睦、合作共赢、守望相助、
心心相印、开放包容，使中国—东盟双方合作发展成为兴衰相伴、安危与
共、同舟共济的好邻居、好朋友、好伙伴，双边关系将在一个新的起点上进
一步践行"亲诚惠容"的周边外交理念，致力于打造一个更加紧密的中
国—东盟命运共同体。

第二节　推动发展的动力

文化产业是一种为满足人类社会大众的精神文化需求而进行文化生产以
及制造文化产品和提供精神文化服务的业态。在人类社会发展进程中，工业
化促进城市化，伴随知识经济的到来，第三产业对人类经济社会发展的影响

日益显现，旅游业、报刊出版业、体育业和影视业等文化产业相继在一些发达国家创造了较好的发展成就，成为诸多国家及城市经济社会发展的支柱产业。① 同样的道理，文化产业在一些国家的成功，证明其对于经济社会发展的推动作用，这样的作用在中国与东盟双边关系的发展中也得到了证实。文化产业应该能够成为中国—东盟命运共同体建设的重要平台，也能够在中国—东盟命运共同体的建设中发挥重要作用。

一、文化产业是创造性生产和创新性活动

文化产业能够成为中国—东盟命运共同体建设的依托平台，是基于文化生产是创造性生产，是创新性活动。文化产业作为一种以生产和提供人类社会精神文化产品为主要内容的、有投入有产出的产业化经营活动，其涉及文艺、文博、图书、出版、音像、游乐、广电等诸多社会经济行业和领域。文化产业的发展极大地推动了区域经济的发展，成为人类社会发展新兴的经济增长点。随着文化产业的大力发展，必然要求人们的文化修养、文化素质等与产业特性的审美要求相一致，这种文化产业的自然特性能够成为一种规范人们日常行为方式的内生力量。中国—东盟命运共同体的产生和发展于经济高速增长的时代背景下，面临新的发展定位和方向目标，对文化产业的发展提出了新的更高要求。为此，要发挥好文化产业在推动发展中的作用，进一步做大做强有利于中国—东盟命运共同体建设的文化产业，需要牢固树立文化产业是中国—东盟命运共同体建设的支柱性产业意识和一盘棋意识，切实增强促进和加快文化产业发展的使命感、责任感和紧迫感，科学制定文化产业发展规划，致力于推动文化产业的大繁荣和大发展。加强国家及区域合作，统筹推进，重点突破，发挥好龙头企业的引领作用。紧密围绕中国—东盟命运共同体建设进程，加紧推动各种特色文化资源的集约开发和产业链延伸，满足各种细分市场需求，主动策划生成一批吸引力强、市场前景好、辐

---

① 陈红梅、宋子杰：《文化产业——城市发展的新动力》，《河北科技师范学院学报（社会科学版）》2005 年第 4 期，第 4—7 页。

射范围广、带动作用大的重点文化产业项目。大力推进文化产业体制机制创新，优化文化产业发展环境，加大文化产业发展政策扶持力度，务实解决文化产业发展中的实际困难和问题，切实为文化产业发展提供优质高效服务，激发文化产业创新发展活力和内在潜力；加强中国—东盟双方文化资源的高效整合，逐步提升中国—东盟双方文化创意发展水平，积极培育中国—东盟双方的文化产业新业态和文化消费新市场，以期达到深度打造一批具有浓郁地方文化气息，兼具中国及东盟区域特色的文化产业品牌，推进中国与东盟文化产业发展的深度融合。

二、文化产业自身固有的公共性和融合性

文化产业能够成为中国—东盟命运共同体建设的依托平台，还在于文化产业自身所固有的文化内核的公共性和融合性。文化产业首先具有文化内核，然后才是体现产业特性。人类社会经济发展的历史进程中，任何一个社会产业形态，都融入了不同的社会文化内涵，例如，中国—东盟命运共同体建设中各成员国的饮食文化、居住文化、节日文化等，都集中反映了不同地区间不同的一种文化传统和价值取向。因此，对文化产业内在的文化内核和外在的产业特性的理解，还可以具体化为属性上体现经济性质，本质上具有政治含义，作用上表现了精神力量。因此，文化及其产业，不可避免会对人们的思想认识、价值判断和精神世界产生重要影响，对包括共同体在内的人类聚集体的作用更是不可低估。作为具有意识形态属性的文化产业，是一定社会经济和政治发展状况的反映，它反过来又对一定社会的政治和经济发展起到巨大的作用和影响。如前所述，公共性和融合性源自文化产业自身所固有的文化内核。公共性强调文化对生活在一定地域范围内人口群体的全面影响力，它是人们在长期生产生活中形成以及约定俗成的，文化的这种公共性质，不论是血缘共同体，还是地缘共同体和精神共同体，与生俱来的习俗习惯、观点观念、生活方式等具有高度的稳定性和广泛的影响力。尽管如此，不同的文化具有不同的内涵及规范，具有各自的特殊规定性，但不同特质的

文化其边界具有相对性和模糊性的特点，这些特点使得不同文化从碰撞和交流走向文化的融合和整合成为可能，并通过人们的共同努力还可以使这种文化的融合和整合变为现实，这又是文化及其产业的融合性特点的本来含义，这也为中华文化与东盟文化的有机融合，为建设具有共同价值取向的中国—东盟命运共同体提供了理论支撑，也从一个侧面说明了文化产业能够对中国—东盟命运共同体的建设发挥重要作用。

三、文化产业有效地提高社会文化生产力

文化产业作为现代工业文明的重要产物，不仅极大地提高了社会文化生产力，而且还极大地提高了社会精神文化产品的传播能力，文化产业能够以自身独特的方式，配置和整合各类社会资源，发挥朝阳产业在经济社会发展中的独特作用。经过十多年的发展，文化产业经历了一个从战略的模糊化向清晰化的转变，文化产业已经发展成为中国—东盟合作的重要领域之一，不仅自己能直接贡献经济效益，而且还具有强大的拉动作用和辐射效应。文化产业和中国—东盟命运共同体的同向同行和同向发展，文化产业和高科技的有机结合，可以带动其他相关产业的协调发展，实现文化产业发展与中国—东盟命运共同体建设的有机结合和深度融合，共同推动了中国—东盟双边交流与合作的发展与互动，加快中国与东盟区域间城市产业结构的调整和升级，促进中国—东盟命运共同体各成员国的文化产业生产要素的全新组合和优化配置，必定会对文化产业自身的发展产生重要影响，在推动文化产业自身发展的同时，又反过来对中国—东盟命运共同体建设产生推动作用和积极影响。

第三节　促进合作的基石

东南亚国家联盟作为地区合作与发展的最重要机制，其覆盖东南亚地区10个国家，面积达450万平方公里，拥有5亿多人口的区域性国际组织，

其在中国的周边外交中始终占据十分重要的地位。[①] 中国与东盟的合作交流可以追溯到相当久远的年代，早在郑和下西洋开始，中国就与东南亚国家一直保持着友好交往合作的传统历史友谊。20 世纪 90 年代冷战结束后，中国—东盟双方在政治、经济、社会文化等领域的合作不断深化与扩展，双边或多边的合作关系日趋机制化，双边或多边的友谊关系也逐步加深。

一、文化的相互认知和交流促成一致共识

从中国—东盟深化合作的历史进程看，文化产业在其中扮演了重要角色，发挥了重要作用，早期的"两会一节"以及后来的中国—东盟博览会、中国—东盟商务与投资峰会的连年成功举办，加速了中国—东盟合作交流的进程，为双边关系的深入发展作出了不可磨灭的贡献。就文化本身的价值来说，每一个民族的文化都是平等的，但在当今全球化文化发展态势中，文化领域已经发展成为世界各国进行国际政治斗争和意识形态较量的主战场，文化产业成为国家经济发展新的增长点，经济功能是文化产业首要的社会功能，文化产业是当今社会以及未来社会财富积累的重要源泉。在中国—东盟命运共同体建设与发展过程中，文化产业的发展会促进人们更新观念、带动经济更快发展，使得中国—东盟命运共同体建设中，中国与东盟各国不断加深合作，共同繁荣发展。中国社会科学院亚太与全球战略院研究员许利平认为，文化的相互认知与交流是增信释疑和加强中国—东盟命运共同体建设中各成员国在政治、经济、安全、文化等方面合作的重要基础，也是推动中国—东盟命运共同体建设进程不断向前发展的内在需要。

二、政治的高层互访和主张形成合作机制

在政治领域，中国—东盟双方的高层进行频繁互访，双方政府之间不断推出新的合作主张，有利于深化双方交流与合作。中国—东盟双方国家领导

---

① 陆建人：《东盟的今天与明天——东盟的发展趋势与其在亚太的地位》，经济管理出版社1999 年版，第 1—5 页。

人的首脑会晤机制成为推动中国—东盟双边关系发展的重要动力，形成了制度化的"10+1"、"10+3"、"10+8"三大合作机制，为推动中国—东盟双边合作关系良好稳步发展，奠定了坚实的政治基础。文化产业具有维护社会安定，促进社会稳定的作用。中国与东盟保持频繁的高层交往和对话，将双方文化产业进行输出与引进，促进双方在政治领域建立友好往来与合作，中国—东盟双方的"首脑会议，不仅从长远的战略高度对双边关系继续总体把握，而且还为跨世纪伙伴关系确立了指导原则，规划了发展方向，构建了基本框架，赋予其实质性内容并就未来合作提出了具体的设想和建议"①。中国—东盟自贸区建立以来，中国—东盟双方文化产业的繁荣发展、相互流通，双方领导人频繁互动，有力地推动了中国与东盟以及相关国家的友好合作和稳定发展。2010年10月，温家宝总理在越南河内举行第13次"10+1"会议上也指出，中国珍视同东盟国家的传统友谊，愿与东盟国家永做好邻居、好朋友、好伙伴。中国—东盟双方应继续以和平发展为主题，以友好合作为主线，共同落实好第二个五年行动计划。② 2015年11月，李克强总理在马来西亚首都吉隆坡出席第18次"10+1"领导人会议上指出，要进一步加强中国—东盟双方合作发展的机制化建设，落实好双方战略伙伴关系第三份五年《行动计划》和"2+7"合作框架，以办好建立对话关系25周年纪念峰会为契机，推动"10+1"合作在成熟轨道上稳定前行③，积极探索开展中国—东盟各国之间国际产能合作，中方愿将东盟作为开展国际产能合作的重要方向，殷切期望与东盟国家共同探讨下一步具体合作计划和战略部署。

三、经贸的交流与合作不断深化提质增效

在经济领域，中国—东盟命运共同体建设在深化文化交流合作的过程

---

① 曹云华、唐翀：《新中国—东盟关系论》，世界知识出版社2005年版，第208页。

② 柳晖：《合作共赢：中国与东盟关系的发展与启示》，《东南亚之窗》2011年第2期，第5—13页。

③ 李克强：《在第十八次中国—东盟（10+1）领导人会议上的讲话》，《人民日报》2015年11月22日。

中，利用已有建设与发展平台，积极筹建各类合作协调机构，确定交流合作的经济项目，推出合作重点内容，进一步扩展和丰富中国—东盟双方文化产业交流合作的范围、内容和形式。文化产业的融合发展，伴随着中国—东盟命运共同体建设的历史进程不断向前推进，中国—东盟双方经济利益也日益增加，为中国—东盟命运共同体建设的稳定、发展和繁荣创造了有利条件。中国—东盟启动对话 25 年来，中国—东盟双方经贸合作迅速发展，成为中国—东盟双边关系发展的重要领域和主要推动力。2008 年，国际金融危机爆发后，中国—东盟双方携手并肩共同克服困难，共同迎接挑战，最大程度减低金融危机带来的不利影响，取得了重大的发展成就。中国—东盟双方贸易合作保持不断增长势头，中国与东盟各国之间双向投资不断扩大。在中方积极倡议下，相继成立了中国—东盟投资合作基金、中国—东盟银行联合体，成为中国—东盟双方合作的重要平台。中国和东盟各国之间的经贸交流不断深化合作，实现由最初的单一货物形式转型扩展到信息通信、能源等各个领域，中国—东盟自由贸易区顺利建成为中国—东盟双方经贸合作的一项最重要举措和成果。中国—东盟自贸区已经发展成为发展中国家间的一个最大自贸区。2016 年 7 月，中国—东盟中心秘书长杨秀萍在北京接受中国多家媒体联合采访时表示，中国—东盟双方应紧紧抓住历史发展机遇，切实把共同利益的"蛋糕"做大，致力打造一个更为紧密的命运共同体，中国—东盟双方牢牢抓住"一带一路"建设与发展的历史机遇，进一步加强中国—东盟双边或多边战略对接，致力找到更多的共同需求和利益交汇点，重点以自贸区升级版为发展契机，实现中国—东盟双方经贸合作的提质增效，推动中国—东盟双方在澜沧江—湄公河次区域的联合开发与共同发展，促进中国—东盟双方携手共进，共谋发展。

四、文化产业具有维护国家安全重要功能

在安全领域，文化产业的作用影响在于，作为一种按照现代工业化标准进行的文化生产、流通和消费的产业，其具有商品生产的一般属性，同时又

由于文化自身的特殊性,具有其他产业所没有的根本特征。文化能够影响人的精神和灵魂,能够渗透到社会生活的各个方面,可以成为一个民族传承、国家维系的重要精神支柱,还能够成为一种国家安全最深层次的保障机制。从国际竞争的发展态势看,文化产业已经发展成为维护一个国家根本利益的特殊的文化主权形态,国际竞争在一定程度上也体现了国家之间在文化及其所形成的产业之间的竞争。中国—东盟命运共同体中各成员国在文化产业上的深层合作和共同发展,有助于提高中国—东盟命运共同体在国际政治和地缘政治上的影响力,也可以进一步推进成员国之间在国家安全领域各方面的合作,从根本上实现自身安全与共同安全、国土安全与国民安全、传统安全与非传统安全的高度统一。因此,文化产业具有维护国家安全的重要功能,会对国家政权的巩固稳定以及区域共同体的良性发展产生重要影响。基于这样的认识,习近平主席在 2014 年亚信峰会上阐述中国秉承"共同、综合、合作、可持续的亚洲安全观",倡导走一条"共建、共享、共赢的亚洲安全之路","共同构建互信、包容、合作、共赢的亚太伙伴关系"①,其意义深远,内涵丰富,彰显了总体国家安全观的重大战略意义,又蕴含了支撑总体国家安全观的文化动力和价值引领,构成了中国—东盟命运共同体建设的有机组成部分。为此,除了需要共同加强国际防务安全对话外,特别要加强非传统安全领域合作。伴随中国—东盟双方安全合作的不断深化,中国与东盟各国在双边或多边的合作领域,已经扩展到灾害救援、维护海上通道安全、打击跨国犯罪等诸多非传统安全领域。② 2000 年,中国与东盟共同签署《东盟和中国禁毒合作行动计划》;2002 年,中国与东盟联合发表《中国与东盟关于非传统安全领域合作联合宣言》,正式启动双方在非传统安全领域的全面合作;2004 年,中国—东盟双方共同签署《关于非传统安全领域合作谅解备忘录》;2015 年,中国—东盟双方完成《落实中国—东盟面向和平

① 《习近平谈治国理政》第二卷,外文出版社 2017 年版,第 453—454 页。
② 柳晖:《合作共赢:中国与东盟关系的发展与启示》,《东南亚之窗》2011 年第 2 期,第5—13 页。

与繁荣的战略伙伴关系联合宣言的行动计划（2016—2020）》磋商，成功举办"中国—东盟海洋合作年"活动，首次在中国举行了中国—东盟防长非正式会晤和第一次举行中国—东盟执法安全合作部长级对话。

在文化领域，文化产业作为一种"文化工业产品"，虽然是一种商品，但是它不是一种普通商品，人们不是消费它的物质外壳，而是消费它的内在的精神内涵，人们消费主要为了满足自身的精神需求和休闲娱乐，并由此而得到的一种精神愉悦和心灵陶冶。中国—东盟命运共同体建设过程中文化产业的发展，会产生娱乐功能，它能大量满足大众放松身心、交流情感的需要。中国与东盟是近邻，双方人民的友好往来和文化交流历史悠久、友谊深厚。20多年来，中国积极稳步推进加强与东盟在文化领域的合作交流，成效显著，成果喜人。至今，中国—东盟双方开展丰富多彩的文化交流活动，已然发展成为一种维系双边关系的重要枢纽。中国—东盟双方不断通过部长级会议、论坛研讨、人员交流、举办艺术节和展览等形式，开展了一系列多层次、多渠道的文化交流合作，切实增进了中国与东盟对彼此文化的了解、尊重和欣赏。2010年1月1日，中国—东盟自由贸易区如期建成，这给双方文化产业领域和合作带来了新机遇、新活力，也使得中国以更开放的态度推进和深化与东盟的文化产业合作，推进共同发展、实现共同繁荣。2011年1月25日，在中国昆明举行中国—东盟外长会议上，中国—东盟双方宣布中国—东盟友好交流年正式启动，紧紧围绕"互利共赢的好伙伴"的合作主题，全面开展30多项相关领域的庆祝活动。中国与东盟各国在交流过程中还注重广播、影视、教育等领域的交流。中国—东盟各国间的经贸往来，不仅给双方的文化交流带来了很大的空间，而且文化产业已成为双边合作的一个重要领域。伴随中国—东盟命运共同体建设的稳步推进和纵深发展，也推动了中国—东盟命运共同体自身的文化建设。

近10年来，中国—东盟双方的文化产业合作成果丰硕，文化贸易向多元化发展，交流的领域和渠道大为扩展，人文交流成为中国与东盟国家合作的重要领域，极大地推动了双边文化产业合作向纵深发展。实施重大文化产业项目，加快文化产业基地和区域性特色文化产业群建设，进一步发挥好辐射作用和带动效应，可以有力地促进和深化中国与东盟在政治、经济、安全、文化等领域的全面合作，丰富和扩展中国与东盟合作交流的范围和领域，富有成果地建设面向和平与繁荣的中国—东盟新型关系，为中国—东盟命运共同体建设打造高端平台和增添新的发展动力。

第四节　实现共赢的载体

文化产业既具有文化的特征又具有经济的属性，是经济与文化相互融合的产物。[①] 中国与东盟双边关系的发展，以文化产业为龙头，借助文化产业的各种形式，为深化中国—东盟双边的合作打造了各领域、多层次、全方位的合作交流平台，实现了中国与东盟双边的互利共赢，成就了21世纪以来中国—东盟关系的新发展。中国—东盟关系发展实践有力地证明，文化产业是实现共赢的载体，文化产业也能够成为中国—东盟命运共同体建设的依托载体和平台。为此，需要大力加强文化产业的管理创新、平台创新和机制创新。

一、以文化产业的管理创新实现共赢

当今世界，文化产业已经进入全面竞争的时代，文化产业发展成为一个国家更加自觉、更加主动的主要战略谋划和战略行动。文化产业作为一个新兴产业、朝阳产业、绿色产业和新的经济增长点，其在中国—东盟命运共同体的发展中更是起到了举足轻重的作用，为促进命运共同体中各成员国之间和平共处、政治经济发展、各领域有效合作提供了广阔的平台。首先，要以中国—东盟人文交流为切入点，紧紧围绕"坚持讲信修睦，合作共赢，守望相助，心心相印，开放包容"，突出"求和平、谋发展、促合作、图共

---

① 杨永生：《中国文化产业作用问题研究》，首都师范大学博士学位论文，2007年，第46页。

赢"的时代发展潮流，不断加强中国—东盟双方在文化产业领域的合作，重点推进文化产业的管理创新，共同推动中国—东盟命运共同体建设。其次，要注重顶层设计，科学制定中国文化产业"走进东盟"的战略，系统谋划政府、民间和企业文化交流的中长期战略规划，统筹兼顾政府、民间和企业等多样化合作形式，积极推动中国文化产业"走进东盟"，以更大的气魄、更强的决心和更实的举措推动双边文化交流和文化企业合作，学习借鉴国际文化产业发展的先进理念和成功做法，依托中国与东盟各国文化产业发展的现有基础，针对中国—东盟关系发展的现实需要，夯实广播、电影、电视等核心层，做强会展服务、旅游休闲、广告设计等外围层，做大动画、动漫等相关层，增强中国文化与东盟文化的共融性，在更高的层次上形成文化产业发展的新优势。再次，要加强现代文化企业制度建设，学习借鉴先进文化产业管理理念和先进文化技术，重视文化企业管理人才的培养、文化资本经营以及文化产品创新，提升文化企业的管理水平，推动文化企业适应不断发展的市场化、国际化要求，突出文化企业经营的市场导向，重视文化企业及其产品的品牌效应，充分激发文化企业发展的内在动力，提高文化企业的社会效益和产品质量，推动文化产业持续健康稳步发展，更好地顺应中国—东盟关系发展以及中国—东盟命运共同体建设的内在需要。

二、以文化产业的平台创新实现共赢

全球化是人类社会发展的大势所趋，在现实的经济技术的全球合作与互利当中，它使人们从狭隘、封闭的民族化、区域化思维藩篱中走向全人类各主体间对话、交流、和谐发展的思维领域。[①] 顺应这一发展趋势，不同文化之间的交流势不可挡，由此体现了作为文化交流载体的文化产业的重要性。经过中国与东盟 20 多年的共同努力，双边在经济合作、文化交流、产业发展以及政治互信上取得了重要进展，为中国—东盟命运共同体建设提供了有

---

① 李德周、杜婕:《"共赢"——一种全球化进程中的建设性思维》,《人文杂志》2002 年第 5 期, 第 140—147 页。

力条件，也为双边的深化合作交流提供了广阔舞台。为进一步发挥文化产业在中国—东盟命运共同体建设中的作用，需要创新文化产业的发展平台。一方面，要充分依托中国—东盟博览会、中国—东盟商务与投资峰会以及中国—东盟自贸区、文化交流年、文化论坛等现有合作机制和交流平台[①]，在中国—东盟博览会、中国—东盟商务与投资峰会成果优势的基础上，举办形式多样、内容丰富的文化论坛、商务会展以及文艺演出等活动，联合开展译介、出版相关书籍以及联合创作音乐、动漫、网游等文化产品，深入挖掘中国与东盟双方交流合作的文化内涵与人文精神，赋予其新的时代内涵和发展动力，创新双边文化交流以及中国—东盟文化产业合作发展新模式，精心打造兼具中国和东盟文化要素、为双边人民喜爱推崇的文化交流品牌，丰富和发展中国与东盟各国现有机制框架下的文化交流合作内容，提升中国文化国际影响力，促进不同文化的交融以及富有丰富文化内涵和深刻价值观意义的中国—东盟命运共同体建设。另一方面，要整合各方资源，形成推进中国文化产业"走进东盟"的强大合力，发挥政府、企业和社会力量在促进中国与东盟的文化交流，加强文化产业发展合作中的重要作用。政府要做好战略谋划和宏观指导，在中国—东盟合作交流的总体框架下，设计中国文化产业"走进东盟"以及推动双边文化交流以及产业合作的促进政策，协调落实年度重大文化交流及产业合作项目。文化企业要在政府宏观指导下，发挥企业的自身优势，加强与东盟国家在会展节庆、文化旅游、现代传媒、文化演艺、影视动漫、文化创意与制造、教育培训和文物博物以及现代休闲娱乐等方面的交流合作，积极向东盟国家传播和推介中国文化，同时还要着力提高文化产业的技术含量，以科技化和信息化促进文化产业的现代化，使得文化产业的开发、消费和服务等相应领域中充分运用先进技术，提高文化产业的集约程度和科技水平，加速文化产业的产业化发展和科技化进程，当好中国—东盟文化交流的排头兵。要积极引导与动员社会民间力量开展丰富多彩

[①] 林昆勇：《创新广西与东盟国家文化产业发展形式——实现"一带一路"有机衔接重要门户的思考》，《广西经济》2015 年第 5 期，第 33 页。

的双边或多边文化交流合作活动，增进双边人民的了解和友谊，积极挖掘"海上丝绸之路"的历史文化遗产，充分发挥专家学者和智库的作用，加强民间往来和学术及人文交流，发挥好民间交往和民间外交的优势，为夯实中国—东盟友好合作根基，大力推进中国—东盟命运共同体建设提供重要支持。[①]

三、以文化产业的机制创新实现共赢

合作共赢是对事物双方和谐合作、互惠互利、共赢共生的概括性描述，表明利益主体间良性互动的相关关系。一方面为"合作"，要加强各主体之间的利益联系，实现携手同行；另一方面为"共赢"，保障各主体的利益诉求、利益实现和利益均衡，实现互惠互利。目前，东盟作为中国第三大贸易伙伴，中国成为东盟第一大贸易伙伴，文化产业发展的前景相当广阔，对中国—东盟命运共同体建设的推动作用也不可低估，为实现这些目标，必须大力推进文化产业的机制创新。首先，构建促进中国文化企业健康发展新机制。通过完善促进发展机制，支持兼并重组，鼓励有条件的建立现代企业制度。同时，改善融资条件，完善风险投资机制，积极引导社会创新要素更多投向文化企业特别是科技型文化企业，建设一批科技型文化企业创新平台，激发文化企业创新活力。尤其要完善中国文化企业服务体系，加强信用担保体系、公共服务示范平台等建设以及国际交流合作，鼓励和引导社会服务机构为文化企业提供优质服务。其次，构建中国文化产业开放发展新机制。以更加积极主动的开放姿态，融入全球产业分工，以开放促改革，推动文化制造向产业链高端发展，加快培育参与和引领中国文化产业国际竞争的新优势。牢牢把握全球产业重新布局的历史机遇，引导有实力的文化企业有序"走出去"，"走进东盟"，开展文化投资、并购投资和联合投资，增强文化企业国际化经营的新能力，探索文化产业开放发展的新思路，拓展中国文化

---

① 林昆勇：《创新广西与东盟国家文化产业发展形式——实现"一带一路"有机衔接重要门户的思考》，《广西经济》2015 年第 5 期，第 32—33 页。

产业发展的新空间。再次，构建中国文化产业创新发展新机制。把文化产业发展转移到更多依靠创新驱动上来，健全以市场为导向的文化产业创新体系，强化文化企业的创新主体地位，建立产学研"三位一体"的协同创新机制，促进文化产业技术水平和产业层次的不断提升，推进中国文化产业管理体系和管理能力的现代化，提高中国文化产业专业化、规模化、集约化和国际化发展水平。[①]

瞄准文化产业的新发展，对接命运共同体建设的新要求，中国与东盟双边加强在文化产业领域的交流与合作，积极谋划和大力推进文化产业的管理创新、平台创新和机制创新，可以更好地展示文化产业的文化特征，强化文化产业的经济属性，在互利互惠合作中推动文化、价值以及愿景认同，实现中国与东盟双边的互利共赢，大力推动中国—东盟命运共同体建设。

---

① 林昆勇：《创新广西与东盟国家文化产业发展形式——实现"一带一路"有机衔接重要门户的思考》，《广西经济》2015 年第 5 期，第 32—33 页。

第五章 动力依赖：文化产业促进中国—东盟命运共同体建设的文化力功能

本章以文化力为切入点，从硬实力、软实力、巧实力的三重视角来展示文化力，分别阐释各自的内涵以及硬实力、软实力、巧实力的表现形式，分析它们与中国—东盟命运共同体之间的内在关联和逻辑联系，以此来论证文化产业之所以能够对中国—东盟命运共同体建设发生作用的动力依赖，使之成为文化产业在中国—东盟命运共同体建设中作用机制的有机组成部分。

第一节 硬实力

"硬实力"体现为一种支配性实力，通常指向一个国家的经济实力、军事实力、科技实力等，是一种外在的、显性的物质力量。就对中国—东盟命运共同体建设而言，硬实力可以在经济一体化的新兴增长点、文化消费蕴含的巨大市场潜力以及产业结构升级优化的内在动力上得到体现，能够为区域经济社会发展增加活力和增添动力。

一、硬实力视野中的动力依赖

众所周知，不同的社会是由不同的文明所构成的，不同社会的文明构成方式，主要是通过不同的社会生产力发展形式来表现，并通过占主导地位的生产力实现形式来体现。文化产业作为现代工业文明的产物，不仅极大地提高了人类社会文化产品的传播能力，而且极大地提升了人类文化精神的传播能力，使得人类社会的空间和时间界限不再成为阻碍人类文明交流的绊脚石，更加有利于促进人类社会的文明进步。① 文化产业作为人类现代社会构成的一种重要组织形态和文明方式，已经成为影响当代人类文明方式和社会走向的重要运动形式。

就一般意义而言，硬实力（Hard Power）指的是一种支配性的实力，是指一国的经济力量、军事力量和科技力量；通俗的说，硬实力是一种看得见、摸得着的物质力量。② 硬实力是通过物质性要素来体现的实力，它主要是由物质要素组成，包括土地面积、人口、自然资源等基本资源，军事力量、经济力量和科技力量等要素作为一种显性力量，有着明确的目标和衡量标准。文化硬实力主要由市场主体、创新主体、资源主体、产业体系、市场体系、政策体系和管理体系等要素构建而成。③ 硬实力与软实力相比较而言，软实力是无形的延伸，硬实力是有形的载体，强盛的软实力需要硬实力的支撑。简言之，要提高文化软实力，就必须强化文化硬实力；要强化文化硬实力，就必须发展文化产业。所以，发展文化产业与强大的硬实力有着紧密的内在关联。

二、经济一体化的新兴增长点

研究文化产业的硬实力，其中的一个主要观测点就是论证其对一个国家经济实力的贡献率。基于全球视野，世界经济进入了一个新的周期性循环，产业结构也产生了重大变化。文化产业作为 21 世纪朝阳产业，是一种重要的资源节约—环境友好型的经济形式，是一种以"文化"为内涵的经济，它的资源是"文化"，产出也是"文化"，其发展在世界范围内呈现出方兴

① 胡惠林：《构建和谐世界与中国文化产业发展战略》，《社会科学》2008 年第 6 期，第 167 页。
② 陈曙光：《中国时代与中国话语》，《马克思主义研究》2017 年第 10 期，第 60—70 页。
③ 聂震宁：《文化软实力与文化硬实力》，《大学出版》2008 年第 4 期，第 7—12 页。

未艾之势。① 随着中国经济的崛起和腾飞，中国在更多方面有能力帮助他国，特别是作为制造业大国，中国不仅能够输出价廉物美的与人们日常生活密切相关的生活必需品，而且还能够通过资金、技术、项目的输出支持他国的经济社会发展，推进经济一体化进程，为不同国家、不同文化及其产业之间的融合发展以及中国—东盟命运共同体建设提供不竭动力。

根据 2017 年国民经济行业分类（GB/T 4754—2017），文化产业属于第三产业。② 通过查阅《中国国家统计局统计公报》、《中国统计年鉴》及《文化产业蓝皮书》，搜集 2003—2009 年度我国 GDP、文化产业增加值及第一、二、三产业增加值，编制成表 5-1 "2003—2009 年 GDP、文化产业增加值及三大产业增加值"。如表 5-1 所示，从总体上看，2003 年到 2009 年的七年间，不管是第一、二、三产业增加值，还是 GDP 增加值都在持续攀升，文化产业增加值，除了在 2003 年到 2004 年有小幅回落外，2005 年到 2009 年都保持了持续增长。

表 5-1　2003—2009 年 GDP、文化产业增加值及三大产业增加值

（单位：万亿元）

年份	GDP	文化产业增加值	第一产业增加值	第二产业增加值	第三产业增加值
2003	13.52	0.36	1.74	6.24	5.60
2004	15.96	0.34	2.14	7.39	6.46
2005	18.41	0.44	2.24	8.74	7.34
2006	21.31	0.51	2.40	10.32	8.47
2007	25.93	0.64	2.86	12.48	10.39
2008	30.29	0.76	3.40	14.62	12.05
2009	34.05	0.84	3.52	15.76	14.76

资料来源：《中国国家统计局统计公报》、《中国统计年鉴》及《文化产业蓝皮书》。

---

① 管荟璇、陈汇璇：《民族文化资源在广西文化产业建设中的战略地位——基于〈印象·刘三姐〉山水实景项目的分析》，《现代商贸工业》2015 年第 10 期，第 31 页。

② 中华人民共和国国家统计局：《中华人民共和国 2017 年国民经济和社会发展统计公报》，2018 年 2 月 28 日。

根据李增福、刘万琪的研究，基于表 5-1，将文化产业增加值、第一产业增加值、第二产业增加值、第三产业增加值分别记为序列 X1、X2、X3、X4，运用灰色关联度计算模型，计算得出灰色关联度，依次用 R_1、R_2、R_3、R_4 表示。

表 5-2　2003—2009 年文化产业增加值、三大产业增加值与 GDP 关联度[1]

关联度	R_1	R_2	R_3	R_4
数值	0.6783	0.6335	0.8658	0.8185

资料来源：依据中国国家统计相关数据计算。

如表 5-2 所示。基于 2003—2009 年数据的关联度分析，$R_3 > R_4 > R_1 > R_2$，就对 GDP 的影响程度而言，排在首位的是第二产业，然后是第三产业，最后才是第一产业。由此不难发现，第二产业与第三产业主要是影响 GDP 的一个关键因素，在国民经济中两者是处于龙头地位。表 5-2 也给我们提供了一个重要信息，文化产业影响国民经济的程度，虽然不如第二、三产业的影响明显，但已经超过了第一产业。伴随第二产业和第三产业的产业升级发展，文化产业对 GDP 及国民经济的影响程度也将不断加深，进而在我国的经济发展中占据越来越重要的地位，成为我国经济发展的新优势和新亮点。

与西方发达国家相比，文化产业在我国经济走向总量中的比重还有一定的距离，文化产业发展的空间还相当大，随着经济一体化的向前发展，文化产业的发展前景相当广阔。在我国产业升级的大背景下，中国—东盟命运共同体的经济一体化也不仅仅局限于传统的农产品及工业原材料的进出口，文化产业这一创意朝阳产业必将作为一个新的经济增长点来促进社会经济发展。改革开放 30 年来，中国对外开放虽然获得了长足发展，经济建设取得了举世瞩目的伟大成就，但是受地理区位、资源禀赋、发展基础等因素的影

---

[1]　李增福、刘万琪：《我国文化产业对经济增长影响的实证研究》，《产经评论》2011 年第 5 期，第 7 页。

响，中国中西部、沿海和内陆地区的经济发展并不均衡。东盟国家的经济具有比较好的发展势头和发展后劲，中国与东盟开展互利合作共同促进经济增长和社会发展的前景相当广阔。通过深挖中国—东盟双方国家的合作潜力，必将促进新兴经济体和发展中国家在中国对外开放发展新格局中的紧密关系，促进中国中西部地区和沿海沿边地区的对外开放和经济增长。由于中国与东盟在自然条件、地理区域、文化传统、生活方式等方面的相似性，在这种开放新格局的进程中，文化产业必将占有一席之地，发挥积极作用，也会对中国—东盟经济共同体建设产生积极影响。

三、文化消费蕴含的巨大市场潜力

特里·克拉克以芝加哥的城市转型作为研究对象，探讨后工业社会区域发展的动力问题。他发现，美国芝加哥在 20 世纪末和 21 世纪初能够成功实现城市转型，从昔日重工业城市，发展成为美国中西部重要的文化旅游休闲中心，其成功的秘诀在于芝加哥的都市设施建设彰显出来的价值观与创造性群体所珍视的价值观实现了契合，能够成功地吸引创造性群体到芝加哥定居，他们带来的大量资金、技术以及创新理念，成为芝加哥加快发展和成功转型的原动力。所以，强调文化动力、突出文化消费，成为场景理论的学术关注和学术特色，也说明了文化力的硬实力意义。

由于经济发展水平上的差异，不管是中国还是东盟国家，文化消费的市场潜力相当巨大，并且由于双边文化相近、人文相通、习俗相似等得天独厚的条件，为文化产品和文化服务提供了广阔的市场，为文化及其产业的发展提供了巨大的空间，也为双边文化产业的合作提供了广阔的前景。据专家预测，中国潜在的文化消费能力是 4 万多亿元，2013 年，中国的文化消费的实际能力仅为 1.6 万亿元左右，还有 3 万亿元的空间没有发掘出来①，潜力还没有得到充分发挥，文化消费产品供给不足的问题还比较突出，在刺激和

———————

① 范周：《文化建设要注重"精气神"的高度统一》，《中国国情国力》2014 年第 12 期，第 14 页。

发展文化消费、扩大和提升文化消费、抓住新的文化消费热点上还需要积极引导，以推动文化消费健康发展，提升其对经济社会发展的贡献率，满足人民群众的精神文化生活需求，这一问题具有很强的现实针对性。党的十九大报告明确指出，新时代我国社会的主要矛盾是人民日益增长的美好生活需要和不平衡不充分的发展之间的矛盾。这一论断的提出，是对国家经济社会发展在新时代的总体判断和深刻把握，也说明了文化产业目前的发展现状和发展前景。社会上流行的"热词"排行榜，其中与娱乐文化相关的词汇，如"最强大脑"、"都教授"、"中国版跑男"等均上榜，背后就折射出了我国的文化消费越来越活跃，人们在物质需求得到满足的基础上，逐步向文化需求转变，文化消费日益成为大众消费的重要组成部分，并呈现出多样化的发展趋势。文化消费在社会、经济、文化、政治、生态文明发展中扮演着越来越重要的角色，它以文化产业为依托，以其依赖于有形载体又超越有形载体的精神性，依赖于精神愉悦又超越单纯精神愉悦的教益性，依赖于一般商品的物质性又超越商品表层的创意性和教化性而深刻地影响国民道德意识、精神生活水平乃至国家整体文化实力的提升。

在开拓文化消费市场，服务中国—东盟共同体建设上，中国与东盟合作具有独到的优势和有利的条件，在推动文化消费与打造文化符号及开拓消费空间上具有深化合作的广阔空间和前景。中国与东盟双边在民间具有许多共同的文化渊源和认同的文化符号。郑和下西洋，开启了"海上丝绸之路"和中国与东盟经济贸易和文化交流的先河，用贸易和文化的纽带将中国与东南亚连接在一起，不仅是中国与东南亚文化交流源远流长的历史见证，而且是中国对外文化交流与合作形象的重要品牌。东南亚地区很多人民仍把"郑和"奉为神灵，建立专门寺庙供奉崇拜，"三宝"或"三保"都是对"郑和"的尊称，比如泰国曼谷的"三宝塔"，大城南部的"三保寺"；马来西亚马六甲的"三保山"、"三保庙"、"三保亭"、"三保井"；印尼爪哇的"三宝垄"、"三宝洞"以及"三宝公庙"；泗水还建有专门纪念"郑和"的"拉都庙"；等等。这些文化地标不仅是双方人民多年友谊的象征，更为当地的旅游业带来不菲的收入。追本溯源，发掘更多双边人民喜闻乐见的文化符号，将开拓消费空间围绕文化符号进行，文化产业的发展水到渠成。

　　在新的历史条件下，这些文化符号还可以担负起塑造中国国际形象、促进中国—东盟文化交流的历史重任。在中国—东盟命运共同体框架下，发展文化产业具有其自身优势，中国作为蕴藏丰富文化资源的大国有能力提供形式多样、内容新颖、为双边人民喜闻乐见的各类文化产品。与此同时，中国庞大的市场和日益增长的需求，也为东盟国家文化及其产品的生产与销售提供了市场前景和消费空间。

四、产业结构升级优化的内在动力

　　近年来，随着经济的快速发展以及国际环境和国内条件的变化，我国经济发展的传统优势要素也出现了新动向，劳动力数量规模在总体上开始下降，人力资本的优势以及劳动力素质在不断提高，资本数量积累增速放缓，资本存量质量优势逐渐发挥，可用土地数量减少，土地综合利用率逐步提升，技术引进效应衰减，技术创新能力亟须提高，资源供应紧张伴随着环境成本愈发提升，这些变化是我国经济发展面临的新情况新问题，也在客观上对我国调整产业结构提出了相应要求。

　　综观国际大环境，印度、巴西、南非以及一些东盟成员国，这些发展中国家先后步入工业化阶段，对全球经济格局、资源能源供求关系产生了重大影响，导致我国原有的竞争优势出现新变化。从我国的实际状况来看，产业结构升级改善面对一些迫在眉睫的问题，需要合理转移农村剩余劳动力，实现产业升级与就业保障两不误，保证产业转移与劳动力就业同步推进。面对我国大量的人口基数以及传统产业转移升级形成的劳动力数量的大量叠加，对就业市场提出了挑战，也对产业的发展形成了新的期待。第三产业作为服务型行业，作为构成这一产业的部分劳动密集型产业在这方面就具有独特优势，通过第三产业的发展弥补因为产业结构转型引发的社会就业机会减少，是一个相对客观的判断和较为乐观的选择。其中，加快文化产业的发展就是一个最为重要的选项。为加快文化产业发展，我国先后制定了一系列产业振兴规划、产业投资指导目录、金融支持政策等，意在大力促进文化产业的发展。在"十三五"时期，更是增加了对知识产权保护的力度，为创意产业及文化产业的发展带来了利好消息。可以说，文化产业面临着千载难逢的宝贵发展机遇。2004 年至 2013 年，全国文化产业年均增长速度在 15% 以上，2013 年我国文化产业增加值达到 2.1 万亿元，占 GDP 的比重为 3.77%[①]，已经成为国民经济发展的一个重要产业。

文化产业在国内产业升级的发展毋庸置疑，在中国—东盟命运共同体建设的大环境下，具有同样重要的作用。众所周知，中国—东盟自由贸易区建设进展顺利，促进了中国—东盟双边贸易增长。2012 年，中国—东盟双边贸易额达到 4001 亿美元，年均增长 22%，是 2003 年的 5.1 倍。中国已连续 4 年成为东盟的第一大贸易伙伴，东盟也成为中国第三大贸易伙伴。2014 年，《中国—东盟全面经济合作框架协议》签署 12 周年，中国—东盟自由贸易区建设与发展不断深化，中国—东盟双边贸易稳步增长。根据海关数据显示，2014 年，中国—东盟双边贸易额达到 4801.25 亿美元，同比增长 8.2%，高于同期中国对外贸易 6.1% 的平均增幅，再创历史新高。其中，中国对东盟的出口达到 2717.92 亿美元，同比增长 11.4%；中国从东盟的进口达到 2083.32 亿美元，同比增长 4.4%，贸易顺差为 635.20 亿美元。中国成为东盟的第一大贸易伙伴，东盟是中国的第三大贸易伙伴、第四大出口市场和第二大进口来源地。[②] 2014 年，我国对东盟出口重点产品包括电子产品、钢铁、机械产品、针织服装、家具产品，自东盟进口重点产品包括珍珠宝石、矿物燃料、塑料及其制品、机械产品和电子产品。

尽管中国—东盟双边经贸合作取得喜人的成绩，但要清醒地看到，在总

---

① 中华人民共和国国家统计局：《中华人民共和国 2013 年国民经济和社会发展统计公报》，2014 年 2 月 24 日。

② 国家统计局国际统计信息中心、广西壮族自治区统计局、国家统计局广西调查总队：《中国—东盟国家统计年鉴 2016》，中国统计出版社 2016 年版，第 216 页。

量不断攀升的背后，还存在着双边贸易结构的突出问题。从双边贸易的产品结构看，我国与东盟国家的经贸往来主要集中在初级农产品和制造业领域，我国对东盟国家的进口主要是初级农产品、矿产品等，东盟对我国的进口主要是机械、轻工、电子产品等。随着我国劳动力成本的上升，以及东盟国家工业化的推进，国际代加工工业的重心逐步向东盟国家转移，部分低端产业从中国转移至东盟，东盟市场对中国制造的需求逐步集中在中高端产品上。为了保持我国与东盟国家密切的贸易往来，减少甚至消除贸易逆差，除了创新高新技术类产品，大力发展文化产业也是重要选项之一。因此，大力发展文化产业，可以应对产业结构升级优化的要求，解决劳动力的就业问题，还可以改善双边产品的贸易结构，以文化产业的发展增加对中国与东盟双边经济增长的贡献率，推动双边文化产业的合作交流，为中国—东盟命运共同体建设增添新的动能及注入新的活力。

第二节　软实力

"软实力"强调一个国家的文化、外交、政治对他国的影响力和吸引力，主张通过非强制手段发挥作用及实现目标，可以体现在一个国家的思想吸引力、制度感召力和文化影响力。就中国—东盟命运共同体建设而言，软实力可以在跨境民族的联结纽带、平等互利的大国风范以及复兴崛起的中华文化上得到体现。

一、软实力视野中的动力依赖

作为文化力研究的重要范畴，软实力（Soft Power）最早是在 1990 年由哈佛大学教授约瑟夫·奈（Joseph S. Nye）提出。在约瑟夫·奈看来，软实力是与硬实力相比较而言的，与军事和经济实力这类有形力量资源相关的硬性命令式力量形成鲜明对照，表现为一种人随我欲及左右他人意愿的能力，与文化、意识形态以及社会制度等这些无形力量资源紧密关联。软实力也是一种间接的或者同化式的实力表现，这种同化式的实力主要体现在一个国家的思想吸引力，或者确立能够在多大程度上体现别国意愿的政治导向的能力。①

"软实力"概念为国际社会和学术界所广泛关注，并为国际关系的研究提供了一个新视角。学界普遍一致认为，何谓国家"软实力"？其主要是一个国家以"非强制方式"运用全部资源以争取他国资源达到理解、认同或合作的一种能力，而这种能力通常表现为一个国家对其他国家的吸引力、同化力、感召力和动员力。"软实力"具有一些显著有别于硬实力和巧实力的特征，即非强制性、渗透性和内驱性。"软实力"使用柔性方式来实现自己的战略目标，主要通过非强制性的手段，强调以吸引、劝说、诱导等方式，使他人与自己合作或做自己想让他人做的事。软实力发挥作用的过程潜移默化，通过一点一滴的渗透，将自己的观点、愿望、意识等传递给对方，以影响和改变对方的立场、意图甚至行动，使对方做出的选择是自愿的，同时又是己方所预期的。此外，软实力的增长与否取决于本国资源的增减以及本国对于资源的运用能力，有赖于本国与国际社会的有效互动，但其内在驱动力仍然是本国的资源及运用能力。"软实力"涉及面很广，比如政治软实力、文化软实力、外交软实力等诸多领域，其中，"文化软实力"不容忽视。

文化软实力是一个国家整体软实力的重要组成部分，其主要是指一个国家的文化资源及其软性运用过程中所产生的一种维护国家利益、实现国家战略目标的能力和水平。需要明确的是，文化成为"软实力"的建设及实现是一个循序渐进的过程，文化资源转化为文化"软实力"还需要满足一些必要条件，如文化具有吸引力，有推广普及的政策，他国人民愿意接受所推广的文化等；在转化为"软实力"的过程中，不同层次的文化发挥着不同的功能；文化发挥"软实力"的作用，主要是通过文化的交流与传播以及国家在各个领域、各个层次的对外活动来实现。可以看到，文化"软实力"

---

① ［美］约瑟夫·奈：《美国定能领导世界吗》，何小东、盖玉云译，军事译文出版社1992年版，第25页。

需要以文化产业为载体发挥影响力，中国—东盟命运共同体需要中华文化"软实力"的辐射，中国也需要发展文化产业来扩大自己的软实力。

二、民族文化的联结纽带

中国与东盟国家山连山，水连水，二者的民族文化有着共通之处，具有深厚的历史渊源。中国西南地区与越南、缅甸、老挝等东盟国家接壤，具有相似的地理环境和气候环境，中国与东盟国家形成了生活方式相近或相似的民族文化。各国民族在长期的生产劳作中创造了各具特色又密切联系的民族文化，通过语言、服饰、建筑、风俗习惯等体现出来。

在源远流长的历史长河中，民族起源、人口迁移、文化交流等因素促使东盟国家与中国形成了多姿多彩的民族文化形态，这些丰富的民族文化资源构成了中国与东盟国家文化产业交流与发展的扎实基础，维系和推动着双方文化产业的共同发展。据民族学相关研究成果，在中国西南部与东南亚国家边界线两侧或附近地区，在族源、语言、文化特征等方面有相同或相近的民族有 16 个，主要是壮、傣、布依、彝、哈尼、拉祜、傈僳、景颇、阿昌、怒、佤、独龙、德昂、布朗、苗、瑶，这些民族大多因自身所处的环境相对封闭，行为模式及生活方式受文化的影响更大。那文化、佛教文化、华人文化等共同孕育了中国—东盟各国民族的文化认同理念。[1] 中国与东盟国家陆地接壤或隔海相望，民族众多，文化相近，人文相通，发展文化产业加强民族交往和文化交流，有利于发挥文化软实力的作用，夯实双边合作的民意基础和社会力量，为建设中国—东盟命运共同体增添动力。

此外，我国文化产业发展的一大瓶颈在于文化创意的匮乏，散居在中国与东盟国家边界线两侧或附近地区的民族，地理条件大多山高谷深，交通不甚便利，但又保留下了丰富的自然景观资源和民族文化资源，蕴藏着无限的文化创意。中国广西东兴万尾京岛与越南芒街万柱岛，两者具有地理位置相

---

① 覃玉荣：《中国—东盟跨境民族文化产业发展与合作》，《广西社会科学》2012 年第 11 期，第 168—171 页。

邻的优势且都拥有京族的民族文化基础，但双方由于边境相隔了解互动甚少。如果能够建成中国东兴万尾和越南芒街万柱国际旅游岛，不但可以深化中国和东盟的文化交流与合作，加快广西地区与越南旅游业的对接，还可以扩大其旅游经济的国际影响力，并且加强京族传统文化的扩散与传承。民族交往及文化认同不仅是文化产业发展的核心内容，也是中国—东盟命运共同体构筑身份认同、价值认同的一个重要基础，能够为文化产业在中国—东盟命运共同体建设中的作用发挥提供内生动力。

三、平等互利的大国风范

随着中国与东盟关系的深化和发展，双边的联系日益加强且关系日益密切，中国的发展离不开东盟国家的支持，中国的前途命运也同东盟国家的前途命运紧密联系在一起。当今世界正处在大变革大调整时期，中国和平发展的宏观背景是世界格局深刻变化、国际关系错综复杂、国际体系调整重塑下的和平发展。如何化解一些国家的阻挠和压力，消除周边国家的警惕质疑，又以何种形象和角色参与融入国际体系中，履行自己的义务和责任，都是事关甚至决定中国能否顺利实现和平崛起的重大现实问题。在冷静应对和妥善处理这些问题上，文化产业的发展及其国家间的合作具有极其重要的战略意义，以文化产业为载体所展示的文化软实力，在表现中国平等互利的大国风范方面具有不可估量的作用。

自 20 世纪 90 年代冷战结束以来，中国在东南亚国家中的形象不断提升，东南亚也成为中国塑造负责任大国形象和推进"和谐世界"的重要示范区。一方面，中国从意识形态对立的"威胁者"转变为负责任大国的"合作者"；另一方面，随着中国的崛起，国际社会的制衡和挑战不断增加，"中国威胁论"的不和谐声音还具有一定的市场。在未来与东盟的交互中，中国不仅要依托日益成熟的传统外交，还要通过软实力的影响和辐射来加强在东盟国家的形象塑造，不但要保持"合作者"的形象，更要塑造"成熟战略合作伙伴"的形象。具体来说，中国—东盟命运共同体需要文化产业的发展带动双方的交流了解，中国需要通过文化产业这一平台在中国—东盟命运共同体建设中展现中国和平友好、互利互惠的大国风范。

2003 年，中国—东盟双方确定面向和平与繁荣的战略伙伴关系后，一直遵循"与邻为善、以邻为伴"的周边外交方针，积极奉行"睦邻、安邻、富邻"的周边外交政策，与东盟各国互利互惠、合作发展。在这种大环境下，文化产业也迎来了蓬勃发展。中国方面，以与东盟国家接触最紧密的广西为例，借助举办首届中国—东盟博览会及相关主题活动的机会，2004 年广西文化产业增加值达到 125 亿元，同比增长 11%，占广西地区生产总值的 3.3%。① 在"两会一节"连续成功举办后的几年，文化产业也得到了稳步发展。从 2007 年到 2010 年，广西文化产业增加值、法人单位数量和从业人员数量 3 项指标，除了文化产业增加值在 2010 年略有回落，其余数值都在稳步增加。东盟方面，以泰国电视剧在中国的发展为例，从 2003—2011 年引进境外电视剧目录来看，总量呈逐年上升趋势，从 2007 年占我国电视剧播放总量的 1.27% 到 2010 年占总量的 11.84%②，泰剧的热播也带动了大批中国人赴泰旅游的热情。文化产业的发展，带动了双边民间的互动交流，使命运共同体中的各国人民通过文化产品感受到来自对方的善意，并呼唤更加深入的合作和交流。

面对复苏乏力的全球经济发展新形势，纷繁复杂的国际和地区发展新局面，中国积极传承和弘扬"丝绸之路"精神，很好地展现了负责任大国的良好形象，得到了有关国家的广泛赞誉。2013 年 9 月和 10 月，习近平主席在出访中亚和东南亚国家期间，先后提出共建"丝绸之路经济带"和"21世纪海上丝绸之路"的重大倡议。建设"一带一路"是一项造福世界各国人民的伟大事业，可以促进"一带一路"沿线各国经济繁荣与区域经济合作，加强不同文明交流互鉴和传播，促进世界的和平发展。"一带一路"作

---

① 李建平主编、广西社会科学院编：《2006 年广西蓝皮书：广西文化发展报告》，广西人民出版社 2006 年版，第 163 页。

② 陈荣：《泰国电视剧在中国的传播研究》，重庆大学硕士学位论文，2011 年，第 19 页。

为一个文化遗产和中国政府的重大倡议，进一步提升了中国国家的文化软实力，也为文化产业在中国—东盟命运共同体的发展提供了新的方向要求和动力依赖。

四、复兴崛起的中华文化

从人类社会发展进程看，世界上任何一个国家的崛起和发展，不仅面临着来自国际社会和国际体系的外部压力，而且面对来自国内经济发展重大转型带来的内部挑战。国家的崛起和民族的复兴，不仅需要具备雄厚的硬实力，更加需要具备强大的软实力。与历史上的其他大国一样，中国要真正实现和平崛起，既离不开强大的硬实力，也必须具有与此相适应的软实力。东南亚周边形势复杂，中国、美国、日本、印度等多方力量在东南亚交错混杂，区域间的隐性较量及显性对抗不同程度存在。中国作为一个发展中的社会主义大国，要实现和平发展、发挥与自身地位相适应的大国作用，要影响周边国家，稳定区域局势，肩负起大国的责任，就不能不重视"软实力"的建设与运用。

"软实力"的建设离不开发展文化产业，离不开复兴中华文化以及传承弘扬中华文化的华人华侨，在这方面具有独到优势和有利条件。华人华侨移居东南亚历史悠久，带去了中华民族的传统文化、风俗习惯、生活方式，扩大了中华文化的影响力。发展文化产业，在中国—东盟命运共同体建设中复兴中华文化，既有其历史渊源，又具有现实意义。2013 年 11 月，习近平主席在山东曲阜考察孔府和孔子研究院时强调指出，一个国家、一个民族的强盛，主要是以文化兴盛为其重要支撑的，中华民族伟大复兴需要以中华文化发展繁荣作为重要条件。纵观 5000 多年历史，中国的兴盛时期无不是中华文化独领风骚的时期。纵观古今，每个时期的文化繁荣必将带来一个鼎盛的时代，春秋战国时期的百家争鸣，带来了中国长达千年的世界领先地位。历史经验表明，中华民族的伟大复兴需要加强中华文化的亲和力、吸引力、影响力和传播力，在这方面，"孔子学院"作为新时期中国对世界宣传和阐释

"和为贵"思想的重要载体，对于传播中华文化，加速推进中国—东盟命运共同体建设具有重要的历史意义和现实作用。孔子学院作为由中国国家对外汉语教学领导小组办公室专门设立的非营利性社会公益机构，主要是增进世界各国对中国语言文化的了解，承担推广汉语和传播中国文化与国学教育的任务，一般下设在国外大学或研究院等教育机构。[1] 目前已在东盟 6 个国家建立 18 所孔子学院和 14 个孔子课堂。[2] 建设孔子学院这一传播中华文化的载体，使得中华文化崛起以及提升国家文化软实力不再是流于表面的口号，通过大力发展文化产业，潜移默化地建设和夯实软实力，复兴中华文化，由内而外地增进中国—东盟双边民众的民间交流和友好往来，促进东南亚人民对中华文化的了解，有利于中国与东南亚国家友好关系的深入发展，能够为推进中国—东盟命运共同体建设奠定坚实根基。

中华文化的复兴是中华民族复兴的必然要求和实现途径，也为中国—东盟命运共同体的价值认同打下基础。中华文化的复兴必须要做到"一略三力"：将文化强国上升到国家战略层面，让文化服务于国家"软实力"建设；要认同文化在社会发展中的黏合作用，实现文化的原动力；要实现文化对经济增长的拉动作用，实现文化的拉动力；要让文化为国家发展提供源源不断的思想动力，实现文化的创造力。

第三节　巧实力

"巧实力"强调硬实力与软实力的有机结合，主张根据情景变化灵活运用硬实力和软实力，巧妙应用政治、经济、军事、文化、法律和外交等手段，以硬实力与软实力的有机结合实现国家战略目标。就对中国—东盟命运共同体建设而言，巧实力可以在提升文化产业的价值引领内涵、融合软硬实

---

① 肖萌：《全球化背景下孔子学院的文化传播功能探析》，《现代传播》2018 年第 3 期，第 167—168 页。

② 翟崑：《中国在东南亚的国家形象》，《公共外交季刊》2011 年第 4 期，第 13—20 页。

力消除隔阂增强互信以及促进跨国文化消费实现共赢上发挥作用。

一、巧实力视野中的动力依赖

学术界一般认为，作为文化力研究的新范畴，"巧实力"一词是由苏珊尼·诺瑟首先提出，约瑟夫·奈进行深入阐释，希拉里·克林顿首先在官方使用并作为美国外交新政策引起国际社会广泛关注。"巧实力"的提出是近十年的事情，它的出现又具有深刻的社会背景。

2001年，美国遭受"9·11"恐怖袭击，造成巨大损失和民众恐慌，一些专家学者都在思考和研究造成这一悲剧的根源。作为美国常驻联合国代表霍尔布鲁克的助理，苏珊尼·诺瑟将其归咎为美国保守主义者一直奉行的"单边主义"战略，其认为是美国新保守主义以"单边主义"的强硬军事手段来推行民主保障人权政策的失败，这些政策和行动损害了美国形象，造成了对立和对抗，因此，要痛定思痛，摆脱困境，需要改变依赖单一手段的做法和诉诸武力的强硬姿态，综合运用包括外交、文化、政治、军事等在内的各种手段，根据情景变化灵活运用硬实力和软实力，推动外交策略和外交手段的转型，以实现美国的外交目标。① 哈佛大学教授约瑟夫·奈对"巧实力"做了进一步阐发，要求重新思考软实力以重视巧实力，认为对硬实力的单独依靠或对软实力的单独依靠都是错误的，美国过度依赖军事手段、武力威胁等硬实力，欧洲国家过度强调文化、制度等软实力，有效的途径和方式应该是硬实力和软实力结合形成的"巧实力"。2009年，希拉里·克林顿在美国国会参议院外交委员会举行的听证会上首次官方使用"巧实力"一词，强调政策工具组合要包括政治、经济、外交、军事、文化、法律等，协调整合所有国家力量要素。

巧实力强调软实力与硬实力的结合，在如何结合的问题上，约瑟夫·奈提出了"环境智慧"的理念，需要依据环境的变化，将外交策略与实现目

---

① ［英］约瑟夫·奈：《美国成为高明大国的途径："巧实力"》，高浩译，《参考消息》2009年7月5日。

标进行匹配，根据环境的变化依据直觉的判断技巧制定聪明的战略。洪晓楠、李琳（2014）认为，巧实力具有灵活性和综合性的特点，强调根据环境及条件的变化灵活调整策略，巧妙应用政治、经济、军事、文化、法律和外交等手段，以硬实力与软实力的有机结合保护和实现国家的战略目标和根本利益。[①]"巧实力"的思想和理念对于中国—东盟命运共同体建设具有指导意义，双边关系发展中一些历史遗留的复杂敏感问题，在双边关系总体向好的背景下，需要运用政治智慧和高超策略加快破解。"巧实力"的环境智慧思想和权宜应变特点，对于推动中国与东盟双边有效化解矛盾和分歧，推进中国—东盟命运共同体建设具有重要意义。

二、提升文化产业内涵，凸显文化价值核心

"巧实力"视角下的文化产业，并不是文化和产业的简单相加，而应当是二者的有机结合和良性互动，体现为经济发展推手的显性功能和思想文化潜移默化的潜在价值。一方面，文化产业作为第三产业的有机组成部分，它的发展能够优化三大产业在经济社会发展中的结构比例，直接成为经济社会发展的动力和推手，协调、繁荣、快速发展的文化产业能够为双边的合作交流贡献物质成果，深化双边在文化及其产业上的合作交流，夯实双边文化产业合作及发展的物质基础；另一方面，文化及其产业的精神产品性质和意识形态属性，使其区别于一般意义上的产业形态，它在对经济社会发展作出贡献的同时，充分利用山水相连、人文相通、习俗相似的有利条件，能够产生超越经济层面的作用，作为一种非物质力量对人们的思想观念、价值取向、目标愿景等产生直接或间接的影响，推动双边的身份认同、文化认同、价值认同和愿景认同，以硬实力和软实力的巧妙结合富有成效地建设中国—东盟命运共同体。

就经济发展重要推手的显性功能和思想文化潜移默化的潜在价值而言，

---

① 洪晓楠、李琳：《约瑟夫·奈的"巧实力"理论及其对中国的启示》，《江海学刊》2014 年第 3 期，第 221—223 页。

首先应该强调的是经济发展推手的显性功能，在这一功能充分发挥的基础上，思想文化潜移默化的潜在价值才有可能实现。也就是说，只有文化产业的充分发展以及双边文化产业合作具有丰硕成果时，文化产业的精神产品性质以及思想文化的潜移默化功能才能得到有效实现。由于中国—东盟命运共同体建设是由我国率先倡导，我国的作用发挥在中国—东盟命运共同体建设中具有举足轻重的作用，因此，解决我国文化产业发展的短板，加速我国文化产业的发展进程，以文化产业的发展优势来推动和引领双边的文化产业合作进而推动中国—东盟命运共同体建设，就成了一个十分迫切和相当紧要的问题。对于我国文化产业发展的问题导向，中国文联主席团委员、中国民间文艺家协会副主席罗杨用"四缺四不缺"进行了概括，即我国的文化产业发展不缺少创新的激情，缺少对传统的继承；不缺少对外开放的勇气，缺少文化走出去的能力；不缺少国家对文化的资金投入，缺少精品力作的大师级人物的诞生；不缺少历史文化的资源，缺少当代文化的传承和发展。① 可以说，"四缺四不缺"的概括一语中的，一针见血，切中要害，意味深长。也应看到，这些年我国文化产业取得长足发展，文化产业增加值逐年提升，对经济发展的贡献率越发明显，但我们也必须认识到，文化产业园区空心化、主题公园亏损倒闭等问题不绝于报端，这些伪文化产品的出现和衰落都表明，我们的文化产业在真正做到以文化为核心以及加强文化的凝聚力上还有很多工作要做。一方面，产业的发展并不能持久，我国的文化产业发展空有产业外壳，没有文化内涵，缺乏有生命力、有代表性、有传承性的文化为依托，致使文化产业无法发展内在需求，没有长久发展的内在支撑，造成我国文化企业产业化后不能持久的现象。另一方面，没有文化内核的文化产业，无法完成价值观的输出，无法加强双边人民的情感交流与友谊互动，这样的文化产业除了能够谋取一时之利外不能带来长远深入的影响，并不能算是一种完整意义上的"巧实力"。

---

① 李慧：《新"丝路"要有新"思路"》，《光明日报》2015年7月30日。

综观国际文化产业的发展，在兼具经济功能和文化属性方面，一些国家的成功做法和产业模式具有独到之处，在带来良好产业效应的同时，也实现了文化观念及思想价值的输出宣传，很好地发挥了文化及其产品潜移默化的熏陶和灌输。根据这样的理解，文化产业的良好发展模式并不局限于将人文与山水风光融为一体的《印象·刘三姐》山水实景演出模式，韩国通过电视剧《大长今》输出本国传统文化掀起一股"韩流"文化风潮的模式有其独到之处。在影视剧合作方面，中国与东盟国家已有良好的开端，中国电视剧《甄嬛传》在越南和《木府风云》在老挝等热播。值得一提的是，越南相继翻拍了我国众多电视剧如《还珠格格》、《花千骨》等，都在越南人民中引起收视热潮。影视剧的翻拍权交易可以发展成为我国与东盟文化产业深化合作的一个重要领域，如果能像众多韩国电视剧一样，在影视剧中增强文化形象展示和文化价值输出，就能为中国和东盟国家的合作交流增添新动力。在国际关系新形势下，文化产业不仅要以产业为载体，还要注重以文化为核心，为文化产业注入源源不断的内生动力，发挥其思想引领及价值导向作用。

三、巧妙融合软硬实力，消除隔阂增进互信

"巧实力"不是硬实力和软实力的简单相加，也不是二者的机械结合，而是硬实力和软实力的有机结合及良性互动，其核心要义从约瑟夫·奈"环境智慧"的视角可以得到说明。"环境智慧"强调环境条件、手段策略和预期目标的有机统一，根据环境条件的变化，采取灵活的手段策略，最后推动成果实现和目标达成。可看出，"巧实力"及"环境智慧"的思想，更多的是体现一种思路和理念，它拒绝冲动和感性，崇尚谋略和理性，以智慧的谋略来从容应对和有效化解来自环境的挑战。因此，从"环境智慧"的视角来理解把握"巧实力"的思想内核，根据环境的变化来体现智慧、依托智慧、运用智慧，以消除隔阂、增进互信，妥善解决横亘在中国与东盟双边不能绕开的遗留及敏感问题，有益于推动中国—东盟关系的新突破新发

展，也有益于大力推进中国—东盟命运共同体建设。

现阶段，中国与东盟的合作领域相当广泛，已经覆盖到了包括经济、政治、文化、科技等相当广泛的领域，十几年的合作交流成果相当巨大，存在的困难和问题也需要直面。

对于如何实现巧实力的国家战略，约瑟夫·奈认为需要经历明确目标、可用资源、评估影响目标的资源与偏好、在软硬权力间选择、评估实现目标可能性等五个步骤①，这一思想对于在复杂多变的国际政治格局中推动国家的软实力建设，善于运用巧实力，增强国际吸引力和影响力，发展和推动中国与东盟国家关系，实现中国—东盟命运共同体的建设目标，具有很好的启发和借鉴。

四、促进跨国文化消费，实现合作共赢目标

随着人类社会从工业社会向后工业社会的发展，文化消费成为主要发展趋势并引起了人们的广泛关注，它不仅要满足人们的消费欲望，而且还要满足人们的精神需求，人们通过文化消费得到了精神慰藉。很多学者认为，文化消费主要是指人们通过对精神文化类产品及精神文化性服务的占有、欣赏、享受和使用，来消费精神文化产品和精神文化服务的行为，其目的是为了满足精神文化生活需要。文化产业具有自身的发展规律，其"反经济周期增长规律"说明文化产业在经济不景气时的逆势上扬所产生的"口红效应"，人们在物质生活条件匮乏的时候，对精神文化却具有强烈的消费欲望，能给消费者带来心理慰藉。②

文化产品的公共产品属性，非排他性使其跨越地理及时空条件的限制，对于消费主体不具有选择性。中国与东盟国家由于特有的地理区位及经济、

---

① 张晓萌：《约瑟夫·奈："软实力"到"巧实力"的战略家》，《学习时报》2012年10月8日。

② 邱羚：《我国文化消费的理论与实证研究》，《商业经济研究》2011年第36期，第22—23页。

文化、政治因素影响，双边在文化消费上具有特定的情节和特殊的联系。中国—东盟传统文化源远流长，博大精深，互相学习，互相借鉴，分别孕育和发展了辉煌灿烂的中国与东南亚地区民族文明。中国与东盟的共有文化内涵丰富，既包含生活制度、家庭制度、社会制度、思维方式、宗教信仰、审美情趣等不可见的隐性文化，也包含语言文字、诗词歌赋、琴棋书画、音乐戏剧、传统节日、饮食厨艺、衣冠服饰、传统医学、民族建筑、民间工艺、民风民俗、古玩器物等可见的显性文化。中国传统文化是东南亚国家多元文化的主要来源之一，东盟国家长期以来受到中国传统文化的深刻影响，对中国传统文化具有一种自然的熟悉和天然的感情，由此在东南亚地区形成了中国文化的消费传统和较为固定的消费群体，这是巧实力特别是软实力建设的极为有利条件。

在东南亚地区，中国文化产品和文化服务的消费主体，其构成除了华侨华人，还包括越来越多其他族群民众的加入，一定程度上说明了中国文化影响的不断深入和日益广泛。从东南亚地区民众对中国文化的消费看，具有不同类型的消费内容和消费项目，概括起来主要包括文化产品消费和文化服务消费两大类。就文化产品消费而言，主要集中在电影、电视剧以及图书、杂志以及音像资料等多媒体产品，其中电影的商业化运作所占比例不高，主要还是依托电影节、电影展等商业推动进行宣传和推介。从文化服务消费看，主要包括文艺演出、展览和教育培训（如孔子学院）等，承载的载体也随着时代的变迁发生了变化，早期以体现中国传统文化及具有区域文化元素的地方戏剧为主，20 世纪 80 年代以后，以戏剧、杂技、魔术、音乐、歌舞等传统文化表演形式为主，进入 21 世纪后，宗教艺术交流、中华民族传统节日的文化交流，中国与东盟国家邦交等"文化月"、"纪念日"等活动，以及绘画、书法、篆刻等文化交流及体育赛事，构成了中国与东盟合作交流中文化服务的广泛内容。从结果和成效看，中国的文化产品和文化服务在东南亚地区还有相当大的潜力可以挖掘，存在着较大的发展及提升空间。以中国文化产品为例，其呈现出结构性差异，中国影片在东南亚上映的数量相当少，票房所占比例不大，总体上的消费和整体上的影响仍有局限，与此形成鲜明对比的是，中国电视剧在东南亚播放的数量较多，影响的范围也比电影广，数据显示，中国电视剧的海外收入约占总收入的20%，其中大部分来自东南亚地区，说明了中国电视剧在东南亚地区的较强影响力。①

在当今世界，文化消费从国内市场走向国际市场，推动更多的文化产品和文化服务的输出，使之成为国际贸易的有机组成部分和国家文化软实力的重要承载，对发展文化贸易、维系国家关系、建设区域共同体具有持续而重要的影响力。同时，文化消费不是一般性消费行为，是特定的物质形态与价值形态的消费，以文化产品和文化服务为主要内容的文化消费在增进民间交往，增进国际合作中具有重要作用。伴随着人们的消费结构从单一性消费向多元性消费转变，从以实物为主的消费向实物消费和文化消费并重的现代消费模式转变，对文化产品文化服务及其文化消费的供给提出了挑战和要求。在中国—东盟命运共同体愿景下，中国的文化产品和服务需要结合东南亚地区的特点，融入东盟各国的文化要求，体现中国文化的精髓和价值追求，产出为东盟国家民众喜闻乐见和认同接受的文化产品和文化服务，形成中国对东南亚地区文化产品的有效供给，发展和做强中国与东盟国家的文化贸易，是文化产业服务中国—东盟命运共同体建设需要考虑的关键问题，也是巧实力在服务中国—东盟命运共同体建设的一个力量支点。

---

① 吴杰伟：《东南亚的中国文化消费》，《东南亚研究》2012年第1期，第102—106页。

第六章 路径选择：文化产业推动
中国—东盟命运共同体
建设的治理架构

本章以治理理论为指导，探讨政府、市场、社会的角色扮演和作用发挥，聚焦文化产业发展以及中国—东盟命运共同体建设的依托主体问题。强调在文化产业的发展中，要发挥好政府、市场和社会的作用，利用多元协调主体的各自优势，来协同推进文化产业的发展，从而在更大程度上服务中国—东盟命运共同体建设。

第一节 政府主导

瞄准中国—东盟命运共同体建设，大力发展文化产业，需要进一步强化政府职能，充分发挥政府的主导作用。一方面，我国的市场环境仍然在发育阶段，市场制度以及自身的协调能力都不够完善，需要政府进行宏观指导；另一方面，我国的文化产业发展与西方相比存在差距，要想加快步伐追上发达国家的进度，必须以政府强有力的统筹规划，通过文化政策的制定实施来主导产业的发展升级。

政府对文化产业的扶持和推动，主要是通过文化政策的制定和实施来实现的。文化政策可从三个维度来进行界定：一是"政策在性质上是否属于国家政策"，二是"政策是否针对产品和实践"，三是"政策所针对的产品和实践对象是抽象化的还是具体化的"。在此界定下，文化政策可以表述为"国家针对抽象化产品和实践的政策"。① 联合国教科文组织将"文化政策和措施"表述为：在地方、国家、区域或国际层面上，针对文化本身或为了个人、群体或社会的文化表现形式，所产生直接影响的各项政策和措施，主要包括与创作、生产、传播、销售和享有文化活动、产品与服务相关的政策和措施。可以看到，政府的文化政策覆盖了文化产品与服务从生产到消费的全过程，即政府是文化政策制定和实施的主体，这一政策行为涉及文化产品及服务从生产到消费的全过程。

一、经济转型下的大文化战略选择

大文化泛指广义的文化内涵，其与物质文明相对应，包括了作为精神文明有机组成的领域和产业，涵盖哲学社会科学、新闻出版、广播影视、文学艺术、思想道德、科技、教育、卫生、体育、旅游等广大领域，覆盖了从文化艺术业、广播影视业、新闻出版业、信息服务业、教育业，到医疗服务业、旅游业、体育业、广告业等全面领域。② 大文化发展战略就是要统筹协调、全面推进包括核心层、外围层和相关层在内的文化产业所有领域的建设发展。

当今社会，世界文化与经济交融发展日渐深入，不仅为经济发展提供强大精神动力，而且使文化发展的经济功能得到日益增强，尤其是在促进国家经济增长的贡献方面，其作用越来越显著，其成效也越来越明显。文化产业资源消耗低、环境污染少、科技含量高，是一种典型的低碳经济和绿色经济。在推动经济结构战略性调整和加快经济发展方式转变过程中，文化产业具有优化结构、扩大消费、增加就业、促进跨越、实现持续发展的独特优势。③ 在

---

① [英]戴夫·奥布赖恩：《文化政策：创意产业中的管理、价值和现代性》，魏家海、余勤译，东北财经大学出版社2016年版，第3页。

② 吴玉宝、齐书健：《试论"大文化"战略的目标内涵》，《大庆社会科学》2003年第6期，第22页。

③ 《党的十七届六中全会〈决定〉学习辅导百问》编写组：《党的十七届六中全会〈决定〉学习辅导百问》，党建读物出版社、学习出版社2011年版，第126页。

我国实施经济转型以及供给侧改革的大背景下，发展文化产业既是服务业的重要组成部分又服务着生产生活，抓住了文化产业就抓住了调整供给结构的突破口，有利于进一步优化经济结构和产业结构。此外，文化产业有利于扩大内需，增加就业，实现经济的可持续发展，其中也存在着政策及发展的导向问题。因此，实施大文化战略，发挥其综合效应势在必行。值得注意的是，文化产业能够为中西部地区跨越式发展做贡献，而且还有一定的作用力度和作用效应。热门综艺节目《爸爸去哪儿》选择在云南和湘西的边远山村录制节目后，该地区的旅游业就随之蓬勃发展了起来，这是非常好的例证。党的十八届三中全会后，我国的经济发展进入新常态，进入中高速发展时期，"全面改革、经济转型、产业升级"成为我国经济增长的新"三驾马车"。2009年，我国颁发的《文化产业振兴规划》明确将文化产业上升到国家战略的高度，着力将文化产业培育成为推动经济发展方式转变的战略性新兴产业。这不仅能够有效地利用文化产业资源节约型、环境友好型的特点，而且为我国的经济发展提供了新方向新思路。在这种大环境大趋势下，文化产业在中国—东盟命运共同体建设中的发展也需要政府战略性的政策进行统筹规划，大力发展文化产业是经济转型下政府主导经济政策的必然战略选择。

进入21世纪，文化产业逐渐进入良性循环的状态，不仅投资能够得到及时高效的回报，而且在扩大就业、增进税收来源、平衡地区发展等方面可以起到积极的作用。除了能够通过文化产业增强社会凝聚力以外，还可以通过文化投资对外输出提高民众在国际场合上的自豪感，进一步增强国际竞争力，增添有声有色的文化风情和文化内涵，推动大文化战略的实施，为大力发展文化产业营造有利环境和提供保障条件。

二、政府扶持下的文化产业促进政策

文化产业得以迅猛发展离不开政府的大力支持。政府需要大力推动和积极引导文化产业发展，关键是通过跨部门、跨地区合作，主导形成推动文化产业发展的管理体制和运行机制，为区域文化产业发展战略的实施保驾护航。

文化产业创新驱动的核心在金融，政府在相关政策上大可有所作为。党的十八届三中全会明确提出，要积极鼓励金融资本、社会资本与文化资本进行有机结合，推动文化产业的稳步、健康、快速发展。2014 年 3 月，我国文化部、中国人民银行、财政部共同出台《关于深入推进文化金融合作的意见》，以文化金融合作助推文化产业新发展，文化与金融合作已经成为我国文化创意产业持续发展的重要动力。由此，北京中传文化金融产业研究院院长王德恭认为，文化产业创新驱动的核心在金融。近年来，我国积极推动人民币跨境结算，重点规划区域金融中心，加快在沿海国家设置金融机构，通过亚洲基础设施投资银行（Asian Infrastructure Investment Bank）设立规模 400 亿美元的丝路基金等金融合作项目，这为推动文化产业在中国—东盟命运共同体建设中的稳步快速发展注入了新的动力和活力。相对紧密的金融合作不仅降低了双边企业进出口贸易的成本，提高了效率，也加深了双方合作的意愿，不断发展的金融政策也为我国文化产业实现"走出去"提供了良好的条件。

除了金融政策外，政府的扶持政策还应在更多方面有所体现。就国内的文化产业发展而言，国家层面在文化产业发展的目标和路线方针已经很明确，但是与之相适应的有针对性、可操作、能落地的财政、税收、土地、人才等配套措施还不够完善。目前，中央财政设立的文化产业发展专项资金主要用于支持文化企业项目补贴和奖励，受惠面窄且受益者多为大中型文化企业，而文化产业发展所急需的能够为产业发展提供服务的公共技术、投资融资、人才培养、展示交易、信息咨询等公共服务平台建设问题仍然需要采取切实有效的措施加以破解。这一状况也体现在文化产业在中国—东盟命运共同体的发展中，宏观性的战略指导逐步推进在各个层面的交流会议中均有体现，但可以落地的相关政策还在一定程度上有所缺失。文化产业想要在中国—东盟命运共同体中有所作为，中国的文化产业要想真正实现"走出去"，扶持政策亟待健全和完善，以便为文化产业的发展提供制度保障。

三、全球化背景下的跨国文化协作

早在 19 世纪中叶，马克思在分析资本主义社会基本矛盾的不可调和以及人类社会发展规律时，就对全球化背景下的文化全球化有过非常精辟的预测。在《共产党宣言》中，他针对资产阶级开拓世界市场后的变化，认为"过去那种地方和民族的自给自足和闭关自守的状态，被各民族的各方面的互相往来和各方面的相互依赖所代替了。物质的生产是如此，精神的生产也是如此。各民族的精神产品成了公共财产。民族的片面性和局限性日益成为不可能，于是有许多民族和地方的文学形成了一种世界的文学"。① 在马克思之后，丹尼尔·贝尔分析资本主义社会的现实发展，指出资本主义社会的发展困境，在《资本主义文化矛盾》中指出，"今天从地理上讲，世界的界限已经被打破。不仅在文学、绘画、雕塑、音乐这些传统框架之外的艺术范围，而且在这些框架之内的艺术范围也几乎是无边无际的。事态的发展不仅局限于艺术市场的国际化，也不仅导致了跨国戏剧，更有甚者，文化自身的范围也大大地被混淆了。"② 文化全球化的出现，不仅打破了世界范围内各地区和本土文化的限制，而且为人们的生活和文化方式提供了一种新的经验和图式。

全球化是当今世界一种覆盖面最广、影响力最大、渗透力最深、表现最突出的发展趋势，伴随第三次科技革命的到来，市场经济体制的建立健全和社会生产力的极大提高，全球化已经发展成为一种无处不在、不可逆转的历史进程。经济全球化的进程和成果已经为人们充分感受到，它又不可避免地对文化全球化产生影响，对超越国家界限的公共事务管理提出挑战，也对国际事务及全球事务治理的机制建设、功能发挥及目标实现提出了新要求。随着市场的形成、商品的流通，不同文化的交流，不同观念的碰撞，价值多元

---

① 《马克思恩格斯选集》第 1 卷，人民出版社 1995 年版，第 276 页。
② ［美］丹尼尔·贝尔：《资本主义文化矛盾》，赵一凡、蒲隆、任晓晋译，生活·读书·新知三联书店 1989 年版，第 149—150 页。

成为客观现实，不同的伦理观念、价值取向、思想文化及意识形态等也随之传播到各地，多元文化的交流、融合推进了文化全球化的进程，这种建立在经济全球化基础上的文化全球化，正伴随信息技术的极大进步和市场经济的普遍建立，而呈现出一种向纵深发展的趋势。经济全球化推动了文化全球化，文化全球化又推动了文化产业的国际化发展，它作为经济全球化和文化全球化的集中体现，不仅包含了物质成分又体现着意识形态的属性，体现为经济全球化的重要手段和载体，也成为文化全球化发展水平的一个重要观测点。要推动文化产业的国际化发展，跨文化协作合作必不可少，我国在这方面进行了一些卓有成效的探索和实践。歌剧《图兰朵》是19世纪末20世纪初意大利真实主义歌剧大师普契尼的最后一部作品。1998年9月，由中国对外演出公司与瑞士历史实景歌剧公司共同制作的意大利著名歌剧《图兰朵》"紫禁城版"，就是一部汇集了世界一流创作人员的博采众长之作，是一个跨文化协作的重大成果，标志着跨文化协作向更深层次的产业化、商业化方向迈进，也说明了跨文化协作需要有强有力的文化品牌支持和驱动。

文化产业在中国—东盟命运共同体建设中的发展，必然要经历文化产业的国际化发展阶段，这种发展离不开跨越国界、跨越地理界限的多个国家之间文化产业发展的协作合作，其中，跨国文化的协作合作必不可少。中国和东盟国家在文化产业上的跨国协作具有他人无可比拟的天然优势，中国与多个东盟国家山海相邻地理位置优越，东盟国家受我国儒家文化影响深远，"一带一路"建设又会深化双边的经济联系和贸易往来，为加强跨国文化协作和发展文化产业提供了新的可能和路径。在建设中国—东盟命运共同体背景下，文化产业国际合作前景广阔，跨国文化协作必定大有可为。

四、多元文化下的文化交流融合

一般认为，文化多元化是指一个国家或一个民族在社会发展的过程中，主要在继承本民族的优秀文化基础上，进行充分兼收并蓄其他国家或民族的优秀文化，通过不同文化之间进行取长补短，吸收借鉴，形成以本国或民族文化为主，外来文化为辅的百花齐放、百家争鸣的和谐社会氛围。① 即为费孝通先生的"各美其美，美人之美，美美与共，天下大同"，亦为《论语·子路》所载的孔子名言"和而不同"。

和平与发展是时代的主题，由于各种因素的影响，当今世界并不安宁，局部区域对抗以致冲突时有发生。在每个国家漫长的历史发展过程中都会积淀其独特文化，形成了具有本国特色和特质的"本文化"。在与"他文化"的反观中可以认识"本文化"，在坚守"本文化"时又要尊重"他文化"，推动"本文化"与"他文化"之间的尊重、理解、交流与融合，有利于增进理解共识，化解矛盾分歧，为增进民族感情和推动国家合作提供恒久动力。在推动不同文化的交流融合上，除了发挥包括民间组织在内的社会组织的作用，文化多元化下的交流融合更体现了政府意志和政府行为，更需要政府背书以及多方支持合作下的平台搭建。2014 年对于中国与东盟的文化交流是一个特殊的年份，它被确定为"中国—东盟文化交流年"并在缅甸内比都成功举办，可以看作是我国与东盟的共同努力，基于文化多元化下进行文化交流融合的成功尝试。中国—东盟文化交流年几乎贯彻于 2014 年全年，在此期间，中国与东盟国家开展了 120 余场各种形式的文化活动及项目，打造了中国—东盟文化论坛、电影周、南洋文化节等辐射范围广且有影响力的文化品牌，特别是作为重头戏的开幕演出突出了中国与东南亚国家密切的文化渊源：通过"源远流长"、"海内知己"、"同舟共济"等篇章的开幕演出，提炼描述中国与东盟一衣带水、海纳百川、同舟共济和共同展望"21世纪海上丝绸之路"的美丽画卷，成为认识"本文化"体验"异他文化"的窗口，共同感受中国与东盟各国文化互鉴互融、相映生辉的魅力。这些官方主导的促进多元文化交流融合的活动，以文化为纽带将中国和东盟国家更为紧密地联系在了一起，可以为深化合作交流，凝聚共同体意识发挥作用。

根据国际局势的变化和人类发展面临的共同课题，我国提出了共同建设

---

① 曹丽：《新时期学德育实效低的反思》，《文教资料》2014 年第 12 期，第 119 页。

"一带一路"的重大倡议，在平等及相互尊重的文化认同框架下促进合作共赢，既有利于文化产业顺势长足发展，又能通过文化产业使中国和东盟的多元文化更好更快地交流融合，进而体现和平共赢、包容理解、合作交流的共同意识和统一意志，可以促进中国与东盟双边更为密切的交流合作，能够为中国—东盟命运共同体建设提供精神动力和坚强支持。

第二节　市场推动

改革开放以来，我国文化产业发展与文化管理体制改革同步进行，两者是紧密关联的一体两面。党的十八届三中全会作出的《中共中央关于全面深化改革若干重大问题的决定》，强调发展文化产业要实现政府与市场的有机结合，既要发挥政府作为公共文化的主体在社会文化领域中的主导作用，又要发挥市场在文化产业资源配置中的决定性作用，对文化体制的改革和文化产业的发展产生巨大而深远影响。文化产业归根结底是产业，始终是市场经济的一部分，需要牢牢把握市场在资源配置中的决定性作用，稳步推进文化领域的市场化改革，着力探索和建立具有中国特色的文化产业市场体系，并通过我国文化产业的发展来带动和促进与东盟国家的文化产业合作。

一、注入东盟元素增强文化产品营销力

文化营销作为当今市场营销发展的一种新形式，主要是把商品作为文化的重要载体，通过市场交换进入消费领域，突出商品中的文化要素，体现商品中的精神文化追求，以商品中的文化内涵、文化价值等要素为特色，寻求与消费者的价值追求的契合，实现商品的营销目的。文化产业在中国—东盟命运共同体中的建设有其无法比拟的优势，东盟十国各具风情，有着丰富多彩的东盟元素。我国西南地区为国家重点支持发展的区域，文化产业具有与东盟国家文化交流和产业合作的先锋意义，自贸区的建设需要文化产业有大的发展，以促进双方的交流合作，同时服务国家外交战略。文化产业在这种

格局下要在市场中占有一席之地，需要借助或适应不同特色的东盟文化元素来开展营销活动，将东盟元素渗透到市场营销的组合中，推出有东盟元素特色的文化营销产品。

位于中国南疆的广西壮族自治区与东盟国家山水相连，无以替代的地缘及人文优势使其成为中国与东盟交流合作的前沿地带和活跃区域。依托中国—东盟自由贸易区的建成和中国—东盟博览会的有效平台，中国与东盟国家民众间的往来如同邻居串门般便利和热络。来自广西南宁市旅游部门的统计数据显示，2012 年，南宁市接待游客总人数为 5152.14 万人次，比 2003 年增长了近 400%；全市旅游总收入 403.89 亿元，比 2003 年增长了近 600%，当年接待的外国旅游者中，越南、泰国、马来西亚、新加坡、印度尼西亚成为前五名客源国。[①] 据南宁市文化新闻出版局介绍，南宁市加大"请进来"与"走出去"步伐，以凸显"东盟"内蕴为方向，将壮乡民歌的绣球抛向世界，成功打造了体现开放国际视野的"风情东南亚"晚会品牌，南宁国际民歌艺术节成为中国三大国际性音乐节之一。此外，南宁广泛参与东盟各地知名文化艺术节庆，中越青年大联欢、南宁·新加坡粤剧文化节等活动先后在南宁举办。漫步南宁街头，各种"东盟元素"随处可见。融合东盟传统风格的地标建筑拔地而起，各式东盟特色菜肴、水果受到民众青睐，在南宁求学、生活及工作的东盟友人日益增多。每年的中秋月圆夜，数千名外国友人与南宁市民欢聚狂欢，其乐融融。这也说明，随着中国—东盟命运共同体建设的不断深入，将东盟元素注入文化营销产品必将成为文化产业发展不可或缺的因素。

二、整合民族文化资源提升文化产品亲和力

在长期的历史发展中，中国西南地区与越南、缅甸、老挝等东盟国家接壤区域居住着众多民族，形成了生活方式相近或相似，在语言、服饰、建

---

① 南宁市统计局：《2013 年南宁统计年鉴》，中国统计出版社 2013 年版，第 296 页。

筑、风俗习惯等各具特色又密切联系的民族文化，它们成为中国与东盟加强文化产业合作交流的天然基础，也是文化产品和服务可以利用的宝贵资源，借助语言相通、习俗相近和文化相似的优势，将共同的民族文化要素融合到文化产品的开发以及文化品牌的打造中，提升文化产品的亲和力和吸引力，彰显其经济功能和文化意义。

在文化产品的开发以及文化品牌的打造上，需要将共同民族文化的天然优势转化为文化产品开发的巨大优势，增强文化产品的影响力和亲和力，彰显文化的强大软实力。由于历史、经济、自然环境等方面的差异，与东盟国家接壤的省区属于欠发达、后发展地区，与东部地区的发展还存在一定的差距。但是，在发展与东盟国家的关系中，又具有东部地区所不能比拟的环境和条件，丰富的自然景观资源、民族文化资源以及与东盟合作交流已有成果等有利条件，可以成为快速发展、跨越发展的独特资源和巨大优势，推动文化产业的大发展，提升我国文化产品在东盟国家的市场占有率和品牌知名度，这方面已经有成功探索及相关成果。"园角刺绣"作为云南省著名商标，在走进东盟的过程中，对产品的设计进行了大胆尝试，既融合了民间传统刺绣、剪纸艺术、傣族、阿昌族等少数民族工艺，也将缅甸、泰国等东南亚国家的刺绣技术和图案造型等有机融入其中，拥有 34 项国家专利、90 多个系列产品，畅销缅甸、越南等周边国家。"漓江画派"在打造壮族文化品牌的同时，以中国—东盟博览会为平台，把漓江画派的作品推向东盟市场[1]，举办"魅力广西——广西美术精品展"、"马来西亚·广西文化舟——漓江画派精品展"、"无尽江山——中国油画邀请展·南方的风景展"等，促进广西与东盟国家，特别是越南、柬埔寨、马来西亚等国的文化交流。[2]在全面谋划和科学论证的基础上，中国与东盟可以利用文化共源性及地理毗

① 陈振强：《CAFTA 背景下广西艺术市场发展策略》，《美术教育研究》2014 年第 19 期，第 76 页。

② 广西社会科学院：《2015 年广西蓝皮书：广西文化发展报告》，广西人民出版社 2015 年版，第 186 页。

邻性，加强与东盟国家的文化资源保护利用工作，共同申报跨境世界文化遗产，携手加强文化产品开发及文化精品打造，深化双边在文化产业发展上的精诚合作，比如，在中老缅泰四国边境地区，可考虑共同申报以生物多样性、民族文化多样性为特征的世界自然文化遗产，共建"金四角"国际公园；在中越边境地区，可考虑申报以红河和滇越铁路为主轴，集自然景色和人文景观于一体的世界自然及历史文化遗产，推动双边及相关国家共同保护与合理开发。①

在中国—东盟命运共同体建设背景下，文化产业不仅要聚焦于战略的布局、产业结构的调整，还要注意文化产业的内涵发展和品牌打造，立足于民族文化的丰富性和多样性，盘活民族资源，营造文化亲和力，促进双边关系的交流与亲密融合，推动广西与东盟文化合作交流的新突破，为文化产业以优质的文化产品和文化服务在中国—东盟命运共同体中发挥持久影响力和强大推动力提供范例。

三、打造文化品牌彰显中华文化影响力

文化产品表现一个民族的思想内涵、文化价值和精神追求，无所不在的影响力是潜移默化的。文化产品与文化服务具有商业和文化的双重属性，具有经济推动和文化消费的双重功能。文化产品的发展、提升和打造，各种文化要素和产品属性的相互渗透和有机融合，可以注入更为深刻的文化内涵和超越文化的时代需求，推动文化产品向文化品牌的飞跃，从而在更大更高层面上体现文化的双重属性，实现文化的双重功能，展示文化影响力的深刻及深远。

文化产业的重要支撑在于其文化品牌，只有将文化品牌打造成功，才能真正体现一种文化的精神影响力和一个文化产业的核心竞争力。文化产业发展需要走品牌化发展之路，培育和壮大民族文化品牌是发展文化产业的制胜

---

① 覃玉荣：《中国—东盟跨境民族文化产业发展与合作——基于文化距离的探究》，《广西社会科学》2012年第11期，第171页。

法宝。① 我国西南地区少数民族众多，富有特色的民族文化资源多姿多彩，辅之以丰富配套的旅游资源特别是绚丽多彩的人文景观，便于形成游、食、住、行、购、娱一条龙的文化品牌产业链。例如，"印象·刘三姐"作为广西文化产业中的标志性品牌，以独特的艺术感染力和良好的社会经济效益，赢得了海内外观众和业内人士的赞誉，起到了模范标杆作用。迄今为止，广西已拥有"南宁国际民歌艺术节"、"印象·刘三姐"、"漓江画派"、"广西出版"等一批具有民族特色的文化品牌，广西这些独特的天然文化资源得天独厚，再加上文化品牌的成功适时打造，能够在带来丰厚经济效益的同时，产生重要的社会效益，增强和夯实这些文化品牌的文化影响力，可以充分发挥文化软实力的作用，进而对中国与东盟双边经贸文化交流以及共同体建设产生积极推动。

随着中国经济的快速发展和区域及国际地位的提升，世界关注中国的同时也急需了解中国。中国经济实力和综合国力的提升，客观上也要求大力增强中华文化的传播力与影响力，为世界发展和人类文明贡献中国智慧和中国方案。由于各种因素的影响，无论是国际话语权、文化影响力，还是文化产品、文化服务及文化符号，都与期望和要求存在着一定的差距。在这种背景下，提升我国的国际话语权，把发展优势转化为话语优势，讲述好中国故事，传播好中国声音，展示好中华文化独特魅力就显得特别重要。因此，要加强国际传播能力建设，重视新兴媒体与传统媒体的深度融合和其他人际及跨文化传播渠道，打造一批具有自主知识产权和核心竞争力的国际知名文化品牌，形成文化出口贸易和文化出口竞争的新优势，努力扩大中华文化国际影响力，在广泛的国际及区域文化交流合作中，不断扩大中国文化产品和服务的市场份额，扩大中国与世界各国及东盟国家的友谊、共识和信任，形成与我国经济社会发展水平和国际地位相适应的文化软实力②，为中国发展营

---

① 杨武：《广西文化产业品牌打造策略研究》，《广西社会科学》2010年第8期，第143页。
② 欧阳雪梅：《中华文化国际影响力的现状及制约因素》，《毛泽东邓小平理论研究》2014年第3期，第73—74页。

造有利的国际环境，发挥好市场主体在中国—东盟命运共同体建设中的应有作用。

第三节 社会参与

中国—东盟命运共同体自提出和建设以来，受到国际社会的广泛关注，这一进程的推进，除了需要政府的乘势主导和积极作为，还需要充分利用市场的力量，发挥好市场在资源配置中的决定作用。此外，大力引导社会参与，积极推进民间先行，充分发挥海外华侨华商及其商会、社团、智库等民间平台的优势和独特的作用，有利于促进文化产业的发展及区域合作，推动多元主体的协同治理，这对于中国—东盟命运共同体建设具有重要意义和积极作用。

一、行业协会搭建沟通桥梁

社会行业协会具有半官方色彩，体现民间的特性和特征，一定程度上又履行了政府的职能，介于政府和企业之间，具有政府和市场所不能比拟的优势，体现为会员上的代表性、联系上的广泛性、工作上的灵活性和作用上的桥梁性的特点，对于广泛利用各种资源，广开合作之路，建立公共部门与私人部门之间的有效联系具有十分重要的意义。中国与东盟从建立对话关系以来，双边关系得到了快速发展，除了政府主导、市场推动外，民间力量及社会行业协会发挥的作用不可忽略。虽然中国—东盟的对话合作机制建立时间已有十多年，对话模式的选择有官方有民间以及官民结合，由于东亚地区特殊的历史和现实原因以及中国—东盟命运共同体建设的需要，还是需要民间渠道对官方平台的有益补充和协调行动，官民结合、官民并举还需要进一步推动和发展。其中，最具代表性的是中国—东盟商务理事会和中国—东盟协会，需要在今后进一步发挥好它们的作用。

作为中国与东盟五大对话合作机制之一，2001年成立的中国—东盟商务理事会，是一个半官方的，为中国与东盟多边与双边商务合作机制的合作对话机制，由中国贸促会、东盟工商会以及东盟各国全国性工商会领导人和本国国内知名企业家、专家组成。东盟工商会作为东盟合作方，由东盟十国最具代表性的商会组成；中国贸促会作为中国合作方，由包括中信集团、海尔集团等中国知名企业组成。它通过向成员国提供贸易与投资信息，举办商务论坛，互办展览会，促进企业家互访及人员交流，提供包括调解、仲裁服务等，促进中国与东盟之间的企业对话与合作，保持并加强中国与东盟之间的贸易与投资联系，促进各国经济发展及支持东盟一体化的目标。另一个社会中介组织为中国—东盟协会，它成立于 2004 年 8 月，由中国人民对外友好协会发起成立，旨在通过民间交往、研讨会及文化活动等，增进中国和东盟各国人民的相互理解和友谊，以民间和非官方的形式，推动中国和东盟各国在政治、文化、经贸、科技、体育、卫生和旅游方面的交流与合作。协会自成立以来，相继举办了中泰建交 30 周年纪念活动、中国—东盟建立对话关系 15 周年纪念活动、中国—东盟友好之旅等大型活动，并分别在北京、文莱斯里巴加湾、印尼雅加达、新加坡举办中国—东盟民间友好组织大会，极大地促进了中国与东盟各国人民之间的了解和友谊，也极大地推动了双边民间友好交流。[①]

社会行业协会和民间友好组织是发展中国与东盟国家关系的重要平台，民间交往有利于加强人员的往来和交流，增进社会经济文化合作，培养中国和东盟人民间真挚友好的情感，为中国与东盟各国之间的友好合作注入新的活力，也可以在发展文化产业以及建设中国—东盟命运共同体上有所作为和作出贡献。

二、民间组织增进友好睦邻

民间组织是推动中国与东南亚和平、发展、合作、共赢的重要力量，是

---

① 《中国—东盟合作：1991—2011》，《人民日报》2011 年 11 月 16 日。

民意沟通之桥、民心相通之路，可以发挥民间组织力量多元、影响广泛、贴近民众等优势，有效利用中国与东南亚各国人民命运相系、守望相助、休戚与共等有利条件，巩固发展本地区国家关系的社会和民意基础，在促进务实合作、维护和平稳定、共同推动发展上有独特的作用。

在发展民间组织，增进双边合作，发展友好睦邻关系上，中国与东盟开展了许多重要探索和成功尝试，促成了一些以民间组织为载体的双边会议的成功召开，打造民间对话交流平台，形成了相应的会议成果。2013 年 6 月，中国—东南亚民间高端对话会在广西南宁举行，该高端对话会由中国民间组织国际交流促进会主办，会议以"凝聚民意：推动中国—东盟关系的新发展"、"官民携手：地区和平与发展的推动力量"等为主题，来自中国和东南亚 11 国的与会代表及各界人士参加会议。2015 年 5 月 31 日，以"加强民间交流，共建'一带一路'"为主题，第二届中国—东南亚民间高端对话会在印度尼西亚巴厘岛举行，来自中国以及 11 个东南亚国家的 200 余名代表参会。与会代表围绕会议主题，就"凝聚命运共同体的民间共识"和"推进合作共赢的民间行动"达成广泛共识，通过中国—东南亚民间交流合作倡议书，要求携手建设更为紧密的命运共同体，大力发挥民间特色和优势，充分利用非政府组织、智库、媒体等在内的民间交流的力量，努力促进民间交流在中国与东南亚民间友好、民意沟通等方面的重要作用，推动双方相互尊重、合作共赢、共同发展，实现共同、综合、合作、可持续的安全，使之成为中国与东南亚各国国家关系和人民友谊持续健康发展的助推器，造福中国和东南亚各国人民，为深化双多边合作奠定坚实的民意基础。

目前，伴随中国综合国力和国际影响力显著提升，中国与外部世界联系正日益紧密，共同体价值的全球化趋势推动，合作共赢的新外交理念催生，中国对外交流与合作已不再局限于政府层面，民间交流已经成为国家新型外交的重要组成部分，使得公共外交已经成为政府外交的重要组成部分。中国与东盟双边各种形式的民间组织之间的交流合作，可以厚植双边友好的社会基础，夯实双边合作的民意基础，让人民更加相知相近相亲，成为中国与东盟各国友好关系的坚定支持者、积极建设者和真正受益者。[1]

三、民间交流夯实互信根基

在中国与东盟关系发展中，政府外交无疑是主渠道，公共外交以及民间外交具有广阔的前景和舞台，可以成为政府外交的重要补充，利用其独特资源，发挥其独特功能。民间交流为双方民众提供了面对面的沟通机会，积极开展民间交流能有效加强双方民众的友好往来，有利于深入了解对方国家，加深认识和相互理解相互尊重，增进国家及人民之间的友谊和情感。

民间交流包括的内容相当广泛，教育、科技、文化、旅游以及学术交流、民族民间文化交流等都属于民间交流的范畴。随着人民生活水平的提高，对消费结构的改善以及精神文化的需求提出了更高要求，作为一种民间交流的通常和有效手段，旅游能够为双边民众提供沟通交流的机会，以直接的方式观察、感受、体验、参与，能够增进相互理解和友谊以及人民之间的深厚感情。在推动双边旅游事业的发展上，以旅游业的深度合作推动民间交流，潜力巨大，前景广阔。中国是世界四大文明古国之一，悠久的历史、灿烂的文化对东盟民众具有极大的吸引力，东南亚国家绮丽的热带风光和迷人景色也是中国游客的度假胜地和重要旅游目的地国家，如果能够更好地推动中国与东盟国家签证便利化，在原有旅游项目的基础上，打造充满东盟风情和东南亚元素的特色旅游项目，可以极大推动双边的旅游合作和民间交往。[2]

在中国与东南亚国家双边交往历史上，民间交流十分活跃，占据非常重要的地位。在共同建设中国—东盟命运共同体以及"一带一路"背景下，推进民间交流具有很多制度性管道和官方平台，其中，出台支持政策，积极

---

[1] 魏丹丹：《和平促发展，合作求共赢——中国和东南亚人民的共同心声、共同梦想》，《当代世界》2013 年第 7 期，第 71 页。

[2] 姜晓甜：《"21 世纪海上丝绸之路"视阈下中国对东盟国家公共外交研究》，吉林大学硕士学位论文，2017 年，第 39 页。

鼓励双边民众相互参加双方民间节庆活动，是一个需要重视和扩展的领域。在中越边境的接壤区域，历史上形成了很多传统的民间庙会，如中越凭祥——同登庙会、靖西——高平庙会、中老泰"宋干节"（泼水节）等，这些民间活动具有深厚的民意基础，每年吸引数十万、上百万人参加，成为聚人气、影响大、展示民族民间文化的重要平台。此外，还可以利用这些历史传统，依据自然及文化禀赋，联合举办促进双方民族民间文化交流的节庆活动，利用中国壮族与越南侬族、岱族共有的资源丰富、历史悠久的侬峒文化，轮流在两国举办中越壮族侬族岱族"侬峒节（歌圩节）"，以丰富两国边民的文化生活，增强民族民间传统友谊。① 此外，还可以扩大双边互派留学生规模，加强在农业、海洋、能源、减灾防灾、医疗卫生、环境等领域的合作研究及联合攻关，推进与东盟国家的青少年交流，加强国家智库专家的互访交流，进一步推进双边民间交流的发展。

人民相知相识，则国家相近相亲。民间友好是国家关系的重要基础，民众之间的交往是促进国与国关系的重要渠道。民心相通是"一带一路"建设的重要基础，是命运共同体建设的力量源泉，也是中国和东盟各国交流合作的社会根基，广泛而深入的民间交流有利于实现上述目标，加快民心相通，促进民间友好，发展国家间的友好关系和命运共同体的形成。

---

① 赵明龙：《人文交流：海上丝绸之路建设不可或缺的内容》，《东南亚纵横》2014年第11期，第21页。

第七章 目标达成：基于命运共同体建设的中国—东盟文化产业发展格局

2013 年，习近平主席访问印度尼西亚，指出中国—东盟关系长远发展目标是携手建设中国—东盟命运共同体，使中国与东盟成为兴衰相伴、安危与共、同舟共济的好邻居、好朋友、好伙伴。2017 年，中国共产党第十九次全国代表大会提出要坚持推动构建人类命运共同体，建设持久和平、普遍安全、共同繁荣、开放包容、清洁美丽的世界。中国—东盟命运共同体建设是人类命运共同体构建的有机组成部分，中国—东盟命运共同体建设的目标达成，可以在整合效应、认同效应、拉动效应和建构效应上形成中国—东盟文化产业发展格局，对中国—东盟命运共同体建设形成强大支撑。

第一节 整合效应

建设中国—东盟命运共同体，最为重要的就是广泛的利益共同体，而"一带一路"建设就是打造中国—东盟广泛利益共同体的最好载体。在稳步推进"一带一路"纵深发展以及加快中国—东盟命运共同体建设的进程中，需要充分发挥好整合效应，利用有利时机，积极促进工作机制、资源配置和产业发展的整合。

一、工作机制整合

中国—东盟双方共同致力于建设和平与繁荣的战略伙伴关系，需要在更广泛领域和更高水平上开展交流与合作，构建休戚相关、荣辱与共的命运共同体，增进本地区人民福祉，为亚洲乃至世界的和平与发展发挥积极作用和作出应有贡献。这一目标的实现受制于很多因素，其中，构建双边合作交流的工作机制，可以为这些目标的有效实现营造有利环境和提供有力支持。

目前中国与东盟双边已有的工作平台主要有三个层面：一是中国—东盟博览会。中国—东盟博览会已成为促进中国—东盟双边开展人文交流、经贸合作和多领域合作的工作平台，其主要是以展览为中心，开展多领域多层次的交流活动，搭建了中国—东盟交流合作的平台，从 2004 年起，每年在广西壮族自治区的首府城市南宁举办，其主要是以促进中国—东盟自由贸易区建设，共享合作与发展机遇为宗旨，围绕《中国与东盟全面经济合作框架协议》以中国—东盟双向互利为原则，以自由贸易区内的经贸合作为重点，面向全球开放，为中国—东盟双方商家共同发展提供新的机遇。[①] 在中国和东盟十国投资促进部门的共同努力下，中国—东盟博览会投资合作工作机制已经建立，逐步完善中国—东盟博览会投资合作长效机制，充分利用中国—东盟博览会这个工作平台加强中国与东盟国家之间的投资合作，推动中国企业到东盟国家投资。二是中国—东盟中心。中国—东盟中心作为中国与东盟十国成立的政府间国际组织，是促进中国—东盟友好交流与务实合作的重要工作平台，积极推动着中国—东盟关系的发展。2011 年正式建成实体中心，中心总部设在北京，将不断拓展在东盟各成员国和中国的其他地区设立分中心。中国和东盟 10 个成员国是中国—东盟中心成员，中国和东盟的企业和社会团体可通过向中心秘书处提出申请成为联系会员，主要通过发挥一站式信息与活动中心作用，积极落实中国—东盟双方领导人达成的重要共识，大

---

① 康乐、张明、李兆华：《环北部湾区域经济合作下桂南经济区的经济发展分析》，《沿海企业与科技》2007 年第 8 期，第 1 页。

力推进中国—东盟贸易、投资、教育、文化、旅游、新闻以及其他文化领域的交流合作。三是中国—东盟对话合作机制。目前，中国—东盟已建立起一套完整的对话合作机制，主要有领导人、部长级和工作层三个层次。中国—东盟合作框架下最高层级的合作机制是领导人会议，自 1997 年起，每年举行一次，主要对中国—东盟合作及其长远发展作出战略规划和指导，还根据共同关注的地区问题召开领导人特别会议，有中国—东盟领导人关于非典型性肺炎问题特别会议、东盟地震和海啸灾后问题领导人特别会议、中国—东盟建立对话关系 15 周年纪念峰会等。部长级会议主要负责政策规划和协调，每年举行一次，至今已建立了外交、经济、交通、海关署长、总检察长、青年事务、卫生、电信、新闻、质检和打击跨国犯罪等 11 个部长级会议机制。工作层会议主要在中国—东盟合作框架下召开相关层面不同主题的工作层面会议，有外交高官磋商、联合合作委员会及工作组会议、经贸联委会、科技联委会、商务理事会等 5 个工作层会议机制。

根据中国—东盟关系发展的需要，瞄准命运共同体建设，以更好地发挥文化产业在这一过程中的应有作用，可以在现有中国与东盟工作机制的基础上，进一步整合有关资源，加强双边文化产业合作交流的顶层设计和整体谋划，充实工作层面的议事协调机构，发挥产业自身的主体性，建立健全中国—东盟双边文化及其产业发展的工作机制。根据这样的思路，可以加紧规划建设"两层面"、"四领域"的工作机制。"两层面"即政府谋划层面和产业发展层面，每个层面各由两个领域组成。政府谋划层面为"一会议"和"六联盟"，"一会议"即中国—东盟文化部长会议，"六联盟"为中国—东盟文化研究联盟、中国—东盟文化合作联盟、中国—东盟旅游合作联盟、中国—东盟教育合作联盟、中国—东盟广电合作联盟和中国—东盟动漫合作联盟。产业发展层面为"两区"、"六中心"，分别为中国—东盟文化产品保税区、中国—东盟文化艺术产品增值加工区，以及中国—东盟文化信息中心、中国—东盟文化艺术品及产权版权交易中心、中国—东盟文化艺术产品及技术展销中心、中国—东盟文化产品仓储中心、中国—东盟文化产品配送中心、中国—东盟文化企业进出口集聚及综合服务中心。① 通过这样的机制完善，涵盖从文化产业的核心层到外围层、相关层的广阔领域，进一步深化中国与东盟双边的文化产业合作交流。

从实践发展看，健全和完善双边文化产业合作的工作机制已经具有较好基础。2016 年 9 月，东盟电影周暨中国—东盟电影合作论坛在陕西西安成功举办；2016 年 12 月，中国—东盟文化产能（电影）合作研修班在浙江东阳举行；2017 年 9 月，中国—东盟网络视听产业合作论坛在广西南宁举行。2017 年，广西依托东盟国家驻南宁总领事馆，与柬埔寨、老挝、缅甸等合办中国剧场、中国动漫、中国电视剧等电视专题合作项目。在"一带一路"建设新的历史机遇下，将双边产业层面的合作上升到政府的制度性框架内，能够更好地以体制机制的完善助力双边的合作交流。

二、资源要素整合

中国—东盟命运共同体建设以双边优势互补和取长补短为前提，以双边资源的有效整合和效用实现为条件。在推进中国—东盟命运共同体建设中，要充分利用政府谋划及产业发展的工作机制，把中国与东盟双边文化产业的资源体系整体纳入中国—东盟命运共同体建设的框架中，以政府间协商合作及产业的发展融合，实现文化产业资源的有效配置和充分整合，形成具有吸引力的中国—东盟文化产业交流合作资源，以文化产业的充分合作和有效发展大力推进命运共同体建设。

在产业发展上，中国与东盟国家都拥有丰富的文化旅游资源，包括风光秀丽的自然景观和独具特色的人文景点、民族风情，双方文化旅游产品互补性强、合作空间大。但是由于双方文化旅游资源分散、结构与功能单一，行业不规范，开发宣传力度不够，交流合作资源分布不均衡，产业资源的整合利用有欠缺，导致双方合作开发进展缓慢，文化产业发展的规模效益不明

---

① 何颖：《"一带一路"视野下构建中国—东盟文化保税区的思考》，《改革与战略》2015 年第 10 期，第 119 页。

显，产出的效益还没有达到理想状态，文化产业发展还很不充分，协调一致及同向同行上仍有提升空间。中国与东盟双边在文化产业资源的整合上，需要避免交流合作资源类型单一、利用效率低和交流合作资源的供给主体单一、社会参与程度有限等问题，建立综合性的交流合作资源管理协调机制，充分发挥各国政府在中国—东盟命运共同体建设体系中的主体性地位，实现跨国界、跨行业、跨区域的交流合作资源整合，实现交流合作资源集聚、耦合和联动发展，特别是在共同建设"一带一路"背景下，产业资源的有效整合就更加显示出了必要性和重要性。

从总体上看，文化产业发展的依托资源可以分为硬件资源和软件资源两大部分。硬件资源是支撑文化产业发展的基础设施、发展条件、科技水平等，体现为支撑文化产业发展的物质条件；软件资源则是在一定地域范围内生活的人群，在长期的生产生活和劳动实践中形成的具有一定地域特点的生活方式、文化传统、社会制度等，它是人类思想沟通、情感联结的重要基础，体现为支撑文化产业发展的精神条件。可以看到，硬件资源具有绝对性和稳定性，软件资源体现为相对性和动态性，并且与文化产业发展的资源依托高度相关，是文化产业发展需要充分利用的资源。在文化产业发展上，如果软件资源利用得当，能够充分支持文化产业的发展，为双边文化及其产业的合作交流提供强大动力。由于文化产业的成果形式具有精神产品的性质，体现为意识形态的属性，因此，中国与东盟双边文化产业的合作，需要创造条件持续改善文化产业发展的硬件资源，还要下大力气，加强对生活方式、文化传统、社会制度等软件资源的深入研究和有效利用，科学谋划和恰当运用策略手段和方式方法，推动资源的有效结合和优质发展资源的充分利用，将中国—东盟文化产业合作交流的资源优势，转化成为文化及其产业发展以及双边文化产业合作交流的发展优势，推动具有深厚民意基础，为双边民众喜闻乐见的文化产品和服务的大量产出，使软件资源的有利条件转化成为文化软实力的重要载体。

中国—东盟双边文化产业发展资源的优化整合，需要从人类命运共同体建设的高度，在中国—东盟命运共同体建设总体框架内，将区域内不同层次、不同内容、不同结构的现有资源进行选择、组合及优化，推动系统内资源要素的互相衔接和有机融合，实现资源利用效益的最大化和最优化，使之成为一个取长补短、优势互补、强强联合的文化产业协同发展的有机整体。

三、产业发展整合

就中国—东盟命运共同体建设而言，经济发展是基础，产业发展是前提，尤其是文化产业的发展。目前，中国—东盟双方围绕"中国—东盟博览会"已经形成了如民族旅游、演出娱乐、民族文学艺术和民族影视等系列产业集群，中国—东盟双方在民族民间文化创意、文化会展、数字内容和动漫，以及艺术演出、文化旅游业、文化娱乐业、广播影视业、新闻出版业、创意软件业、文化信息业、教育培训业、文化博物业和会展广告业等诸多文化产业领域开展了交流与合作，不断促进双边的文化贸易，这为中国与东盟在文化产业发展方面的合作提供了巨大的空间和发展潜力。①

瞄准中国—东盟命运共同体建设，中国与东盟双边要找准文化产业深化合作的契合点和切入点，推动双边文化产业发展的融合及整合，实现中国与东盟双边文化产业发展的共赢。

整合民族文化资源，建设特色文化园区。中国—东盟双方在历史文化、民族文化、边关文化和海洋文化等方面资源丰富，双方在民族舞蹈、戏剧、音乐和美术等方面独具特色，为打造中国—东盟特色文化产业奠定了重要的资源条件和发展基础。通过整合中国—东盟双方各种民族文化优势资源，致力打造面向区域性、国际化的中国—东盟特色民族文化品牌，重点打造中国—东盟边境地区跨境民族文化产业集群，带动中国—东盟跨境民族文化与旅游融合发展。一是打造好中国—东盟民族文化旅游演艺产业示范园区，大

---

① 徐步：《中国—东盟合作：机制、成果与前景》，《亚非纵横》2017 年第 3 期，第 1—17 页。

力拓展延伸中国—东盟大型山水实景演出文化产业的规模和产业链条，不断加大其衍生民族文化产品的生产开发力度，做好中国—东盟双方联合建设的一批实景演出重大项目，把中国—东盟民族文化旅游演艺产业办出特色和水平，并正式纳入中国—东盟民族文化旅游演艺产业示范园区建设的经常性项目，让民族文化旅游演艺产业示范园区成为中国—东盟文化产业交流与合作发展的文化产业集群品牌，成为中国—东盟民族文化旅游融合发展的典范。二是打造好中国—东盟会展节庆文化产业园区，依托中国—东盟博览会、南宁国际民歌艺术节，带动中国—东盟双方独具特色的地域特色浓郁的节庆文化产业发展，积极建设中国—东盟文化产业园区、边境地区民族文化村落、中国—东盟国际动漫节等新兴文化产业项目，使中国—东盟会展节庆文化产业园区成为中国—东盟双方最具民族文化特色和现代商业气息的文化经济新业态，使其成为推动中国—东盟命运共同体建设的重大引擎。三是打造好中国—东盟海洋文化产业园区，双方协调制定以中国—东盟滨海城市为中心的海洋文化产业园区建设方案，加强中国—东盟海洋旅游产业开发，创建中国—东盟海洋民俗文化旅游品牌，开展中国—东盟双方海洋文学艺术精品创作生产，着力打造中国—东盟海洋文化旅游名城，促进中国—东盟滨海文化旅游产品生产和交易市场的形成，打造独具中国—东盟滨海海洋文化特色的艺术精品。

整合文化旅游资源，打造特色文化产业。中国与东盟各国在资源、产业以及技术、人才方面都有较强的互补性，优越的区位、良好的设施和丰富的自然资源，为中国文化产业与东盟的合作提供了可靠的硬件和软件保障。中国—东盟双方应充分发挥各自在地缘区位优势和山水风光、民族风情、滨海旅游、边境特色和人文底蕴独特等民族文化旅游资源优势，不断拓展中国—东盟民族文化旅游产业发展的文化内涵，全面构筑中国—东盟民族文化旅游融合发展特色产业体系。一是做强中国—东盟山水文化旅游产业，发展中国—东盟山水特色旅游产业，打造跨境国际山水风光精品旅游景点，挖掘丰厚的中国—东盟民族文化旅游内涵，把大型山水实景演出等中国—东盟文化旅游演艺品牌、娱乐品牌和文化艺术精品更好地融入中国—东盟山水文化旅游产业发展中来，使中国—东盟山水特色文化旅游更具活力和魅力。二是做大中国—东盟滨海文化休闲产业，以中国—东盟边境滨海城市为重点，着力打造滨海休闲文化主题乐园，加强中国—东盟滨海城市海洋文化的研究和发掘，举办各具特色的滨海城市海洋文化节，开发适宜中国—东盟海洋文化休闲产业发展的旅游产品，打造集会议度假、海鲜农家乐、休闲疗养、考察观光、购物娱乐为一体的区域性国际滨海文化休闲旅游度假胜地，为中国—东盟滨海文化休闲旅游产业带动滨海城市经济社会发展发挥提速增效作用。三是做活中国—东盟边关风情文化旅游产业，依托中国—东盟边境丰富的文化遗产旅游资源，拓展奇特山水自然景点的文化内涵，挖掘中国—东盟边境文物以及民族山歌、舞蹈、戏曲、节庆等边关民族文化风情特色旅游资源，增强中国—东盟边境地区民族文化遗产旅游的吸引力和影响力，凝聚中国—东盟边境地区旅游人气，带动集交通、住宿、餐饮、娱乐和房地产于一体的相关产业的整体繁荣发展。

整合发展要素资源，突出产业特色优势。紧紧围绕中国—东盟命运共同体建设大局，优化整合中国—东盟区域性国际化民族文化旅游资源，精心打造独具特色的中国—东盟民族文化艺术精品和知名国际文化品牌，以跨境民族文化艺术精品，塑造中国—东盟文化交流与合作发展的新形象。一是拓展中国与东盟双边文化交流合作的广度和深度，依托中国—东盟博览会、南宁国际民歌艺术节和中国—东盟文化论坛等发展平台，充分激发中国与东盟双边以及相关国家积极性主动性，形成政府为主导、企业为主体、民间为补充、社会各界广泛参与的中国—东盟文化交流合作新格局，集中优势资源，形成强大合力，重点支持具有中国—东盟地域特点和民族文化特色的文化艺术精品项目，让双边在文化及其产业的交流合作成为促进中国—东盟文化产业繁荣发展，特别是中国—东盟命运共同体建设的助推器。二是拓展中国—东盟跨区域文化交流合作的内涵和外延，加强中国—东盟双边政府、企业、民间等层面的文化交流合作，发展文艺演出、文物展览、民俗文化、人才培训、文化联谊、书画工艺、影视音像等文化交流及文化贸易，把中国—东盟双边文化交流及贸易合作与中国—东盟双边的经贸、科技等交流合作紧密结合，形成相互补充、相互支持、相互促进的工作格局，构建中国—东盟双边文化交流及贸易合作合力，促进中国—东盟双方文化产业繁荣发展。三是突出中国—东盟双方文化交流合作的特色和优势，加强统筹协调和整体谋划，有计划、有步骤地组织策划中国—东盟边境地区民族文化戏剧、音乐、舞蹈、杂技、服饰等文化交流及贸易合作，培育发展区域性、国际化、外向型优势文化企业，鼓励文化企业跨地区、跨部门强强联合，组建具有较强资产实力、产品创新活力、市场竞争能力的文化企业集团，提升中国—东盟文化交流合作及其产业化发展的规模化、集约化、专业化和特色化水平。

通过产业发展要素的充分整合，可以促进中国与东盟双边文化及其产业的发展，推动文化产品和文化服务的有效供给，发展双边的文化交流和文化贸易，建立和完善中国—东盟文化产业交流与合作发展新体系，使之成为中国—东盟自由贸易区的新动力和中国与东盟合作的新引擎，进一步夯实中国与东盟合作交流的软实力基础，为推进中国—东盟命运共同体建设提供有力保障。

第二节　认同效应

携手建设中国—东盟命运共同体，是习近平总书记针对"钻石十年"提出的新时代中国—东盟关系发展的一个极具创新性、突破性和前瞻性的倡议。认同效应是引导者依据与被引导者共有的相似性特征或观点来促进被引导者所产生的一种同体观，从而达到被引导者接受和认同的效果，是双边关系发展和命运共同体建设的内生动力。培育和积聚认同，推动身份认同、愿景认同向价值认同的发展，实现认同效应，是中国—东盟命运共同体建设的重要前提和建设基础。

一、身份认同

身份认同源于拉丁文 idem，意为相同或同一，发展成为英文 identity，原意为等同于、同一性、身份。早期身份认同研究是以哲学范式为主，后来的研究跨越了哲学、社会学和心理学等学科领域。身份认同是由主观认同和客观认同组成，包括行为模式、认知察觉和情感体验，具有群体认知的共同性、差异性以及交融性、社会性的特征。从身份认同的研究范式看，有奥尔波特自我发展理论、埃里克森自我同一性理论、米德符号互动论等自我身份认同理论，以及 Tajfel 社会认同理论、Phinney 种族身份认同理论、伯克认同控制论等社会身份认同理论。①

从总体上看，中国—东盟共同体建设中的身份认同，与学术界对身份认同内涵及特征的上述界定具有一致性，体现国家间的相互关系，是中国与东盟双方在推进中国—东盟命运共同体建设中的国际社会关系特性。从内容上看，中国与东盟的身份认同包括了区域身份认同、伙伴身份认同和归属身份认同等三个层次。第一个层次是区域身份认同，它是最基本的身份认同，"亚洲一员"身份是中国与东盟区域身份认同的主要内涵。中国和东盟同属亚洲国家，山水相连，文化相近，人文相通，同时，中国和东盟又同属于东亚发展中国家，文化交流历史悠久，经贸关系密切，自然条件上的便利和地缘因素上的优势将中国与东盟各国紧紧联系在一起，这种天然联系是双边关系得以延续、发展和提升的重要基础。第二个层次是伙伴身份认同，东盟是中国周边的一个重要国际组织，其在中国的周边安全、经济发展和对外交往中占据极其重要的位置。② 中国—东盟关系经历曲折发展过程，伙伴关系的建立及其内涵的不断拓展，贯穿了双边关系深化发展的全过程：1991 年成为东盟磋商伙伴，1996 年成为东盟全面对话伙伴国，1997 年确定与东盟共同建立面向 21 世纪的睦邻互信伙伴关系，2003 年与东盟正式建立面向和平

---

① 张淑华、李海莹、刘芳：《身份认同研究综述》，《心理研究》2012 年第 1 期，第 21—27 页。
② 李寒梅：《认同与中国—东盟区域合作》，广西师范大学硕士学位论文，2007 年，第 31 页。

与繁荣的战略伙伴关系。从"磋商伙伴"、"全面对话伙伴国"、"睦邻互信伙伴关系"到"战略伙伴关系",其共同的关键词就是"伙伴"。伙伴身份认同,使得东盟从被动地位发展到主动积极地位,从被动防御者发展到主动接触者或主动合作者,对与中国发展关系的定位也从"敌对国"发展到"非敌非友"到"接触伙伴"到"合作伙伴"①,这样的关系演进和发展逻辑,体现了"黄金十年"双边关系的目标定位和建设成果。第三个层次是归属身份认同,它是中国—东盟关系发展的必然结果,也是深化双边关系的内在要求。在 2009 年东亚峰会上,温家宝总理提出建立东亚共同体(又称亚洲共同体),以区域经济一体化为基石,通过自由贸易区、经济共同体和货币联盟等形式,形成一种你中有我、我中有你、利益交融、相互联结的一体化关系,并发展成为安全共同体和社会共同体。2013 年,习近平主席访问印度尼西亚时,全面阐述了中国对东盟的政策,提出中国与东盟"携手建设中国—东盟命运共同体",表示中国愿意同东盟国家一起共同努力,建设成为兴衰相伴、安危与共、同舟共济的好邻居、好朋友、好伙伴。可以看到,从"你中有我、我中有你、利益交融、相互联结"到"兴衰相伴、安危与共、同舟共济的好邻居、好朋友、好伙伴",体现了中国与东盟双边关系发展战略目标的与时俱进,特别是"好邻居、好朋友、好伙伴"的关系定位,体现了内在的情感维系,是归属身份认同的重要规定性。中国与东盟双方命运相连,利益攸关,建设中国—东盟命运共同体是中国与东盟共同实现繁荣富强梦想、促进区域及各国经济社会持久稳定繁荣的共同需求。② 共生、共荣、共利、共进符合双边利益的目标追求,这样的归属身份认同与双边成为安危与共、同舟共济的好邻居、好朋友和好伙伴具有内在一致性。③

　　身份认同的三个层面具有不同的内在规定性,对于中国—东盟关系发展

---

① 张彦:《东盟认同构建和变化研究》,暨南大学硕士学位论文,2009 年,第 57 页。

② 赵铁、林昆勇、陈林:《中国—东盟命运共同体建设问题探析》,《广西社会科学》2015 年第 2 期,第 41 页。

③ 赵铁、林昆勇、何玉珍:《中国—东盟命运共同体的共同体诠释》,《广西民族研究》2016 年第 1 期,第 154 页。

具有不同意义。区域身份认同为无机关系，伙伴身份认同为有机关系，归属身份认同为情感关系。身份认同的不断提升，反映了双边关系的不断发展以及合作交流的不断深化。中国与东盟双边身份认同不断调整及发展的过程，实际上也是双边关系良性互动以及关系发展不断升华的过程，有利于促进中国—东盟双方的政治、经济、文化等领域合作以及地区和全球治理等重大国际事务的互利合作与共赢发展。

二、愿景认同

就建设中国—东盟命运共同体而言，本质上是对中国与东盟双方在发展观上的认同，面对共同面临的共性问题的认同。中国—东盟命运共同体的建设过程，是一个"兴衰相伴、安危与共、同舟共济"的过程，就是加强中国与东盟各国彼此之间认同，尤其是未来发展愿景认同的过程，需要中国与东盟双方对命运共同体建设进行充分的沟通、协商和交流，达成中国—东盟关系未来发展的愿景认同。

中国—东盟命运共同体建设的愿景认同，需要考虑双边关系发展需要和目标定位，也不能离开我国周边外交、大国外交的宏观背景。就双边关系发展需要和目标定位而言，建立面向和平与繁荣的战略伙伴关系，推动"黄金十年"双边关系的新发展，应该是愿景认同的重要遵循。2017 年 11 月 13日，李克强总理在第二十次中国—东盟领导人会议上指出，"在东盟诸多对话伙伴关系中，中国—东盟关系最具活力、最富内涵，这是东盟国家的共识"，"中国始终把东盟作为周边外交的优先方向，坚持与东盟做安危与共、同舟共济的好邻居、好朋友、好伙伴，携手构建理念共通、繁荣共享、责任共担的命运共同体"，"实践证明，中国与东盟国家是山水相连、守望相助的好邻居，是心心相印、值得信赖的好朋友，是兴衰相伴、互利共赢的好伙伴"[①]。2018 年是中国—东盟建立战略伙伴关系 15 周年，中国建议制定

---

① 李克强：《在第二十次中国—东盟领导人会议上的讲话》，《人民日报》2017 年 11 月 14 日。

"中国—东盟战略伙伴关系 2030 年愿景"，将中国—东盟"2+7"合作框架升级为"3+X"合作框架，进一步提升双边合作交流的水平。就我国周边外交、大国外交的宏观背景而言，需要在"一带一路"的总体框架下积极构建双边关系未来发展的理想状态和目标追求。2013 年，习近平主席提出建设"丝绸之路经济带"和"21 世纪海上丝绸之路"。2015 年，中国国家发改委、外交部和商务部联合发布《推动共建丝绸之路经济带和 21 世纪海上丝绸之路的愿景与行动》（简称《愿景与行动》），指出"五通"是中国与"一带一路"沿线各国合作的重点领域。东盟国家是"海上丝绸之路"的有机组成部分，由政策沟通、设施联通、贸易畅通、资金融通和民心相通等构成的"五通"，同样也是中国与东盟深化合作关系以及建设"中国—东盟命运共同体"的重要内容，"五通"的总体框架和具体内容也应该是双边进行愿景认同时需要考虑的重要内容。

根据上述原则要求，可以从以下三个层面去探讨中国—东盟命运共同体建设的"愿景认同"：

一是中国—东盟一体化发展的愿景认同。2002 年，中国—东盟的贸易合作与一体化建设启动，中国—东盟双方签署《中国与东盟全面经济合作框架协议》，正式开启中国—东盟自贸区（CAFTA）建设。2010 年，伴随中国与东盟相继签署并实施《货物贸易协议》和《服务贸易协议》，中国—东盟自由贸易区正式建立。2015 年 11 月，中国与东盟签署《中华人民共和国与东南亚国家联盟关于修订〈中国—东盟全面经济合作框架协议〉及项下部分协议的议定书》，标志着中国—东盟自贸区全面升级。首先是中国—东盟贸易合作与一体化发展，《议定书》为中国—东盟双方的长远合作提供了更大的空间，有力推动了中国和东盟经贸合作升级，为实现区域一体化提供了新动力。其次是中国—东盟金融合作与一体化发展，中国—东盟双方已经在货币合作、互设金融机构和跨境金融监管交流三个方面开展了不同程度的金融合作，中国—东盟双方金融合作已向多元化方向发展。第三是在自贸区的推动下，中国—东盟一体化始于经济一体化，又推进中国—

东盟双方和多方的信用管理合作，成为推动中国—东盟一体化发展的重要力量。①

二是东盟一体化发展的愿景认同。东盟于 1967 年成立，至今发展成为世界三大经济区之一，东盟一体化发展深刻影响着东亚地区的政治经济合作。2003 年，东盟各国领导人签署《巴厘协定Ⅱ》，提出到 2020 年东盟要成为类似欧盟的区域合作组织——东盟共同体。2005 年，东盟国家首脑会议决定，2015 年提前实现东盟一体化。② 东盟成立初衷是防止本地区国家之间发生冲突，后来发展走向关税同盟和经济一体化，并发展成为建立"东盟共同体"。③ 东盟一体化发展，对中国来说将是一种互相促进的双赢格局，应积极支持这一进程，支持东盟发展壮大及在区域合作中发挥主导作用，加大对东盟国家的投资，促进经济转型和产业升级发展；同时，对于东盟国家来说，也有利于缩小与中国的发展差距，通过确立经济共同体促成关税和贸易壁垒的取消，从而强化中国与东盟的合作。④

三是共同建设"丝绸之路经济带"和"21 世纪海上丝绸之路"的愿景认同。"一带一路"建设不仅是国际经济合作的倡议，而且是中国凝聚各方力量、实现共同发展、推动文明互鉴、构建人类命运共同体建设的一面旗帜⑤，将是加快推进中国—东盟命运共同体建设的有力举措和重要保障。中国—东盟命运共同体建设，需要深度融入"一带一路"建设，需要遵循"和平合作、开放包容、互学互鉴、互利共赢"的四大合作理念，需要强化"共商、共建、共享"的三大合作原则，切实通过"政策沟通、设施联通、贸易畅通、资金融通、民心相通"五个合作重点，大力推进中国—东盟命

---

① 关一濛、关伟：《中国—东盟一体化进程中的信用管理合作问题探讨》，《区域金融研究》2017 年第 7 期，第 49—50 页。

② 徐瑞、冯金丽：《东盟一体化的现状与未来展望》，《特区经济》2007 年第 1 期，第 83 页。

③ 徐瑞、冯金丽：《东盟一体化的现状与未来展望》，《特区经济》2007 年第 1 期，第 83—84 页。

④ 陈琳：《东盟一体化与中国的地区角色》，《世界报》2009 年 1 月 7 日。

⑤ 王海蕴：《欧晓理："一带一路"是构建命运共同体旗帜》，《财经界》2017 年第 11 期，第 72—73 页。

运共同体建设，实现中国—东盟利益共同体、命运共同体和责任共同体。①
通过这样的愿景认同和目标实现，秉持亲诚惠容理念，推动双边政策沟通持
续深入、设施联通卓有成效、贸易畅通全面深化、资金融通不断扩大、民心
相通日益加强，在各领域交流与合作取得显著进展，携手建设更为紧密的中
国—东盟命运共同体，使之成为亚洲命运共同体的典范。

从中国—东盟关系发展的历史进程看，建设中国—东盟命运共同体的提
出，是对中国与东盟一系列外交政策的提炼、升华和集中表达。② 愿景认同
能够进一步增加共识，消除分歧，深化互信，推动合作，更好地与东盟携手
共建更为紧密的命运共同体，共同谱写"21世纪海上丝绸之路"建设新
篇章。③

三、价值认同

由于历史文化的影响、社会制度的不同以及发展道路的差异，东盟国家
选择了不同的发展道路，形成了不同的国情和不同的政治制度，造成了东盟
国家经济社会发展上的不平衡和东盟国家间经济、政治及社会制度上的差
异，对于命运共同体的建设产生了影响和制约。价值观和规范不同是造成东
盟国家政治差异的根本原因，这些因素对东盟一体化进程及命运共同体建设
形成了挑战。④ 就命运共同体建设而言，其政治意义优于和大于经济意义，
重视共同立场、共同原则、共同愿景和共同价值，形成共同价值观，凝聚共
同价值取向，实现价值认同，是中国—东盟命运共同体建设的重要前提。

"兴衰相伴、安危与共、同舟共济"应是建设中国—东盟命运共同体价

① 刘卫东：《"一带一路"战略的科学内涵与科学问题》，《地理科学进展》2015年第5期，
第538—544页。

② 陆建人、范祚军：《中国—东盟合作发展报告2014—2015》，中国社会科学出版社2015年
版，第169页。

③ 张高丽：《坚持共商共建共享 传承弘扬丝路精神 打造更高水平的中国—东盟战略伙伴
关系——在第十四届中国—东盟博览会和中国—东盟商务与投资峰会开幕大会上的致辞》，《人民日
报》2017年9月13日。

④ 韩志立：《东盟共同体建设困局与观念交锋》，《南洋问题研究》2017年第1期，第31页。

值认同的应有之义。这一价值认同源于习近平主席在 2013 年对印度尼西亚的访问，当时正值中国—东盟建立战略伙伴关系十周年，也是习近平作为新任国家主席出访东南亚的第一站，体现了中国新一代领导集体对发展中国与东盟双边关系的重视，也要为经略周边、面向未来投下的一步先手棋，提升和重塑中国与东盟关系："一个更加紧密的中国—东盟命运共同体，符合求和平、谋发展、促合作、图共赢的时代潮流，符合亚洲和世界各国人民共同利益，具有广阔发展空间和巨大发展潜力"。①"兴衰相伴、安危与共、同舟共济"的定位，确定了今后双边关系发展的大基调，成为中国—东盟命运共同体建设以及双边关系发展的重要遵循。"兴衰相伴、安危与共、同舟共济"这一价值认同，源于东亚"亲仁善邻"、"共生共荣"的共同价值理念，坚持正确的义利观和宽以待人的道德观，反映长期积淀和凝练形成的优秀文化底蕴，体现中华优秀传统文化精髓的继承以及人类文明精华的消化吸收。这一价值认同的发展和实现，离不开中国与东盟国家广泛深入交流与合作，对话合作机制进一步健全和完善，对双边关系和未来发展的界定规划，尤其是经济上的互利共赢。要加深双边在资源要素、产业融合、经济结构以及发展战略上的深度融合，通过经济上的互动交融以加强务实合作，增进政治互信，谋求共同安全，使中国与东盟真正成为依存度高、关系密切的利益共同体，推动区域经济一体化进程，促进共同繁荣，造福区域民众。

"亲诚惠容"应是中国—东盟命运共同体价值认同的特有之义。中国与东盟双边关系的巩固和发展，是中国周边外交的有机组成部分，"亲诚惠容"作为中国周边外交理念，是由习近平主席在 2013 年中国首次周边外交工作座谈会上提出，要求与周边国家讲平等、重感情、常见面、多走动。这一新时期中国周边外交理念，同样适用于中国与东盟国家的周边外交，并应使其成为中国—东盟命运共同体建设应当坚守的价值认同，指导和推动中国与东盟关系的未来发展。"亲"，就是要坚持睦邻友好，守望相助，多做得

---

① 习近平：《携手建设中国—东盟命运共同体——在印度尼西亚国会的演讲》，《人民日报》2013 年 10 月 4 日。

人心、暖人心的事，使中国与东盟各国相互间更加亲近、更加友善，在国际事务、地区事务以及双边事务中相互支持，紧密配合，使"命运共同体"深入人心，巩固中国与东盟国家之间地缘相近、人缘相亲、文缘相通的情感纽带。"诚"，就是要互相尊重，怀着诚心、诚信和诚意进行交流与合作，尊重彼此发展现实、宗教信仰和政治制度，国家不分大小、强弱、贫富，彼此以礼相敬、以诚相待，真诚开展协商、对话、合作，做到承诺必践，坦诚以待，在和平共处五项原则的基础上发展与周边国家的友好合作关系。"惠"，就是要遵循互惠互利的原则开展合作，大力推动民生工程建设，使东盟国家能够提升发展水平和现代化进程，不断满足人民的物质文化生活需要，在与中国发展合作的进程中得到实实在在的实惠，让各国人民共同分享中国改革发展的成果，编织一个利益更为密切、共享更为充分的利益共同体，将双方的利益融合和共同发展提升到一个更高水平。"容"，就是要开放包容、求同存异，主张和而不同、兼容并蓄，妥善稳妥地处理国家间的分歧，以开放的胸襟、包容的心态对待国家间的不同主张和利益诉求，以"命运共同体"的情怀实现各方的和谐共处和共同发展。

实现身份认同、愿景认同和价值认同，目的就是要忽略政治制度和发展水平的差异，巩固发展中国与东盟双边合作交流的社会基础，真正做到国之交在与民相亲，民相亲在与心相近。东盟各国无论社会制度如何，也无论发展水平高低，始终都是中国的最重要邻国，是中华民族全面复兴进程中的好朋友和好伙伴。[1] 党的十九大后，新时代中国特色大国外交开启新篇章，要求中国与东盟要在政治、安全、经济、社会文化等领域开展全方位合作，推动中国—东盟命运共同体建设新征程，打造更高水平的中国—东盟战略伙伴关系，迈向更为紧密的中国—东盟命运共同体。[2]

---

① 于洪君：《中国—东盟有望成为"一带一路"先行区和命运共同体示范区》，《公共外交季刊》2017年第2期，第7—14页。

② 王义桅：《中国—东盟命运共同体建设迎来新机遇》，《北京日报》2017年11月15日。

第三节 带动效应

在稳步推进中国—东盟命运共同体建设的进程中，中华文化蕴含的包容胸怀和开放气度，可以推进中华优秀文化与东盟文化的交流交融和互学互鉴，"一带一路"建设共享改革发展成果，提升基础设施建设水平和国民的获得感，进一步带动双边在经济、政治、文化、社会等方面的合作交流，携手打造政治互信、经济融合、文化包容的利益共同体、命运共同体和责任共同体。

一、文化"走出去"带动国家软实力建设

中国与东盟深化合作以及建设命运共同体，需要大力实施文化"走出去"战略，中华文化走出去迈出更大步伐，开创中华文化国际影响力不断增强的新局面。[①] 党的十九大确立习近平新时代中国特色社会主义思想作为全党的指导思想，其中，推动构建人类命运共同体是我国周边外交和大国外交的重要内容，它体现了中华优秀传统文化的精髓，是提高国家文化软实力和国际影响力的重要渠道，并能够为解决复杂多变的国际问题贡献中国智慧和中国方案。[②]

要稳步实施文化"走出去"战略，其重要前提是文化自信。博大精深的中华优秀传统文化是我们在世界文化激荡中站稳脚跟的根基。[③] 2017 年 1 月 25 日，中共中央办公厅、国务院办公厅印发《关于实施中华优秀传统文化传承发展工程的意见》，要求深刻认识悠久的传统文化培育了中华民族的

---

① 冯颜利：《中华文化如何"走出去"——文化影响力建设的问题、原因与建议》，《人民论坛》2013 年第 4 期，第 76—83 页。

② 张静、马超：《习近平人类命运共同体思想对中华"和"文化的继承与创新》，《长白学刊》2018 年第 1 期，第 139—145 页。

③ 《习近平在中共中央政治局第十三次集体学习时强调 把培育和弘扬社会主义核心价值观作为凝魂聚气强基固本的基础工程》，《人民日报》2014 年 2 月 26 日。

民族精神，演绎了我们数千年的历史，是中华民族生存、发展的根与魂，是我们民族数千年发展的动力，中华优秀传统文化的传承发展，必须与时俱进，顺应时代发展的需要，吸取人类文化的优秀成果，创造性发展。① 在2017年"一带一路"国际合作高峰论坛开幕式上，习近平总书记发表了题为《携手推进"一带一路"建设》的主旨演讲，强调"'一带一路'建设要以文明交流超越文明隔阂、文明互鉴超越文明冲突、文明共存超越文明优越，推动各国相互理解、相互尊重、相互信任"。② 向世界各国推介中华优秀传统文化，需要讲好中国故事，传播好中国声音。因此，中华优秀传统文化与中国—东盟命运共同体建设是辩证统一有机联系的整体，中华优秀传统文化是中国—东盟命运共同体建设的强大精神力量，中国—东盟命运共同体建设能够实现推动文化"走出去"战略的深入实施，加强文化软实力建设，进一步扩大中华文化的亲和力、影响力和拉动力。

一是弘扬中华优秀传统文化价值理念。紧紧围绕中华优秀传统文化价值理念的基本内容，注重中华文化走出中国、走进东盟的宣传推介、示范引领和融合发展相统一，把"亲诚惠容"文化理念打造成中华文化走出去的文化名片，使之成为中华文化走出去的核心理念。做好中国与东盟文化交流与合作的政策保障、制度规范和法律约束相衔接，使得中华传统文化价值理念融入打造中国—东盟自贸区"升级版"、推进中国—东盟命运共同体建设的具体实践，融入东盟国家人民群众的生产生活和精神世界。增强中华文化国际影响力，实施文化"走出去"战略，弘扬中华传统文化价值理念，需要形成和完善有利于文化发展的体制机制，打造具有核心竞争力的文化企业，不断创造具有民族文化活力的新成果，加快建构覆盖广泛的文化传播体系。③ 要做好中华优秀传统文化的传播工作，增强主动传播意识，建设多元

---

① 钱逊：《推动马克思主义与中华优秀传统文化相结合》，《学习时报》2018年1月24日。
② 习近平：《携手推进"一带一路"建设——在"一带一路"国际合作高峰论坛开幕式上的演讲》，《人民日报》2017年5月15日。
③ 魏佐国：《对增强中华文化国际影响力的思考》，《求实》2013年第7期，第75—78页。

化的传播群体和传播队伍，提升广播电视、图书、报刊的传播力，加强思想文化内涵的提炼与传播①，大力弘扬中华优秀传统文化和人文精神，促进中华优秀传统文化"走出去"战略的深入实施，推动中华优秀传统文化的国际化发展。

二是夯实中华优秀传统文化传播平台。打造文化软实力，实施文化"走出去"战略，需要建设中华优秀传统文化传播的大平台，其中，孔子学院作为非营利性教育机构，在增进世界人民对中国语言和文化的了解，发展中国与世界各国友好关系，促进世界多元文化发展中具有重要作用，对于建设中国—东盟命运共同体和人类命运共同体的作用也不可低估。要依托好孔子学院这个传播平台的作用，切实加强中华文化走出去这一特色品牌的功能导向、体验感悟、内容建设及模式创新，加强中华文化软实力基础与世界各国教育文化交流合作内在需求的有效衔接，实现中华文化走出去、走进东盟、走向世界的文化国际化发展新格局，把中华优秀传统文化深深融入世界各国文化血脉之中。要注重平台建设的创新发展，将孔子学院与中华文化园、中华文化街建设统筹谋划，将语言文化的教育功能与休闲娱乐的体验功能有机结合起来，拓展中华文化传播方式和渠道，通过结合、融合、联合、整合等手段，建设多层次、多元化的文化产业发展合作平台，挖掘和弘扬中华优秀传统文化的现代价值，将孔子学院建设成为中华传统文化传承教化基地，发挥好包括孔子学院在内的各种文化交流合作平台的作用，切实将这些平台塑造成为东盟国家乃至世界各国和地区最亮丽的中华文化品牌，大力夯实中华文化的软实力基础。

三是促进中华文化繁荣兴盛大发展。以中国—东盟文化交流年为契机，加快中华优秀传统文化"走出去"，广泛开展特色鲜明的文化活动。加强对中华文化"走出去"国际化发展的引导，鼓励文化艺术不断推陈出新，提高中华优秀传统文化的艺术创新创造，重点扶持重大文化历史题材、现实题

① 盖翠杰、杨上元：《提高中华文化传播力和影响力研究》，《理论学刊》2013 年第 9 期，第106—111 页。

材和民族题材的传统优秀文化的创作和生产，并加大推广力度。推进中华优秀传统文化与旅游、科技和大数据的融合发展，运用市场机制，通过引进、联合、扶持和培育好一批竞争力强的大型文化集团，发展好一批中小型富有特色鲜明的骨干文化企业，孵化好一批富有创意的小微型文化企业，加快推进文化产业向集团化、专业化和国际化发展。尤为关键的是，必须立足中华优秀传统文化的创造性转化和创新性发展的根本要求，从国家战略高度加强以中华优秀传统文化提升中国国际话语权，以核心价值增强价值认同度，以文化产业扩大中国话语的辐射力，以学术话语创新提升理论说服力，以公共外交培育中国话语的感染力，在参与全球治理中贡献具有中国智慧的话语体系。①

"一带一路"建设也可以理解为地区和全球事务治理的中国方案，体现了中国担当和中国作为，其基础是中国综合国力的不断增强，除了经济发展、科技创新等硬实力，还包括了中华优秀传统文化在内的软实力。国家软实力的增强，离不开文化"走出去"战略的深入实施，对于中国与东盟双边关系发展以及中国—东盟命运共同体建设意义重大，其作用不可低估。

二、博览会平台带动双边经贸合作发展

基于周边外交和公共外交的需要，中国—东盟博览会、中国—东盟商务与投资峰会已经走过了 14 年的发展历程，成功打造成为中国与东盟双边合作交流的国家级重要平台，中国—东盟博览会也已成功举办了十四届（见表 7-1），有力地促进了中国—东盟自由贸易区建设，使中国—东盟交流与合作的平台效应得到充分显现，也可以从一个侧面把握文化产业对于中国—东盟经贸合作的拉动作用。

---

① 赵庆寺：《中华传统文化与中国国际话语权的建构路径》，《探索》2017 年第 6 期，第 119—121 页。

表7-1 2004年以来中国—东盟博览会的平台带动双边经贸情况一览表

届数	时间	平台效应
一	2004年11月3—6日	搭建起中国—东盟经贸合作的重要平台，构筑了双边政治文化交流新舞台，布展水平高，经贸成效实现预期目标。
二	2005年10月19—22日	品牌影响力进一步增强，投资促进活动更加务实，商品交易更加活跃。
三	2006年10月31日—11月3日	规格高、规模大，经贸成效取得新突破，海内外媒体高度关注，商务与投资峰会形式新颖。
四	2007年10月28—31日	参会代表层次高，中外贵宾云集，经贸合作取得新成效。
五	2008年10月22—25日	以广阔的视野和积极的行动，开展信息通信合作，举办中国—东盟商务与投资峰会。
六	2009年10月20—24日	以合作抓机遇、合力克难关为主旨，共同对抗贸易壁垒和贸易保护主义，交流合作取得重大进展，多领域合作与交流不断扩大。
七	2010年10月20—24日	以促进中国—东盟自由贸易区建设、共享合作与发展机遇为主旨，在商品贸易、投资合作和服务贸易三大领域中搭建中国与东盟扩大商贸合作的新平台。
八	2011年10月21—26日	以环保合作为重点主题，举办中国—东盟环保合作论坛，突出走出去的特色，促进强化中国—东盟对话关系。
九	2012年9月21—25日	以合作共赢促发展为主旨，以科技合作为重点议题，进一步增强市场吸引力，进一步提高展览专业化水平，贸易配对更加高效。
十	2013年9月3—6日	以区域合作发展的新机遇、新动力、新阶段为重点，在商品贸易、投资合作、服务贸易、先进技术、魅力之城五大领域发挥平台作用，促进中国—东盟友好合作。
十一	2014年9月16—19日	进一步推动展会的专业化发展，打造好信息交流平台，不断提高经贸实效，双向投资等方面取得新进展。
十二	2015年9月18—21日	以"共建21世纪海上丝绸之路——共创海洋合作美好蓝图"为主题，首次成功举办国际产能合作系列活动，搭建了中国与东盟及海上丝绸之路沿线地区产能合作的新平台。
十三	2016年9月11—14日	以"共建21世纪海上丝绸之路 共筑更紧密的中国—东盟命运共同体"为主题，促进国际产能合作、推进周边互联互通、推动中国—东盟信息港建设、促进国际园区合作和深化多领域合作，进一步优化提升服务，聚焦构建互利合作网络、新型合作模式、多元合作平台。
十四	2017年9月12—15日	以"共建21世纪海上丝绸之路 旅游助推区域经济一体化"为主题，全面推动国际产能合作，推进双方的互联互通合作、跨境经济合作区、跨境电子商务，金融、信息等方面的合作。

资料来源：根据相关新闻报道整理而成。

平台效应在中国与东盟的经贸往来中得到体现，中国目前继续保持东盟第一大贸易伙伴地位，东盟是中国第三大贸易伙伴、第四大出口市场和第二大进口来源地。从图7-1可以看到，从2010年至2017年的八年间，中国—东盟双边贸易额总体呈现平稳增长的趋势，虽然在2015年和2016年略有下降，2017年很快得到恢复，创下近八年来的新高。2017年，中国与东盟贸易额达5148亿美元，较2016年双边贸易额4522亿美元增长13.8%，这一增速超过中国对外贸易平均增速，也超过欧盟、美国的双边贸易增速，为中国前三大贸易伙伴中增速最快的区域贸易伙伴，其中，中国向东盟出口为2791亿美元，从东盟进口为2357亿美元，分别增长9%和20%。

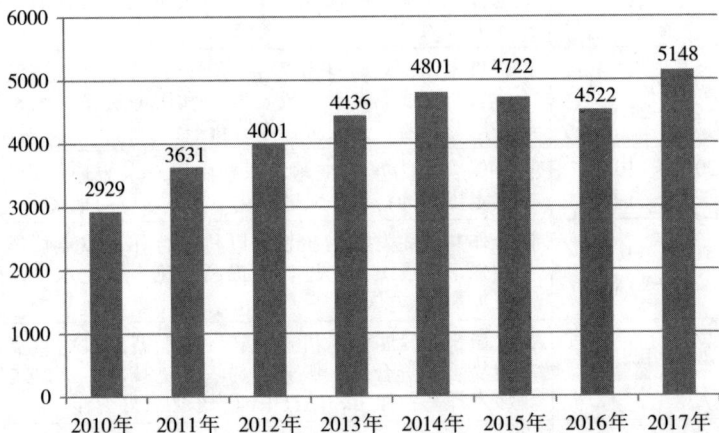

图 7-1　2010—2017 年中国—东盟双边贸易额（亿美元）

除了推动双边贸易发展，还需要进一步拉动产业园区建设，提升双边合作交流的水平。产业园区作为经贸合作的重要投资载体，其在促进中国—东盟双边贸易投资中扮演着十分重要的角色，是中国—东盟投资合作的新模式。[①] 要在总结中马钦州产业园区实施"两国一园"建设模式基础上，深化中国与东盟各国的产业合作，积极探索中国—东盟产业园区建设发展新路，

---

① 中国—东盟博览会秘书处：《产业园区—中国—东盟投资合作新模式》，《中国投资》2016年第10期，第68页。

着力调整中国—东盟产业园区发展布局，强化中国—东盟产业园区的科技创新驱动区、产业集聚区、商务服务区和人才特区"四区一体"的战略发展模式，主动融入"一带一路"建设战略，共同培育具有国际竞争力的产业集群，实现更高层次、面向国际化的合作，建立高端化、国际化并富有区域性特色和关联度的产业体系，建成特色鲜明、富有活力的中国—东盟产业园区，全面提升中国—东盟产业园区规划建设水平和功能作用，致力建设中国—东盟命运共同体。

三、面向和平与繁荣的战略伙伴带动政治互信不断提升

伴随经济联系的加深和贸易往来的频繁，能够对中国与东盟的政治互信形成良性互动。张高丽在第十四届中国—东盟博览会和中国—东盟商务与投资峰会开幕大会上指出，经过 10 多年的稳步发展，中国—东盟博览会、中国—东盟商务与投资峰会已经成为中国与东盟国家增进政治互信的重要桥梁、开展经贸合作的重要平台和加强人文交流的重要纽带。[①] 可以看到，文化产业对于发展双边政治关系的作用不可低估，为双边增进共识、消除分歧、精诚团结以及政治互信提供了沟通交流的平台，发挥了重要的桥梁作用。

中国与东盟之间的相互信任，特别是政治互信，是中国—东盟关系发展需要重视和处理好的问题。当初东盟的成立，其初衷就是因为对中国的政治信任缺失，以抱团取暖的方式，解决东盟国家自身对安全的担心、忧虑和关切。后来双边关系的回暖和改善，也是在善意行为的相互表达以及双边政治互信逐步建立的情况下才得以实现。1991 年，中国与东盟正式开启对话进程，迄今双边关系已经走过 27 年的发展历程。在这一进程中，中国作为域外国家，第一个加入《东南亚友好合作条约》，第一个明确支持东盟在区域合作中的中心地位，第一个同东盟建立战略伙伴关系。中国在 2013 年与东

---

① 张高丽：《坚持共商共建共享 传承弘扬丝路精神 打造更高水平的中国—东盟战略伙伴关系——在第十四届中国—东盟博览会和中国—东盟商务与投资峰会开幕大会上的致辞》，《人民日报》2017 年 9 月 13 日。

盟确定了建立面向和平与繁荣的战略合作伙伴关系，2018 年也将迎来双边建立战略伙伴关系 15 周年。[①] 15 年来，中国—东盟政治互信不断加强，互利合作不断加深，呈现全方位发展、多层次拓展的良好局面，双方国家高层往来频繁，各层次、多领域的政治对话机制日益成熟。中国与东盟之间双边政治互信不断加深，中国尊重东盟的主体地位，不干涉地区及国家内部事务，始终坚定支持东盟共同体建设，支持东盟在区域合作中的中心地位，支持东盟在国际地区事务中发挥更大作用[②]，在区域问题及全球问题上达成了很多共识，有效处理了双边关系面临的棘手问题和重大挑战，共同维护和促进亚太区域和平、发展、繁荣与稳定。

中国—东盟政治合作机制发展迅速，并取得积极进展，展现了广阔的发展前景。中国—东盟双方共同推进制定"中国—东盟战略伙伴关系 2030 年愿景"，进一步加强"一带一路"倡议同东盟区域战略和东盟国家发展规划对接，推动落实双边经贸合作五年规划。2016 年，中国—东盟各国领导人一致同意，推进"一带一路"倡议与《东盟互联互通总体规划 2025》对接。中国—东盟双方已完成制定《中国—东盟信息通信共同发展伙伴关系行动计划（2017—2021）》，通过了《中国—东盟交通合作战略规划》和《中国—东盟交通运输科技合作发展战略》。[③] 2017 年，李克强总理在第二十次中国—东盟（10+1）领导人会议中表示，中国愿意与东盟各国共同规划中国—东盟关系发展愿景，研究制定"中国—东盟战略伙伴关系 2030 年愿景"，将"2+7"合作框架升级为"3+X"合作框架，构建以政治安全、经贸、人文交流三大支柱为主线、多领域合作为支撑的合作新框架。同时，稳步加强中国—东盟双方政治安全合作，密切高层往来，加强政策沟通对话，

---

① 李克强：《在第十九次中国—东盟领导人会议暨中国—东盟建立对话关系二十五周年纪念峰会上的讲话》，《人民日报》2016 年 9 月 8 日。

② 丁子、张志文：《携手描绘中国—东盟关系美好蓝图》，《人民日报》2017 年 8 月 9 日。

③ 张高丽：《坚持共商共建共享 传承弘扬丝路精神 打造更高水平的中国—东盟战略伙伴关系——在第十四届中国—东盟博览会和中国—东盟商务与投资峰会开幕大会上的致辞》，《人民日报》2017 年 9 月 13 日。

深化政治安全合作，增进相互理解与信任，加强司法和打击跨国犯罪、反恐、网络安全等非传统安全领域合作。[①]

产业合作和经贸往来可以推动政治互信，政治互信的发展可以为进一步密切经贸往来和产业合作奠定坚实基础。目前，中国—东盟关系已发展成为东盟对话伙伴关系中最具活力、最富内涵的一组关系，深化了中国与东盟国家人民之间的友谊，共同维护了地区的和平、稳定和发展，为在和平共处五项原则的基础上发展新型国际关系，构建国际和平发展新秩序树立了典范。

第四节　建构效应

建构效应是基于中国—东盟命运共同体建设的认知观念，兼顾中国与东盟国家间发展的差异性、层次性、多样性等因素，在携手共建中国—东盟命运共同体进程中，既推动各参与主体实现自身的经贸发展、社会进步和文化繁荣等，又能够为命运共同体建设营造良好的条件和氛围，通过双边及多方的不懈努力和协力追求，实现中国—东盟命运共同体的建构和塑造。

一、以科技创新加快命运共同体建设进程

创新是文化产业发展的源泉，科技创新是文化产业发展的必由之路。中国—东盟文化及其产业发展的创新战略需求，是要通过科技创新促进文化产业创新能力的实质性养成，激发并增强中国—东盟文化产业的发展活力。在目前形势下，要依托"一带一路"建设，进一步集聚中国—东盟命运共同体建设的各种资源要素和发展平台，着力建设中国—东盟命运共同体的区域创新驱动体系。

以科技创新加快中国—东盟命运共同体建设进程，需要抓住几个关键环节。一是通过科技创新，有机结合中国—东盟交流合作的物质和文化、有形

---

① 白阳、张志文：《构建理念共通、繁荣共享、责任共担的命运共同体》，《人民日报》2017年11月14日。

和无形的条件，形成以企业为主体、市场为导向、产学研有机衔接的文化创新体系，科学运用现代化、数字化、技术化的手段和方法，根植传统历史文化，面向未来世界发展，实现文化产业创意能力的不断提升，丰富中国—东盟命运共同体的文化内涵，带动文化产业走出具有自身特色、富于民族文化底蕴的发展之路。二是通过科技创新，推进文化产业的集群发展，有效激发、共享、凝聚文化及其相关产业的创造力，不断延伸产业链条，有效优化配置各种文化资源，扩大文化企业的影响力和辐射力，最大限度地发挥规模效应，不断提高中国—东盟文化及其产业的国际竞争力。三是通过科技创新，加快推动文化及其产业"走出去"，大力增强中国—东盟文化及其产业的凝聚力、影响力和辐射能力，展现中国—东盟文化及其产业的自身价值、新时代发展要求和参与全球治理的责任担当，扶持发展一批具有国际竞争力的文化企业，形成文化含金量高的优势文化产业集群，打造文化出口基地和产业园区，推进文化企业的国际化发展，以积极有效的外向型发展进入国际文化贸易市场，扩大在国际市场上的份额，缩小文化产品贸易逆差，不断提升中国优秀传统文化的亲和力、传播力和国际影响力。四是通过科技创新，大力发展中国—东盟文化会展、新闻出版、广告等主导行业，进一步巩固提升文化旅游、广播电视电影、文化用品贸易、文化产品制造等传统优势行业，重点培育网游动漫、创意设计、新媒体等新兴行业，促使中国—东盟交流合作的文化交流覆盖区域更加广泛，文化交流项目和主题更趋多样，民间文化交流和文化交流模式日益丰富，对外文化交流及其纽带连接不断强化。五是通过科技创新，引导以高新技术为基础的新兴文化产业快速发展，丰富中国—东盟文化产业发展新型业态，形成推动中国—东盟经贸交流合作发展新的增长点。同时，推动中国—东盟文化产业和文化企业的集群发展，大力培育中国—东盟文化及其产业发展的大型企业集团，不断提升文化产业创新能力，扩大文化对外贸易，着力增强文化产业的广泛社会功能，推动文化产业发展成为中国—东盟交流合作的新兴支柱产业，为中国—东盟命运共同体建设提供强大的动力支持。

"一带一路"建设是推进中国—东盟命运共同体建设的重要抓手，中国—东盟命运共同体建设的关键要在"五通"上做文章，加快建设以中国—东盟博览会、中国—东盟商务与投资峰会为代表的科技创新平台，突出以经贸合作为龙头的现代服务业发展，推动大数据、现代物流、信息技术等新业态不断涌现，提质扩量电子商务、物流快递、港口运输等，实现会展经济和旅游经济稳步增长，以科技创新带动"一带一路"建设以及中国—东盟交流与合作提层次、上水平。

二、以优质平台增强命运共同体建设后劲

实施平台创优工程，首先需要充分依托中国—东盟合作交流十几年积聚的重要资源，发挥好现有平台的作用，集中力量继续办好中国—东盟博览会、中国—东盟商务与投资峰会和南宁国际民歌艺术节，将原来依托博览会打造的系列论坛平台建设好，使之成为支撑中国—东盟命运共同体建设的优质平台，发挥好这些平台在交流思想、形成共识、积聚人脉和推动发展中的作用，更好地服务中国—东盟命运共同体建设。

据不完全统计，服务中国与东盟关系发展的论坛平台大约有 5 大类约36 个论坛。第一类为文化产业论坛，包括中国—东盟文化论坛、中国—东盟旅游合作论坛、中国—东盟艺术合作与发展论坛、中国—东盟传统医药健康旅游国际论坛、中国—东盟电视交流论坛、中国—东盟职业教育联展暨论坛、中国—东盟民族文化论坛等。第二类为高峰论坛，包括中国—东盟高层论坛、中国—东盟市长论坛、中国—东盟企业家论坛、中国—东盟大法官论坛、中国—东盟商会领袖高峰论坛等。第三类为产业论坛，包括中国—东盟农业合作论坛、中国—东盟矿业合作论坛、中国—东盟环境合作论坛、中国—东盟海洋科技合作论坛、中国—东盟农资产业高峰论坛、中国—东盟交通合作与发展领袖论坛、中国—东盟电力合作与发展论坛、中国—东盟国际产能合作论坛等。第四类为经贸论坛，包括中国—东盟经贸发展论坛、中国—东盟财富论坛、中国—东盟物流合作论坛、中国—东盟统计论坛、中

国—东盟信息港论坛、中国—东盟工商论坛、中国—东盟保险合作与发展论坛、中国—东盟基础设施合作论坛、中国—东盟红十字博爱论坛、中国—东盟自由贸易区论坛等。第五类为专业论坛，包括中国—东盟青年人文论坛、中国—东盟国际口腔医学论坛、中国—东盟网络空间论坛、中国—东盟药品合作发展高峰论坛、中国—东盟人力资源开发合作论坛、中国—东盟女企业家创新创业论坛等。这些论坛可以成为每年中国—东盟博览会、商务与投资峰会的有机组成和重要补充，在充分沟通和协商取得一致后，决定相关论坛的召开及确定论坛主题，将博览会的主题进一步明确细化和形成广泛共识，落实到区域及各国的共同实践和协同行动中去。

实施平台创新工程，还要根据形势发展以及双边关系发展面临的新任务新要求，不断创新平台建设模式，积极打造大型工程和特色项目，使之成为支撑双边关系健康发展和命运共同体建设的新型平台。要全面审视中国—东盟文化产业发展过程中存在的问题，制定中国与东盟交流合作的一揽子文化及其产业发展政策，加强金融、税收、规划、土地等方面对中国—东盟文化及其产业发展的大力支持，着力打造中国—东盟文化创新工程、文化品牌工程、文化旗舰项目工程、文化精品创作工程、文化民生工程等，努力将中国—东盟边境地区民族文化旅游区建设成为具有深厚边境民族历史内涵、浓郁地域特色、强烈时代特征、鲜明文化品格、高度创新精神、国际化程度较高的国际旅游目的地。要高度关注新兴技术对文化产业发展的影响，顺应世界发展大趋势，抢占文化及其产业创新、创意为内涵的文化产业战略制高点，大力推进信息技术和文化产业的融合，在文化创意、传媒、动漫游戏、会展等新兴产业形成明显优势。要大力打造中国—东盟交流合作的旗舰型文化项目，除了广西南宁国际会展中心、中新苏州工业园区、中新天津生态城、马来西亚—中国关丹产业园区等，需要建设更多更具区域及民族特色的中国—东盟标志性文化设施，打造中国—东盟边境地区标志性文化街区，统筹谋划中国—东盟重大文化节事活动，以大工程大项目创新双边合作交流平台，助力中国—东盟命运共同体的功能彰显和作用显现。

平台创优需要依托和巩固现有平台，发挥现有平台作用，将其发展提升为优质平台，同时，还需要不断完善文化及其产业发展的制度环境，充分和高效配置产业发展资源，大胆创新、科学谋划和大力实施大型工程和特色项目建设工程，搭建适应新形势新任务和迎接新挑战新目标的新型平台，为双边关系的持续发展及命运共同体建设不断增添新动能。

三、以文化惠民积聚命运共同体建设动能

中国—东盟命运共同体建设需要凝聚民众的智慧和力量，充分调动双边广大民众参与共同体建设的积极性和主动性，文化惠民作为一个理念，可以为这些目标的实现有所作为。随着区域内国家开放程度的提升，改革进程及现代化建设的加速，物质生活水平的逐步改善，伴随而来的则是民众对教育文化以及精神生活的强烈需求，需要大力发展文化事业和文化产业，以文化事业和文化产业的充分发展实现文化产品和文化服务的有效供给，不断满足区域内相关国家、民族的生活需要和个性化需求，将文化事业和文化产业的发展成果惠及区域内广大民众。

在民众对文化服务的需求中，教育服务需求在其中占有重要地位，这可以从中国与东盟双边留学生规模得到说明。据不完全统计，2015 年中国—东盟互派留学生人数超过 19 万人，其中，中国赴东盟留学生约为 12 万人，主要留学目的地国家为新加坡、泰国、印尼、越南等。在与东盟的教育合作交流上，广西具有独到优势和有利条件，东盟国家已经成为广西学生出国留学首选地之一，广西也成为东盟国家留学生最多的省区之一。广西高校与东盟各国近 200 多所院校建立了合作关系，每年向东盟国家派出 5000 多名留学生，与东盟国家的留学生交流人数达到双向过万人。广西重点建立中国—东盟农业人才、金融与财税人才等 9 个国家级教育培训中心，为东盟国家培训了农业、语言、行政管理、医药、艺术等领域的专业人才达 6000 多人[①]，接受

---

① 刘雪梅：《"一带一路"背景下广西—东盟职业教育发展研究》，《职业技术教育》2017 年第 12 期，第 33—34 页。

越共中央组织部 165 项目委托培训越南青年干部 1000 多人，推动构建中国—东盟职业教育交流合作机制，为东盟国家培养经济发展和技术升级培养专门职业技术人才。① 中国与东盟还绘制了未来教育合作的路线图，第二届中国—东盟教育部长圆桌会议通过了中国与东盟之间首个教育交流合作 5 年行动计划——《中国—东盟教育合作行动计划（2016—2020）》，内容覆盖基础教育、高等教育、职业教育、学生交流等多个领域。预计到 2020 年，中国—东盟互派留学生突破"双十万"的计划，双方互派留学生人数将双双超过 10 万人次，到 2025 年实现互派留学生 30 万人次的目标。② 中方设立"中国—东盟海上丝绸之路奖学金"，面向东盟十国提供 1000 个奖学金名额。③ 这些计划的有效实施，能够更好地满足双边民众对教育服务的需求，提升民众的文化水平和综合素养，培养文化使者和友谊使者，造就一大批经济社会快速发展急需的各种专门人才和高层次人才，在更高层面上推动中国—东盟关系的发展和提升。

旅游市场前景广阔，市场潜力巨大，受民众欢迎程度高，大力开发文化旅游产品，推动双边旅游市场的繁荣发展，是深化中国与东盟文化产业合作的主要着力点，对于增加往来，增强了解，增进共识，以及培育和形成广泛而共同的根本利益具有重要作用，也是以文化产业发展推动命运共同体建设的一个非常好的切入点。改革开放后，随着生活水平的提高和生活质量的提升，出国旅游逐渐兴起，20 世纪 80 年代末，泰国成为中国公民出境旅游主要目的地国家之一，东盟国家成为中国公民出境游的初始目的地国家。2005 年，随着老挝正式成为中国公民出境旅游目的地国家，东盟十国已经全部向中国游客敞开了大门。2016 年，双方人员往来突破 3800 万人次，每周有大

① 周仕兴：《首个中国—东盟职教集团成立　助力中国高铁走向世界》，《光明日报》2018 年 5 月 20 日。

② 陈新光：《携手共建更加紧密的中国—东盟战略伙伴关系》，《中国日报》2018 年 1 月 3 日。

③ 李克强：《在第十九次中国—东盟领导人会议暨中国—东盟建立对话关系二十五周年纪念峰会上的讲话》，《人民日报》2016 年 9 月 8 日。

量航班往返于中国与东盟国家，中国稳居东盟第一大境外旅游客源地国家①，越南、马来西亚、菲律宾等国来华旅游人数均超过百万人次，中国和东盟互相成为彼此最大海外旅游目的地和客源地，使得旅游合作成为中国—东盟关系发展的一大亮点，由此推动人文交流也成为中国—东盟关系发展的新支柱。除了大力发展双边的旅游合作，满足旅游产品和服务需求，推动"民相亲"、"心相近"，还要深入实施文化惠民工程，大力推进中国—东盟文化产业科技创新，加快中国—东盟边境民族文化旅游区建设，建成一批具有中国—东盟特色、吸引力强、知名度高、富有创意的文化旅游区、特色街区和文化旅游科技产业集群，打造中国—东盟地域特色鲜明、公共文化设施完善、文化产业发达、文化辐射力影响力较大的中国—东盟国际旅游目的地，瞄准世界文化发展潮流，促进中国—东盟文化产业发展更加贴近双边受众的现实需求，给双边民众提供更多更好的优质文化产品和服务，使文化惠民更好地造福双边民众，推进中国—东盟边境地区经济繁荣及社会和谐发展。

文化惠民在推动"民相亲"、"心相近"上具有独特优势和有利条件。"五通"是"一带一路"建设的重点内容，其中"民心相通"要求重视民间往来、发展民间友好、增进民间友谊、促进民间团结，文化惠民有助于实现这些目标，将"民相亲"、"心相近"落到实处；这一目标的实现也得益于双边合作交流基础上的文化产业和文化事业发展成果，以人文交流和民间外交、公共外交的"民心相通"助推"国之交"，形成强大动能共同作用于中国—东盟命运共同体建设。

---

①　丁子、张志文：《携手描绘中国—东盟关系美好蓝图》，《人民日报》2017 年 8 月 9 日。

第八章　促进策略：文化产业发展与中国—东盟命运共同体建设的有效互动

党的十九大宣告中国特色社会主义进入新时代，要求坚持和平发展道路，推动构建人类命运共同体。作为新时代下人类命运共同体建设的有机组成部分，中国—东盟命运共同体建设的积极实践和成功探索，能够极大地推进"一带一路"国际合作以及国际合作新平台和共同发展新动力的成功打造，这些成果必将服务人类命运共同体建设进程，推动持久和平、普遍安全、共同繁荣、开放包容、清洁美丽的人类美好新时代的到来。基于文化产业对于中国—东盟命运共同体建设的作用机制，需要探索和实施相关促进策略以发展文化产业，服务中国—东盟命运共同体建设，推动中国—东盟双边合作交流向纵深发展。

第一节　始终遵循中国—东盟关系基本内核

和平与发展是当今世界的两大主题，促进策略的制定和实施需要把握政策环境。国际大环境、区域中环境以及各国小环境，都对和平的国际环境和发展的国内主题产生高度依赖。中国—东盟关系在发展中有波折，在前进中有曲折，困境的突破和瓶颈的破解需要机缘和智慧，总体向好具有深刻必然性和现实合理性，睦邻友好的本质没有变，战略伙伴的定位没有变，合作共赢的理念没有变。遵循中国—东盟关系的基本内核，是中国—东盟关系长远发展和中国—东盟命运共同体建设的基本立足点。

一、坚持中国—东盟睦邻友好本质

中国与东盟在地理上毗邻相连，在历史上往来相亲，在情谊上血脉相连，在文化上互鉴互通，双方相互之间有数千年的友好交往历史，特别是进入新世纪以来双边关系的快速发展，在经贸往来、文化产业合作、推动非传统安全、加强政治互信等方面取得了一系列成果，进一步夯实了双边睦邻友好、互利合作的坚实根基。当然，双边关系的发展不可能一帆风顺，出现问题、面临困难、迎接挑战在所难免，但不管怎样，中国与东盟睦邻友好的本质没有变，发展和推动双边关系不断前行的决心和信心不能动摇和偏离。

二、坚定中国—东盟合作共赢理念

经贸往来是双边关系的晴雨表，可以成为认识双边关系发展程度的主要观测点，也是评估双边关系合作共赢的重要切入点。从中国与东盟的经贸联系看，双边贸易额自建立对话关系以来长期处于低位，持续攀升的情形始于2000年，在2008年出现拐点略有下滑，2009年到2014年又重新攀升，2015年又出现拐点再次下降，2016年有持续下降趋势。[①]

从近几年的情况看，中国与东盟国家的文化交流活动异常丰富，促进了文化的相互借鉴和学习，增进了相互了解和信任。中国—东盟双方之间文艺团体的交流活动不断增多，非常频繁，这些文艺活动在中国—东盟双方的文化交流与合作中，起着不可替代的重要作用。近年来，我国根据相关文化交流合作项目的实际需要，向多个东盟国家分别派遣了具有浓郁中华传统文化特色的歌舞、杂技和民乐团体进行实地实景演出。这些文艺演出活动对于中国—东盟双方文化交流起到了非常好的沟通效果，不仅传播了中国自身的优

---

① 王玉主、张蕴岭：《中国发展战略与中国—东盟关系再认识》，《东南亚研究》2017年第6期，第8页。

秀传统文化，而且还促进了中国与东盟国家之间的文化交流合作。同时，还通过举办中国—东盟文化论坛、文化产业论坛、艺术节与相关展览等，中国与东盟国家之间搭建起一个立体式的文化交流合作体系，双方纷纷开展了多渠道、多层面和多领域的文化交流与合作。这些卓有成效的交流合作工作，不仅有利于提高中国与东盟国家相互之间的文化认知与深度融合，增进了解和互信，而且为中国—东盟双方在更高层次的经贸合作以及区域一体化的进程夯实了坚实的发展基础。

三、坚守中国—东盟战略伙伴定位

从历史进程看，中国与东盟国家的关系发展经历了一个曲折的过程，经过双边的共同努力，目前的中国—东盟关系发展成就来之不易，对立对抗以致冲突对峙不符合双边的根本利益，需要双方倍加珍惜和共同呵护来之不易的和平周边环境，巩固发展好双边关系进入新世纪以来的系列成果，在国际经济政治环境复杂，特别是在外部势力试图介入和不断干扰的情况下，更加需要依赖双边的政治智慧和高瞻远瞩，坚守中国—东盟战略伙伴关系的战略定位，不至于因一时一事的意外事件而发生偏离，并使之成为中国—东盟双边关系发展的根本准则及共同遵循。

在 20 世纪 60 年代，当时的冷战背景及复杂的国际环境，东南亚国家联盟（Association of Southeast Asian Nations）与中国双边关系经历从局部交往到全面对峙（1967 年—20 世纪 70 年代初），关系解冻到开始交往（20 世纪 70 年代初—20 世纪 70 年代末），对抗霸权到发展合作（20 世纪 70 年代末—20 世纪 80 年代末），深化交往到友好合作（20 世纪 80 年代末—20 世纪 90 年代），睦邻互信到战略伙伴（进入 21 世纪以来）等时期；关系定位从"对话关系"（1991 年），"磋商伙伴"（1992 年），"全面对话伙伴国"（1996 年），"面向 21 世纪的睦邻互信伙伴关系"（1997 年），到 2003 年 10 月，第七次中国—东盟领导人会议签署了《东南亚友好合作条约》和面向和平与繁荣的战略伙伴关系联合宣言，明确了共同建立面向和平与繁荣的战略伙伴关系的目标①，从而为中国与东盟双边关系的发展确立了共同的价值追求和发展愿景，成为中国与东盟各国的共同遵循和价值坚守。

在后来的双边关系发展中，中国一直致力于以战略伙伴关系为基础、针对和平与繁荣的目标、整体设计与东盟关系的制度安排，推进双边关系朝着既定的战略伙伴定位不断前行，这在中国—东盟命运共同体建设以及与东盟国家共同建设"一带一路"倡议中可以得到充分体现，即使是在双边关系出现曲折时，也尽力通过事后努力回归双边关系的这一定位，重拾信任和动能，消减猜疑和对立。2017 年正值东盟成立 50 周年，在中国与东盟战略伙伴关系上，有两件事情值得关注：一是 2017 年 8 月 6 日下午，在菲律宾马尼拉举行的中国—东盟外长会后的中外媒体吹风会，王毅表示中国与东盟的关系面临提质升级的重要机遇，中国和东盟一致同意要打造更高水平的战略伙伴关系，构建更为紧密的中国—东盟命运共同体。② 二是在 8 月 8 日纪念日当天，中国国家主席习近平致电东盟轮值主席国菲律宾总统杜特尔特，热烈祝贺东南亚国家联盟成立 50 周年，表示中国愿继续秉持亲诚惠容理念，以 2018 年中国—东盟建立战略伙伴关系 15 周年为契机，立足当前，着眼长远，建设更为紧密的中国—东盟命运共同体，使之成为亚洲命运共同体的典范。建设中国—东盟命运共同体，可以理解为是中国与东盟建立面向和平与繁荣战略伙伴关系的延伸，是这一战略伙伴关系的具象形式和表现形态。

第二节 深入推进中国—东盟双边信任建构

中国与东盟双边以及和东盟国家间关系的发展，信任在其中扮演着重要角色，发挥着重要作用。双边信任的缺失或信任基础的丧失，大力推进双边

---

① 赵铁：《中国—东盟合作框架下广西文化产业创新发展战略研究》，华中科技大学博士学位论文，2012 年，第 25—35 页。

② 丁子、张志文：《打造更高水平的中国—东盟战略伙伴关系》，《人民日报》2017 年 8 月 7 日。

合作无从谈起，建设利益关系更为密切的命运共同体可能就会成为空中楼阁。在目前形势下，强调信任的建构和重构，具有现实针对性和重要意义。深化中国与东盟双边的信任建构，是中国—东盟关系健康平稳发展和中国—东盟命运共同体建设的重要前提。

一、夯实双边信任建构经济根基

经济关系在中国—东盟关系中至关重要，是中国—东盟关系的压舱石。[①] 建构政治互信首先必须密切和提升经贸关系，密切的经贸关系和贸易往来，是国家间政治关系发展的基础，也是信任建构的重要前提。信任建构涉及因素相当广泛，是经济、政治、文化、社会等各种因素交互作用的结果，其中，经济因素在其中起着重要作用，一定程度上也能够提升国家间政治关系以及成为战略互信的催化剂，通过经贸上的合作增进彼此了解，消除隔阂分歧，实现互利共赢，建立密切的经贸利益共同体，推动政治信任的建构以及关系更为密切的命运共同体建设。

回顾中国与东盟双边关系的发展历程，经贸联系的密切、贸易往来的提升以及中国—东盟自由贸易区建设，成为进入新世纪后中国—东盟关系的一个主要发力点。建设中国—东盟自由贸易区的倡议，是在 2000 年 9 月，由中国国务院总理朱镕基在新加坡举行的第四次中国—东盟（10+1）领导人会议上率先提出，得到东盟有关国家的积极响应和赞同。而后，2001 年 11月，在文莱举行的第七次东盟首脑会议期间，中国与 10 个东盟成员国共同宣布将在未来十年建成自由贸易区。2010 年，中国—东盟自由贸易区如期建成，东盟对中国的出口增长 48%，中国对东盟的出口增长 55%，对中国和东盟国内生产总值的增长贡献分别达到 0.9%（约合 54 亿美元）和 0.3%（约合 22 亿美元）。这一时期，除 2008 年全球金融危机的影响，自贸区建设后的十多年间，双边的贸易额持续增长，东盟超过日本成为中国第三大贸

---

① 魏民：《打造中国—东盟自贸区"升级版"：问题与方向》，《国际问题研究》2015 年第 2期，第 131 页。

易伙伴，带动了双边投资的增长。① 在这一时期，随着中国与东盟经贸关系的密切和双边贸易额的增长，推动政治领域的关系发展。从 2004 年到 2010 年的七届"两会一节"，总共有来自中国与东盟国家领导人和部长级官员 286 人次出席，其中，国家领导人 51 人次，部长级官员 235 人次。② 这从一个侧面反映了经贸关系的不断密切对中国与东盟间官方往来及政治关系的促进和推动。

环境驱动和问题导向是打造中国—东盟自贸区"升级版"的重要动因。美国实施的"亚太再平衡"战略，跨太平洋伙伴关系协定（TPP）及亚太自贸区建设，全球经济政治重心转向亚太地区，周边外交不确定因素的累积叠加及发展态势的不确定性，成为中国—东盟自贸区升级版的外在动因；协定水平相对较低，贸易投资自由化、便利化水平明显滞后于双边经贸关系快速发展的需要等，成为自贸区"升级版"的内在动因。③ 中国—东盟自贸区"升级版"首次提出是在 2013 年 9 月第十届中国—东盟博览会，同年 10 月 9 日第十六次中国—东盟（10+1）领导人会议上再次提出，"2+7"合作框架中的七个合作领域之一就是启动中国—东盟自贸区"升级版"进程。"升级版"的提出及建设推进，有利于深化经贸关系、加强贸易往来，成为拉动区域内经济增长的强大引擎，推动中国—东盟关系迈入"钻石十年"，为战略伙伴关系建设提供经济动能和政治合力。

密切的经济联结与政治互信辩证统一，政治互信要以密切的双边经济关系为前提，密切的经济联结不能必然走向政治互信，但政治互信必定是以密切的经济联结作为前提。经济关系是一种最基本的关系，但又是一种最基础、最重要的关系，可以提升获得感，使关系的显现具有直观性和显示度，

---

① 王玉主、张蕴岭：《中国发展战略与中国—东盟关系再认识》，《东南亚研究》2017 年第 6 期，第 8 页。

② 赵铁：《中国—东盟合作框架下广西文化产业创新发展战略研究》，华中科技大学博士学位论文，2012 年，第 101—102 页。

③ 魏民：《打造中国—东盟自贸区"升级版"：问题与方向》，《国际问题研究》2015 年第 2 期，第 129—131 页。

增强相互间的关系联结纽带的力度和张力，为政治关系的提升和发展奠定基础，提供持续的动力源泉。

二、优化双边信任建构边际效应

作为现代经济学的一个重要范式，边际效应（Marginal Utility）指在一定时间内，其他商品消费数量保持不变，消费者连续增加对某种物品消费得到的效用数量不表现为递增，而是一种递减。[①] 边际效应虽然产生于经济领域，针对经济现象提出来，但又不限于经济现象，是社会生活中经常会碰到的情况，是人的心理状态的完美诠释。[②] 它所揭示的一般规律具有普遍意义，具有广泛的适用性和充分的解释力，对中国—东盟双边信任建构带来有益启示：一要把握恰当时机，在最需要关怀支持时施以援手，在最危急的时候提供帮助，实现边际效应最大化，即多做雪中送炭的事情；二要注重心理感受，在提供关怀支持时，使之产生心理上的认同感及情感上的归属感，即患难之中见真情。基于这样的启示，深化这样的认识，对于中国与东盟双边的政治互信和信任建构会有帮助。实际上，中国与东盟的关系发展具有这方面的成功范例。

20 世纪 90 年代中叶，西方国家炮制的"中国威胁论"甚嚣尘上，美济礁争端、台海危机等被蓄意放大扭曲，不可避免地对正处于上升时期的中国与东盟的双边关系产生了影响。1997 年，是中国—东盟关系发展史上的一个特殊且值得纪念的年份。始于泰国的亚洲金融危机对区域及世界经济造成了深刻影响，中国及时施以援手，履行了人民币不贬值的诺言，通过国际机构和双边援助，帮助东南亚国家走出困境及经济复苏，摆脱金融危机对亚洲国家经济造成的负面影响，充分展现了负责任的大国风范，获得广泛赞誉，树立了良好形象，很好促进了双边信任和中国—东盟关系发展。1997 年夏天，泰国中央银行开放自由汇率，导致泰铢对美元的汇率迅速下跌 20 多个

---

① 王栋娜：《网络经济下企业知识转移安全模式的研究》，《湖南工业大学学报（社会科学版）》2013 年第 3 期，第 35 页。

② 张文明：《从边际效应说起》，《中国统计》2015 年第 12 期，第 61 页。

百分点，短期内危机影响到印度尼西亚、马来西亚、菲律宾以及区域外的韩国、俄罗斯、巴西等国家，造成工作岗位大量减少，生活费用增加以及大面积贫困化等严重社会问题。① 中国政府向泰国等国提供了总额超过 40 亿美元的援助，向印度尼西亚等国提供了出口信贷和紧急无偿药品援助，还承受巨大压力，付出很大代价，作出人民币不贬值的承诺，避免危机的进一步扩大及受危机影响的东南亚国家经济雪上加霜。中国在危机中的"拔刀相助"毫无疑问地成为真正的"雪中送炭"，与"边际效应"的思辨逻辑高度吻合，兼收经济及政治的双重效应，特别是政治影响不容小觑。此后，中国—东盟关系发展进入快车道，双边的关系定位从"面向 21 世纪的睦邻互信伙伴关系"（1997 年）提升为"面向和平与繁荣的战略伙伴关系"（2003 年），支撑双边关系发展的平台如"两会一节"等也得到成功打造。经济交往的密切，政治互信的提升，促进了东盟国家民众对中国的心理认知和情感认同。2004 年 BBC 国际民调数据显示，中国在东亚 6 个邻国中的认可度，处于菲律宾的 70% 到韩国的 49% 之间。② 2000—2005 年，中国经济增长对亚洲经济增长的贡献度达到 60%，中国对亚洲国家的贸易逆差累计达到 2350 亿美元。③ 综观金融危机爆发以来中国—东盟双边关系的新发展，在应对危机中把握机遇，在深化关系中推进整体合作，成为金融危机后发展时期中国—东盟关系的新特点。④

由此可见，1997 年亚洲金融危机爆发期间，是东盟将中国视为严重安全威胁的认知转折时期，也是中国与东盟双边的真正信任关系的建构时期。⑤ 中

---

　　① 刘刚：《亚洲金融危机十周年回顾与展望》，《世界经济与政治论坛》2007 年第 5 期，第 55—56 页。

　　② 季玲：《权力格局失衡与心理调适——中国—东盟关系中的信任问题》，《南洋问题研究》2012 年第 1 期，第 38 页。

　　③ 刘刚：《亚洲金融危机十周年回顾与展望》，《世界经济与政治论坛》2007 年第 5 期，第 56 页。

　　④ 贺圣达：《金融危机以来中国—东盟关系的新发展——兼论与中国——南亚关系的比较》，《东南亚南亚研究》2010 年第 S1 期，第 16 页。

　　⑤ 季玲：《权力格局失衡与心理调适——中国—东盟关系中的信任问题》，《南洋问题研究》2012 年第 1 期，第 38 页。

国在亚洲金融危机化解中的作用发挥和角色扮演，实现了边际效应的最大化，实质推动双边的信任建构及关系提升。从中国—东盟关系发展的历史经验和现实需要看，特别是在"一带一路"建设下，顶层设计和政治决断对于边际效应的最大化有重要影响。采取区别化策略，体现对东盟的重点倾斜和优先支持。将东盟作为"一带一路"建设优先发展区域，以中国—东盟自由贸易区"升级版"为抓手，在此框架下打造旗舰项目，加快中国—中南半岛经济走廊建设，促进"升级版"目标的实现。① 从政治层面看，借鉴自贸区建设时的"早期收获"，以及中国与东盟谈判一直奉行的"多予少取"，对东盟国家的诉求和关切给予积极回应，进一步调动东盟的积极性，对一些不发达国家"多予少取"，提供"早期收获"，令其先得到实惠和感受到"雪中送炭"。② 这些努力，可以给予货真价实的经济支持，能够收到真情实意的情感认同，有助于实现边际效应的最大化，推动双边的政治互信及信任建构。

三、融合软硬实力兼具利益及关系双重维度

国际法调整国家关系，国家关系基于国家实力。国家实力包括硬实力和软实力两个部分，国际法具有利益和观念两大维度。依据国际关系理论视野，利益维度遵循"结果性逻辑"，追求自身利益的最大化，范式依赖为现实主义和制度主义国际关系理论；观念维度遵循"适当性逻辑"，追求适当判断的行为准则，范式依赖为理想主义和建构主义国际关系理论。③ "结果性逻辑"与硬实力的强权、强势特征紧密关联，是一种忽略客体心理感受的威逼服从，表现为工具理性制约影响的绝对性；"适当性逻辑"与软实力的示范、吸引特征密不可分，是一种重视客体情感认同的魅力感召，表现为

① 梁颖、卢潇潇：《打造中国—东盟自由贸易区升级版旗舰项目 加快中国—中南半岛经济走廊建设》，《广西民族研究》2017 年第 5 期，第 165 页。

② 魏民：《打造中国—东盟自贸区"升级版"：问题与方向》，《国际问题研究》2015 年第 2 期，第 135—139 页。

③ 徐崇利：《软硬实力与中国对国际法的影响》，《现代法学》2012 年第 1 期，第 151 页。

价值理性认知情感的相对性。这样的范畴界定及思辨演绎，能够为软硬实力的巧妙运用，建设中国—东盟命运共同体提供指导。

软实力和硬实力在工具理性和价值理性上的分野，使得中国—东盟命运共同体建设的动力依赖主要是软实力，但如果仅仅局限于软实力，忽略硬实力，又很难实现预期的建设目标。硬实力是软实力的基础和前提，软实力是硬实力的延伸和放大，离开了硬实力，软实力将会成为无源之水、无本之木。软实力和硬实力交融渗透的功能预期，可以界定为运用硬实力时能够收获软实力的柔美，展示软实力时又能够感受硬实力的刚毅，这样的思想运用到国家关系上就需要进行相关的顶层设计和制度安排。在这个意义上，亚洲基础设施投资银行（Asian Infrastructure Investment Bank，AIIB）能够体现这一目标，可以看作是软硬实力兼修、经济与政治并重的成功之举。

亚洲基础设施投资银行筹建倡议的提出是在 2013 年 10 月 2 日，时值中国国家主席习近平在雅加达与印度尼西亚总统苏西洛举行会谈，表示愿向包括东盟国家在内的本地区发展中国家基础设施建设提供资金支持，以促进本地区互联互通建设和经济一体化进程。同年 10 月 24 日，亚洲基础设施投资银行 21 个意向创始成员国代表在北京正式签署备忘录。值得注意的是，当时的 21 个意向创始成员国没有一个亚洲之外的国家，这与亚洲开发银行（Asian Development Bank，ADB）总共 67 个成员国，48 个来自亚太的成员结构形成反差。次年 3 月，形势发生逆转，英国率先加入，法国、德国、意大利、卢森堡、瑞士、奥地利等欧洲国家以及澳大利亚、韩国等纷纷申请加入。[1] 到 2016 年 1 月亚洲基础设施投资银行成立时，签署加入亚洲基础设施投资银行协议成员国达到 57 个，而后相继又有 23 个意向成员国获批加入，成员国数量增加到 80 个。[2] 据亚洲基础设施投资银行报告，2010—

---

① 王达：《亚投行的中国考量与世界意义》，《东北亚论坛》2015 年第 3 期，第 50 页。

② 王惟晋、张宇权：《亚投行的缘起：多边开发银行体系的缺陷》，《华南理工大学学报（社会科学版）》2018 年第 1 期，第 53—55 页。

2020 年间，亚太地区基础设施投资需求为 8.22 万亿美元，其中东亚和东南亚地区占比最大，约为 5.47 万亿美元；结构上，电力、道路、电信等领域资金需求分别为 4 万亿、2.54 万亿和 1.04 万亿美元。[1] 亚洲基础设施投资银行成立的初衷，就是瞄准区域国家基础设施的短板，为亚洲各国加快基础设施建设提供融资支持，以区别于亚洲开发银行的反贫困目标，与亚洲开发银行差异化发展。亚洲基础设施投资银行秘书长金立群另一个意思表示也相当重要：中国的第一大股东地位，不是特权，而是责任，是担当，将遵守国际通行准则，不会以老大自居，照顾众多中小国家的利益，平等待人，有事好商量，尽量以达成一致的方式决策，体现各国的共同意志。[2]

中国在亚洲基础设施投资银行第一股东地位无疑是硬实力，在这一过程中突出责任，强调担当，尊重共同意志，实现共同行动，不仅体现对"铁公基"等基础设施的"物质"投资，而且还体现对情感维系、身份认同的"精神"投资，兼收软硬实力的双重功效，有助于信任双边的信任构建及命运共同体建设。

第三节　健全中国—东盟文化产业交流合作机制

文化产业交流与合作要遵循市场机制主导的产业发展规律，从而更好地推动文化产业自身的发展，促进双边文化产业的交流与合作。由于市场机制存在的信息不对称和信息不完全性，需要政府职能的介入和干预，以克服市场机制自身不可解决的弊端和不足。文化产业政策作为一种调整文化产业发展目标、义化产业发展模式和文化产业发展规划的手段，必须加强与文化市场内在机制的结合，通过政府与市场的共同作用来促进文化交流与合作，健全和完善中国—东盟文化产业交流合作机制。

---

[1] 陈绍锋：《亚投行：中美亚太权势更替的分水岭?》，《美国研究》2015 年第 3 期，第 22 页。
[2] 金立群：《亚投行值得世界期待——具有 21 世纪治理架构的国际多边开发机构》，《人民日报海外版》2018 年 1 月 30 日。

一、做好"文化交流"文章，完善政府宏观管理机制

开展文化交流，其目标就是要推动文化自身的蕴含价值与实现经济价值之间的有效转化，"就是要让文化软实力成为经济硬实力，让文化大产业成为转型新支柱，让文化大发展成为和谐助推器"①。文化代表着一个民族的精神和灵魂，是凝聚社会的力量，是民族身份认同的重要源泉，是一个国家价值观的呈现。文化价值经历去粗取精、优化重组，可以凭借文化商品、文化服务以及文化品牌的直观形式呈现出来，再经过优质的服务和质优的商品之间流通交换，促成利益价值的完美转化。

中国—东盟"文化先行"离不开政府的牵引作用，中国—东盟博览会文化展 2014 年首次在广西南宁国际会展中心举办就是一个有益的尝试。政府在做好顶层设计的同时，要将健全组织领导机制放在首要位置，从而真正把蓝图愿景转化成为活生生的发展现实。党的十八届三中全会强调，建设社会主义文化强国，增强国家文化软实力，要进一步深化文化体制改革，完善文化管理体制，建立健全现代文化市场体系，构建现代公共文化服务体系，提高文化开放水平。② 一是在深入调研的基础上，整体设计和系统谋划中国—东盟文化产业交流与合作推进措施和促进政策，营造有利于中国—东盟文化产业发展及其交流合作的政策环境，制定切合实际的文化及其产业发展的中长期发展规划，从宏观的层面和可持续发展的角度，科学制定落实好扩大对东盟文化贸易的政策措施，尊重市场规律，整合文化资源，以产业化、市场化、国际化引导文化产业发展壮大，形成对外文化交流合作的强大合力。③ 二是强化政策执行及推进机制，建立健全党委统一领导、宣传部门直接负责、行政主管部门组织实施、有关部门密切配合的领导体制和工作

①　齐峰：《转型跨越　文化先行——学习十八届三中全会关于文化建设的重要论述》，《前进》2014 年第 1 期，第 20—23 页。
②　《中共十八届三中全会在京举行》，《人民日报》2013 年 11 月 13 日。
③　谢卓华：《"一带一路"背景下广西对接东盟文化产业发展研究》，《广西社会科学》2016 年第 3 期，第 35 页。

机制，建立可协调各部门和各方面的事权高度统一的协调机制①，继续发挥好中国—东盟博览会、中国—东盟商务与投资峰会和南宁国际民歌艺术节即"两会一节"等公共外交平台以及中国—东盟中心作用，利用好中国—东盟博览会网、南博网、中国—东盟传媒网等政务、商务和新闻网站，积极推出手机 APP、微博、微信等新媒体应用②，富有创效地开展好文化产业论坛、文化周、文化交流年、教育交流年等文化交流与合作活动，充分发挥对接东盟的文化产业系列平台的作用。三是进一步加大文化及其产业政策的扶持和执行力度，在资金投入、立项、用地、融资、生产、进出口、社会捐助与社会保障等方面，支持面向东盟文化交流的发展，完善相关的法律法规；以知识产权支持与保护的完备法律体系，营造双边文化产业交流合作的良好制度环境。四是加强政府、企业与非政府组织的联系，建立政府与民间组织的密切合作关系，扩大民间文化交流，重视发挥民间力量的作用，利用华侨优势、对外友协和海外联谊会的力量，由政府主导向政府引导、民间参与的推进机制转变。五是建立各层级的文化产业专题会议制度，研究解决制约双边文化产业交流合作的困难和问题，要把面向东盟的文化建设任务纳入实绩考核及督查体系之中，与经济建设一同部署、一同落实、一同检查，将各项文化产业的决策部署以及发展中国—东盟文化产业交流合作的战略措施落到实处。

文化产业突出的价值观维度以及精神产品属性，决定了政府在文化产业的发展以及双边文化产业交流合作中扮演了重要角色。政府职能的履行和作用的发挥，主要体现在政府宏观管理机制的构建以推动文化先行，也体现在政府以制度安排的方式凸显文化产业的战略地位和重要使命，为文化产业的发展以及中国与东盟双边文化产业交流与合作提供重要的制度环境。

---

① 朱立群：《外交环境变化与中国外交能力建设》，《国际问题研究》2013 年第 2 期，第 110 页。

② 谢卓华：《"一带一路"背景下广西对接东盟文化产业发展研究》，《广西社会科学》2016 年第 3 期，第 34 页。

二、做好"文化市场"文章，健全市场微观运营机制

强调文化市场，就是要在文化领域引入竞争机制，让文化与市场接轨，通过市场来实现文化产品的价值。文化更多地体现了精神产品的属性，人的精神的愉悦和满足，本来就是文化产品的目的，也就是市场的终极价值之一。① 市场在资源配置中起决定性作用，要实现文化要素在中国—东盟关系发展中的最优配置，需要发挥好市场机制在文化产业发展以及双边文化产业交流合作中资源配置的重要作用。

从经济社会发展实践看，"政府全责全能型"与"市场导向的自主化改革"具有各自的缺陷，不能适应新形势下我国文化产业发展的需要。我国文化"走出去"战略需要政府与市场共同参与，任何单一片面主张都不能完满解决"文化"与"市场"以及二者的有机契合问题。做好"文化市场"文章，需要尊重市场规律，尊重市场在资源配置中的重要作用，建立文化企业参与文化市场国际竞争的高效机制，鼓励发展"专、精、特、新"的中小文化企业，大力支持面向东盟的骨干文化企业的发展，形成一个结构合理、优势互补的文化产品供给主体多元体系，建设成长性好、竞争力强、在东盟国家具有广泛市场前景的文化产业及其体系。要以客户为中心，分析东盟国家的客户需求，依托民族文化资源，打造民族文化品牌，建立市场导向的文化市场体系，满足多层次文化市场的需求，建立有效的监管约束机制，保障公平市场竞争，以充分的市场竞争推动优质文化产品脱颖而出。要提升文化及其产业的创新水平，积极采用高新技术改造传统文化产业，积极构建文化服务的技术创新体系和产业组织创新体系，不断增加文化产品的科技附加值，将现代信息技术导入文化产业及其产品的传播过程，切实提高企业文化的创新能力，以便高效、便捷、快速地向东盟国家传播中华文化产品。要重视市场营销中东盟元素的彰显和打造，结合我国"本土"以及东

---

① 董迎春：《文化与市场的对接是一个大课题》，《工人日报》2003 年 9 月 8 日。

盟"他土"的实际，采取科学的营销组合策略，尊重民俗风俗，体现地域文化及厚重的风土人情，采取为双边人民喜闻乐见的营销语言、营销方式。要积极扶持面向东盟的文化产业中介服务机构，采用政府引导、市场化运作等方式，引导其与面向东盟文化产业的规模化发展和国际化接轨，高效链接文化产业生产、流通和消费诸环节，依法开展政策咨询、信息发布、产权交易、项目推介、投资引导、项目融资、权益评估、并购策划等服务①，提升文化产业中介机构服务质量和水平，推进文化市场化和产业化进程，更好地发挥文化中介服务机构在政府、文化企事业单位、消费者和市场之间的桥梁纽带作用。

做好"文化市场"文章，关键是要找准"文化"与"市场"的结合点，通过文化产品的消费，在潜移默化、润物无声的过程中实现身份、目标、愿景以至价值观的认同，服务和贡献于中国—东盟命运共同体建设。同时，强调"看不见的手"，并不排斥"看得见的手"，市场在资源配置中起决定性作用，但市场往往有其盲目性，需要政府"看得见的手"进行总体把握，政府在构建促进文化交流发展的政策体系和资源配置机制作用巨大，对于"文化市场"的培育壮大以及命运共同体建设目标的推进至关重要。

三、做好"文化融资"文章，建立多主体投融资机制

文化产业投融资机制是文化产业投融资活动的运行规律和手段的总称，它是文化资源实现优化配置的重要手段。② 文化产业投融资机制一般包含政策支持机制以及文化产业主体形成机制两个方面。在政策支持上，中国—东盟文化产业投资除了具有一般产业投资的基本特征，还具有一种极强的国际关系属性和意识形态属性。在这个意义上，文化产业投融资特别是基于中国—东盟命运共同体建设的多元主体的投融资机制建设，更加需要政府使用

---

① 李萌：《文化产业与金融环境》，《文化月刊》2012年第4期，第16页。
② 辛阳：《中美文化产业投融资比较研究》，吉林大学博士学位论文，2013年，第37页。

行政的、法律的和经济的手段予以大力支持。

目前，很多面向东盟小型文化企业的优秀项目会遇到融资难的瓶颈，他们面临着现有金融服务无法实现对文化产业的对接、现有金融服务无法快速对接文化产业的融资信息以及现有金融服务水平无法满足充分对接文化产业的外部需求的严峻难题。为此，国家不仅要加大对文化企业的政策与资金直接帮扶，还要间接地加强拓宽文化企业融资渠道的资金支持，主要表现在以下三个方面：一是制定减免税、财政贴息等激励政策，引导社会资本参与文化建设，设立文化产业投资基金和贷款风险补偿基金，以及创业投资基金，对新兴文化产业进行引导性、示范性投资。二是创建包括创投企业、证券公司、基金公司、天使投资和风险投资等在内的金融联动服务平台，建立健全文化类信托投资公司，重点发起文化产业专项信托计划，所发行的信托产品由政府部门安排政策资金、专项引导基金、社会资本等进行共同认购，募集的信托基金投向则由评审专家筛选，突出能够体现政府扶持意愿的优秀中小文化企业。三是不断提升金融服务水平，积极拓宽金融服务范围，重点鼓励银行业金融机构在文化创意类园区设立专门服务文化型中小企业的支行、信贷中心等信贷服务专营机构。[①]

在中国与东盟文化产业合作交流上，要特别重视发挥多元投资主体的作用。文化产业多元投资主体主要是指从事文化产业投资活动、享受资金所有权、拥有自主决策权的投资者，主要包括政府、生产企业和社会个人。从发达国家经验看，多元投资主体是其文化产业得以持续发展的一个重要保障。就支持中国—东盟双边文化产业发展而言，投融资结构需要大力度加以改善，除了政府、国企，还要积极引导民间各类投资主体的参与，调动民间资本参与文化产业发展的积极性，实现投融资主体的多元化。要鼓励引导民间资本与东盟国家实业主体的合作，高效利用东盟国家实业主体的市场基础和客户认同，快速对接市场，降低投资风险，保证成长性和可持续性，在资本

---

① 车安华：《如何破解文化产业融资难？》，《中国文化报》2014 年 1 月 10 日。

投入、市场潜力及价值实现之间实现契合。在政府法律法治框架内，发挥民间金融的作用，以市场机制配置资源，对中小企业资金匮乏给予必要补充和增加选项，一定程度上减轻中小企业对银行信贷的依赖。[①] 政府、金融机构以及行业协会等要加强对民间资本的监管、约束以及引导，使其在法治化轨道上健康运行。

就产业发展而言，资金、技术、管理等传统要素至关重要。同样地，文化产业的发展，资金投入是基础要素，也是原始动力。文化产业建设周期长，成果显示需要一定的时间积累，经济与社会效益并重的投资回报制约了资本市场的关注度和吸引力，由此说明文化产业发展中"文化融资"的重要性，也从另一个侧面说明建立多主体投融资机制的极端必要和富于挑战。

四、做好"文化人才"文章，构建高端人才支持机制

文化人才是文化生产力的主体，是增强文化传播力的关键，是文化产业发展的重要支撑，对于文化的交流、保护、生产、传播，以及国家文化软实力建设至关重要。[②] 中华文化"走出去"战略是我国根据国家发展的整体利益、顺应全球经济和文化发展规律而提出的一项综合性的国家战略。[③] 总体上看，中华文化走出中国、走进东盟仍处于起步阶段，文化的交融渗透以及吸收借鉴还有很大的提升空间。究其原因，除了大众媒介、经济贸易等多渠道推动文化"走出去"的力量还需要加强外，文化人才的紧缺也是一个不可忽略的因素，其中，培养中国—东盟跨文化传媒人才更具有紧迫感和针对性。

中国—东盟双边文化产业发展空间广阔，合作潜力巨大，做好"文化

[①] 国世平、颜道成：《中国—东盟文化产业面临的融资问题》，《创新》2008 年第 6 期，第22—44 页。

[②] 李敏：《文化人才队伍建设的分析与思考》，《江汉论坛》2010 年第 9 期，第 136—137 页。

[③] 曲慧敏：《中华文化走出去战略研究》，山东师范大学博士学位论文，2012 年，第 42 页。

人才"文章，加快建设文化产业发展的人才支持机制具有重要意义，这一机制的构建涵括了全球化的聚才机制、市场化的配置机制、业绩化的任用机制、社会化的培养机制和价值化的激励机制。① 一是全球化的聚才机制，以博大的胸怀，全球的视野集聚文化产业专门人才，特别要集聚熟悉东盟国家、通晓东盟文化的复合型人才，将眼光瞄准旅居海外的中国学者、中国留学生以及东盟国家在华的学者及高级人才；二是市场化的配置机制，其核心就是要降低人才交易成本，提高人才配置效益，建立公正公平的人才竞争环境，以契约关系规范用人单位和人才个体之间的权利义务关系，寻求人才和单位的最佳组合，推动优秀人才的脱颖而出；三是业绩化的任用机制，突破传统观念，打破陈规陋习，打破资历、学历等的限制，不拘一格地使用人才，特别要重视和使用那些在中国—东盟文化产业交流合作工作一线，有丰富的文化产业工作实务，愿意干事、能够干事、干得成事的应用型创新型人才；四是社会化的培养机制，尊重人才成长规律，结合文化产业发展规律，顺应人才培养开发由国家为主体向企业等用人单位和人才个体为主体的格局转变，向市场导向、社会化办学方向转变，强化文化企业在人才培养开发中的主体地位，采取与政府机构、科研院所、高等学校联合协同合作的方式，培养面向东盟的文化产业领军人才和创新型人才；五是价值化的激励机制，结合文化产业的知识创新特性，以价值回报的方式，激励各类人才在文化产业的发展中作出贡献、得到回报，以市场价值方式体现知识价值和人才价值，建立有利于创新型人才成长和价值实现的分配制度，以创新型人才的作用发挥和知识产权成果的不断涌现推动文化产业的发展，贡献于中国—东盟命运共同体建设。

随着中国—东盟文化产业交流合作的深入发展以及双边跨文化传播的加速推进，必然对中国—东盟跨文化传媒人才有更大的需求和更高的要求，要加强包括专家学者型、媒体融合型、经营管理型、媒介策划型、媒介技术型

---

① 顾建平、周金泉：《增强自主创新能力的人才支撑体制探讨》，《企业经济》2007 年第 8 期，第 21—23 页。

跨文化传媒人才培养①，为中国—东盟文化产业合作特别是跨文化传播提供人才支撑和智力支持。

五、做好"产业融合"文章，打造产业延伸集聚机制

作为当前文化产业领域的一个主要特征和发展趋势，跨界融合对于调整优化产业结构、促进文化产业"转型升级"和"业态创新"具有重要作用，其融合的形态突出表现为跨门类融合、跨要素融合、跨行业融合、跨地域融合和跨文化融合等，表现为产业之间界限趋于模糊。② 随着经济全球化和信息化技术迅速发展，单一的文化产业已经不能适应现实发展需要，以文化产业为基础，实现与不同产业的融合发展显得格外重要。

在信息技术飞速发展以及"互联网+"深刻影响背景下，要实现文化产业结构升级优化，加速文化产业的发展，就必须进行产业融合，将优质文化资源要素，与互联网、科技、金融、创意、旅游、制造业等单因素或多因素融合，以便形成"互联网+"与文化产业、金融与文化产业、旅游业与文化产业、制造业与文化产业、创意产业与文化产业、"互联网+"与金融及文化产业等的深度融合，推动市场响应、商业模式的嫁接，实现其产业内容、经营业态的创新。与此同时，积极探索和大力发展中国传统文化与东盟各国文化在彼此尊重基础上的融合模式，推动中国—东盟文化产业发展的相互依托、优势互补以及深度融合，这是中国—东盟文化产业快速发展、可持续发展的重要前提。除此之外，还要注意延伸中国与东盟文化产业发展链条，通过延长发展链条推动市场价值实现的最大化，建立文化创作人才、文化企业内部和文化企业之间的高效协同机制，在生产最终满足消费者效用的文化产品或服务过程中，同步提升这些文化产品或服务的市场价值并实现市场价值

---

① 王乃考、张丽萍：《中国—东盟跨文化传媒人才需求分析与对策》，《商业文化》2011 年第 6 期，第 383 页。

② 李凤亮、宗祖盼：《跨界融合：文化产业的创新发展之路》，《天津社会科学》2015 年第 3 期，第 49—53 页。

的最大化。在此基础上，还要推动市场价值向社会价值的延伸，在市场价值的显现中同步实现文化的输出、文化的交融和文化的认同，以文化产业发展链条的延伸服务中国—东盟命运共同体建设。

在重视"产业融合"的同时，还要重视文化产业园区建设，推进"产业集聚"。文化产业园区作为中国与东盟文化产业集聚的空间载体，集文化生产和文化消费于一身，具有工作、创意、休闲、娱乐和居住的多样化功能，是推动文化产业发展的依托平台和重要动力。马中关丹产业园在产业合作上先行先试，共同开创"两国双园"国际园区合作新模式①，为文化及其"产业集聚"提供了借鉴。可以利用中国与东盟人文相亲、地缘相近的天然优势，与东盟国家合作建设文化产业园区，实现文化产业的"产业集聚"，可以帮助更多中国文化产业企业"走出去"，反过来吸引更多外资与人才，放大文化产业拉动作用，以企业空间的集中组织形式集聚资源，彰显文化产业的竞争优势和综合功效。

第四节　拓展广西文化产业发展的东盟战略内涵

广西与东盟国家具有独特区位优势和有利的自然及人文条件，客观上也决定了广西在深化与东盟国家的交流合作以及建设中国—东盟命运共同体中需要发挥积极作用。打好对外开放牌是广西文化产业发展的重要内容，新时代赋予了广西文化产业发展的新内涵和新使命。深入拓展广西文化产业国际化发展的东盟战略内涵，不仅是我国深化文化体制改革新形势对广西文化工作的高期待，而且是广西文化产业在推动中国—东盟命运共同体建设，从战略高度整体布局和科学谋划广西文化产业改革发展的一个重点领域和主攻方向。

---

① 《马来西亚—中国关丹产业园区　两国双园新模式　东盟投资最佳选》，《人民日报海外版》2013 年 9 月 2 日。

一、明确广西文化产业发展战略目标

随着国际交流不断深入，文化作为国家软实力，在综合国力竞争中的地位和作用日趋重要[①]，越来越成为国家核心竞争力的重要内容和衡量尺度。文化产业是国家核心竞争力的重要载体，是国民经济的支柱性产业。明确广西文化产业发展的东盟战略目标，不仅有利于深化中国—东盟双方合作关系，而且对于稳步推进中国—东盟双方文化交流与合作、不断提升我国文化软实力具有现实意义。[②]

改革开放以来，我国加紧建设和完善文化产业发展的制度环境，体现了丰富的价值文化和制度内涵，强调经济文化一体化，坚持以国家利益和文化安全作为最高利益，致力于推动文化产业的市场化发展，实现文化产业融合发展，扩大文化对经济社会发展的溢出效应，促进文化对外交流与合作，彰显国家文化软实力。[③] 这些系列制度设计及产业发展环境体现的鲜明价值取向，引导文化产业的发展，指引文化产业的方向，为广西面向东盟的文化产业发展营造了良好的制度环境。中国—东盟自由贸易区的建设与发展，不仅是包容了中国—东盟双边经济合作内容，也包含了中国—东盟双边文化及其产业的交流与合作。经过十几年的发展，文化产业作为中国—东盟双方经济合作与文化合作的有机结合体，已经发展成为中国—东盟双边共同接纳并能够进入实质性合作的重要领域，有力推动中国—东盟双方的交流合作从经贸活动延伸到文化领域，不断增进沟通和理解，增进中国与东盟的文化认同，很好地体现了中国—东盟双方合作的经济与人文的双重效益。[④] 因此，文化产业具备了为中国—东盟关系发展扮演更重要角色、发挥更重要作用的条件

---

① 纪宝成：《关于国际文化战略问题的几点认识》，《学术界》2009 年第 3 期，第 10 页。

② 林昆勇：《"一带一路"建设背景下广西文化产业走进东盟问题研究》，《桂海论丛》2017 年第 4 期，第 28 —29 页。

③ 王克明：《中国特色文化产业制度环境研究》，《昆明理工大学学报（社会科学版）》2017 年第 4 期，第 100 —102 页。

④ 张瑞枝、李建平等：《关于加快广西文化产业发展的对策建议》，《沿海企业与科技》2010 年第 3 期，第 91 页。

和实力。

广西与东盟国家交流合作具有明显的区位优势，既有陆地接壤，又有海上通道，是我国唯一与东盟国家陆海相连的省区，在与东盟文化产业合作上，具有前期实践经验和合作交流成果，可以在推动中国—东盟双边文化产业交流合作，实现经济文化一体化，发展我国的软实力，实现命运共同体建设目标上为国家多一份责任和担当。广西要在打造千亿元文化产业，着力建设成为在全国有较大影响力的区域文化中心的基础上，根据中国—东盟关系发展的需要，对接东盟的文化产业战略目标，就是要将广西建设成为中国—东盟文化交流的枢纽和中国文化走向东盟的主力军，这一发展目标赋予了广西文化产业发展的东盟战略和地缘政治意义。

这样的战略目标，必然要求在更大的范围、更深的层次、更高的水准上去优化广西区域的文化资源配置，实现市场、产品、技术和产权等的无缝联结和高效组合，打通泛珠三角地区和中南半岛国家文化产业的互动渠道，将文化产业国际化发展规划放到面向东盟国家的国际文化合作战略平台上去谋划，聚力建设南宁—新加坡文化产业走廊，实现中国—东盟双方在经济合作与文化合作中的互相交融、技术和内容的互相促进，进而提升和增强我国的"硬实力"、"软实力"和"巧实力"，以文化产业的发展来实现文化事业目标，在瞄准社会效益，聚焦国家东盟战略中体现文化产业发展的战略意义。

二、构建广西文化产业发展支持体系

在大力推进中国—东盟文化产业交流与合作，构建中国—东盟命运共同体的大背景下，广西文化产业要围绕中国与东盟各国共同利益汇合点，着力形成互利共赢、机遇共享、共同发展的良好合作局面，在搭建工作平台、建立工作机制、加强金融合作和发展中介服务以及打造人才高地等方面取得新进展，以构建广西文化产业发展的支持体系，推动中国—东盟文化产业合作交流的新发展，实现面向东盟的文化产业发展格局的新突破，更好地服务中国—东盟命运共同体建设。

由于各种因素的制约和影响，广西文化产业的专业化、集约化和规模化水平依然较低，文化企业的自我发展、持续发展和市场竞争等能力仍显不足，文化产业国际化发展的市场体系和市场机制还需要完善，需要加快构建广西文化产业发展的支持体系。要健全面向东盟的文化产业发展的领导小组及议事协调机构，全面统筹面向东盟的文化产业工作，根据广西文化产业发展战略，制定文化产业面向东盟的发展规划。要利用各种良好的内外部环境加快发展，积极构建面向东盟的国际大通道，着力打造西南中南地区开放发展新的战略支点，努力形成"一带一路"有机衔接的重要门户，全面规划和加快建设中国—东盟双方合作的全方位平台体系，构建有利于中国—东盟双边深化合作的大背景大格局。按照"政府统筹、社会参与、官民并举、市场运作"的文化产业发展思路，着力拓展文化产业国际化发展的广度，不断提升文化产业国际化发展的深度，进一步提高广西对外文化交流和文化贸易的水平，实现政府交流与民间交流、双边交流与多边交流、调动国内力量与借助国外力量之间的有机结合①，努力形成广西文化国际化发展的强大合力与整体效应。以文艺演出、电视晚会、广播电台等为主要推手，丰富广西与东盟国家的民间交流和民心联结的文化管道，为东盟国家民众提供多层次、多样化和宽领域的文化产品和服务，以中国文化产品及服务满足东盟国家民众精神文化需求，增进双边民众的区域认同、文化认同以至价值认同。②要积极争取、整合和汇聚全方位开放的服务政策，进一步推动中国—东盟博览会平台的拓展升级，重点搭建好中国—东盟双方贸易、投资、产业、金融、税收、教育、人才、培训、信息等系列服务在内的全方位开放服务的共享平台，采取先试先行的方法，积极构建面向东盟的全方位开放服务的新格局。③

---

① 蔡武：《吹响深化文化体制改革新号角》，《求是》2014 年第 2 期，第 41 页。
② 林昆勇：《"一带一路"建设背景下广西文化产业走进东盟问题研究》，《桂海论丛》2017年第 4 期，第 30—31 页。
③ 梁颖：《打造中国—东盟自由贸易区升级版的路径与策略》，《亚太经济》2014 年第 1 期，第 106 页。

在面向东盟的文化产业支持体系构建中，整体设计和富有成效地开展广西对外文化交流活动，大力推进广西与东盟文化产业合作发展，可以增进我国与东盟国家友好合作关系，密切我国与东盟国家民众相互了解，加深与东盟国家民众的情感认知和文化认同，实现民心相通和民心相近，助力打造经济融合、文化交融的利益共同体和命运共同体。

三、彰显广西文化产业发展的东盟元素

作为后发展区域和欠发达地区，要实现跨越发展和快速发展，就需要采取超常规的发展战略，正是在这个意义上，特色发展和差异化发展就显示出了它的独到之处和重要作用。进入 21 世纪以来，广西充分发挥与东盟对接的地理和文化优势，打好东盟牌，做足东盟文章，凸显东盟特色，推动了广西文化产业的自身发展，这一过程中也体现广西及其文化产业对国家东盟战略以及地缘政治建设作出的独特贡献。在建设人类命运共同体以及中国—东盟命运共同体的大背景下，广西文化产业的发展要有所作为，要有大作为，仍然需要打好东盟牌，将"东盟元素"融入新时代广西文化产业发展的崭新实践中，使"东盟元素"和特色在广西文化产业发展以及中国—东盟命运共同体建设中继续得以彰显。

为此，需要在平台打造、传媒出版、民间交往、智库服务、人才培养等方面彰显东盟元素，体现东盟特色。一是平台打造的东盟特色。在国家支持下，进一步做强做大中国—东盟博览会、中国—东盟商务与投资峰会，建设广西文化产业面向东盟出口基地、中国—东盟自然文化生态博览园、中国—东盟视听艺术中心、中国—东盟民间文化艺术品研发展示交流交易中心、中国—东盟文化产品物流园等合作平台，继续办好中国—东盟文化产业论坛和中国—东盟文化产业展览，建设中国—东盟文化产业园区和中国—东盟文化交流与产业合作的项目库。① 二是传媒出版的东盟特色。实

---

① 广西社会科学院：《2011 年广西蓝皮书·广西文化发展报告》，广西人民出版社 2011 年版，第 53 页。

施"东盟独家内容战略",运用好"特色节目+特色活动"跨国际传播营销策略①,坚持广西与东盟国家广电系统的采编骨干联合采访,制作体现广西与东盟国家双边的特色节目在对方国家播出,共同举办文艺晚会和电影电视展播周,相互到对方国家开展图书展销、版权贸易,鼓励国内动漫游戏企业与东盟国家建立合作伙伴关系,大力开拓东盟国家市场和推动文化交流,鼓励和支持有实力、有条件的出版社在东盟国家建立实体机构。三是民间交往的东盟特色。庙会文化在东盟国家,特别是在与我国两省区均接壤的越南具有悠久的历史传统和深厚的民间基础。越南共有 500 多个庙会,其中,河内省香山寺庙会、荣圣庙会,南定省陈祠庙会,富寿省雄王祠庙会,永福省西山庙会,广宁省安子庙会等颇为有名。② 近年来,春节赶庙会也成为中越跨境短期旅游项目,如大年初九越南高平省河广县朔河社"风流街"庙会,大年初十的同登庙会等,深受双边民众喜爱,可以加强引导和大力发展,增加民间往来,使之成为官方外交的重要补充,成为公共外交的有机组成部分。四是智库服务的东盟特色。随着广西面向东盟合作交流的深入发展,对智库建设提出了新挑战和新期待,除了大力支持广西社会科学院、自治区委党校以及广西大学中国—东盟研究院、广西师范大学越南研究所等面向东盟的智库建设,还要利用好中国—东盟智库战略对话论坛等平台,加强与东盟国家智库同行交流,推动智库建设在研究领域精细化、问题聚焦精准化、咨询服务精确化上取得新发展和新突破。五是人才培养的东盟特色。依托广西大学、广西师范大学、广西民族大学等院校,利用地缘优势和东盟学生居多的国际教育特点,结合东盟国家干部教育培训专门项目和中国政府奖学金项目,大力拓展东盟国家生源,使得东盟国家留学生既能了解中国,认知中国文化,又能够掌握科学知识及专业技能,培养一大批对中国充满感情的友谊使者和本国建设急需的领导干部和专业技术人才。

---

① 黄著诚:《突出东盟特色打造区域性国际传播平台——广西卫视的新突破》,《中国广告》2008 年第 12 期,第 140 页。

② 刘刚:《越南庙会故事多》,《人民日报》2011 年 2 月 18 日。

在上述东盟特色的构成要素中，支持和服务广西文化产业的发展，加强面向东盟的人才培养和集聚是关键。需要出台打造东盟人才集聚高地促进政策，着力建设战略研究人才、国际商贸人才、英语翻译高级人才、东南亚非通用语翻译人才、东盟青年人才、会展人才、沿海大通道物流人才等人才培养集聚基地，发挥人才的技术、资金、理念等驱动要素的资源集聚作用，着力培养一批知晓中国与东盟双边文化、掌握现代传媒技术的文化科技人才，在实践舞台上成长一批具备国际性经营管理能力与创新精神、熟悉文化产业发展规律的文化企业家，为持续发挥文化产业在中国—东盟关系中的贡献力提供人才支持。

第五节　推动广西文化产业"走进东盟"发展创新

地缘政治视野决定了广西要在国家的东盟战略中扮演重要角色，发挥重要作用，在加速发展的进程中，实施"走进东盟"战略，对于广西而言具有深刻合理性和极端重要性。在知识经济时代，创新是经济社会发展的重要动力，可以提高广西文化产业"走进东盟"的针对性，增强"走进东盟"的实效性，进一步拓展广西文化产业发展的国际视野，积极发展广西文化产业的新兴业态和领域，形成推动广西文化产业"走进东盟"的全方位、多层次、宽领域和支撑体系。[1]

一、广西文化产业"走进东盟"业态创新

新形势下，实施广西文化产业发展的东盟战略，关键是要建立健全现代文化市场体系，依托文化科技创新，不断推陈出新，在稳步推进图书报刊、电子音像制品、演出娱乐、电影电视剧和动漫游戏等传统文化产品发展的同时，着力建设以网络为载体的新兴文化产品市场，通过培育大众性文化消费

---

[1]　林昆勇：《"一带一路"建设背景下广西文化产业走进东盟问题研究》，《桂海论丛》2017年第4期，第29页。

市场、打造综合性和专项性的文化产品与服务交易平台来丰富文化产品市场，拓展文化产品和服务消费领域以及文化产业发展空间，增强文化产业发展后劲①，实现广西文化产业"走进东盟"的业态创新。

文化产业对资本、内容、组织等资源要素具有高度依赖，这些资源要素的不同层次组合或整合形成了不同的文化产业新业态，表现为商业运作、资本运作、组织管理、表征呈现、内容创意等五种创新模式，结合广西文化产业"走进东盟"的战略需要，由此赋予不同类型文化产业新型的业态模式和特殊内涵。商业运作模式强调借助文化产业链条的延伸和融合来孕育新的文化业态，将文化消费由实感场景的实景式消费转变到虚拟场景的体验式消费。资本运作模式主要是基于多元化投融资主体形成的新业态，无形资产的产业化运作可以用更小的资本投入获取更大的收益回报。组织管理模式主要针对资源配置的组织管理方式的变革以及组织结构的调整及创新，增强产业发展活力，提升市场响应的敏感度及经济社会效益的双重实现。表征呈现模式借助数字技术、3D 动漫等新技术，以富于时代感的创意表征形式，对文化产品或服务所隐含的内涵进行多渠道、多元化的呈现，给消费者以具有时代气质的文化消费体验。内容创意模式强调深层次的元素挖掘和思维再现，依托具体的内容元素，开发潜移默化、润物无声的符号化内涵，进行创意性的二次开发和深度加工，赋予文化产品的时代气息和价值意义。②

党的十九大开启全面建设社会主义现代化国家新征程，其中特别强调青年的作用，指出"青年一代有理想、有本领、有担当，国家就有前途，民族就有希望"。同样地，中国—东盟命运共同体建设，寄予厚望的仍然是广大的青年一代，它们是共同体建设的主力军，是中国—东盟关系深化发展的主要依托力量。青年一代接受新生事物能力超强，对新技术新媒体充满热

---

① 林昆勇：《"一带一路"建设背景下广西文化产业走进东盟问题研究》，《桂海论丛》2017年第4期，第29—30页。

② 邓向阳、荆亚萍：《中国文化产业新业态创新模式及其发展策略》，《中国出版》2015年第16期，第78—81页。

情，文化熏陶和价值灌输又需要诉诸方式技巧，因此，在广西文化产业"走进东盟"的业态创新中，表征呈现新业态模式、内容创意新业态模式以及这两种模式的交叉融合，容易为青年一代心理理解和感情接受，也容易目标达成和效果实现。它们利用了信息时代数字技术的优势，结合了思想引导及价值取向的润物无声式的符号化表达，二者的充分结合，能够以市场法则实现文化产业的经济效益，以文化及价值的认同实现文化事业的社会效益，可以成为广西文化产业"走进东盟"业态创新的主要依托。

二、广西文化产业"走进东盟"机制创新

推动广西文化产业"走进东盟"，是一项复杂的系统工程，需要各方共同努力。在落实服务好中国—东盟博览会和中国—东盟商务与投资峰会相应工作延续、做好"中国—东盟文化论坛"统筹谋划的同时，针对广西文化产业"走进东盟"、中文化企业"走出去"发展面临的主要障碍和关键环节，勇于创新扶持政策，着力加大扶持发展力度，积极探索促进广西文化产业"走进东盟"的体制机制创新。①

一是构建促进广西文化企业健康发展新机制。文化企业是广西文化产业"走进东盟"的重要载体，是广西文化产业"走出去"国际化发展的生力军。通过完善促进文化企业发展机制，支持文化企业兼并重组，鼓励有条件的文化企业建立现代企业制度。不断改善区域融资条件，完善区域风险投资机制，积极引导社会创新要素更多投向文化企业特别是科技型文化企业，建设一批科技型文化企业创新平台，激发文化企业创新活力。还要完善区域文化企业服务体系，加强区域信用担保体系、公共服务示范平台等建设以及国际交流合作，鼓励和引导社会服务机构为广西文化企业提供优质服务。②

---

① 林昆勇：《创新广西与东盟国家文化产业发展形式——实现"一带一路"有机衔接重要门户的思考》，《广西经济》2015 年第 5 期，第 33 页。

② 林昆勇：《"一带一路"建设背景下广西文化产业走进东盟问题研究》，《桂海论丛》2017 年第 4 期，第 32 页。

二是构建广西文化产业开放发展新机制。在经济全球化的大趋势下，我国文化产业必须以更加积极主动的开放姿态，融入全球产业分工，以开放促改革，推动文化制造向产业链高端发展，加快培育参与和引领广西文化产业国际竞争的新优势。牢牢把握全球产业重新布局的历史机遇，引导有实力的文化企业有序"走出去"和"走进东盟"，积极开展文化投资、并购投资和联合投资，不断增强文化企业国际化经营的新能力，探索文化产业开放发展的新思路，拓展广西文化产业发展的新空间。

三是构建广西文化产业创新发展新机制。创新能力不强是广西文化产业大而不强的关键问题，必须把文化产业发展转移到更多依靠创新驱动上来。文化是一个地区发展的灵魂，文化产业的发展要凸显"地方特色"，必须注重对区域优秀传统文化的传承和保护，既要融入现代化元素，又要体现地方特色，集成历史记忆、文化脉络、地域特色和民族特点于一体。健全以市场为导向的广西文化产业创新体系，强化文化企业的创新主体地位，建立产学研"三位一体"的协同创新机制，促进广西文化产业的技术水平和产业层次的重点提升，稳步推进广西文化产业管理体系和管理能力的现代化发展，促进广西文化产业专业化、规模化、集约化和国际化发展。①

三、广西文化产业"走进东盟"路径创新

建设中国—东盟自由贸易区升级版，构建中国—东盟命运共同体，推动双边关系由"黄金十年"迈入"钻石十年"，广西有能力和条件在其中扮演独特角色，推动文化产业的作用发挥，由此需要探索和创新广西文化产业"走进东盟"的有效路径，不断提升广西文化企业的东盟拓展能力。

一是加快培育新型文化产业经营主体。首先，大力培育区域文化的国际市场主体，不断优化区域文化的国际市场环境，重点发展区域文化的国际产业集群，积极引导区域文化的金融资本、社会资本和文化资源进行国际化整

---

① 林昆勇：《创新广西与东盟国家文化产业发展形式——实现"一带一路"有机衔接重要门户的思考》，《广西经济》2015 年第 5 期，第 32—33 页。

合，高效对接东盟，挖掘和显现广西民族文化与东盟文化的共同点与差异点，集中展现广西壮乡民族文化的绚丽多姿，在此基础上通过精心策划和重点推出一大批品位高、民族个性鲜明的文化产品、文艺演出、文化活动，不断推动与东盟各国的文化艺术交流，不断拓展东盟文化市场，以文化的交流来促进经济的往来。① 其次，做强做大文化产业龙头企业。鼓励发展混合所有制文化产业龙头企业，推动广西文化产业集群发展，制定科学的区域文化产业发展规划，明确广西文化产业集群发展的指导思想、原则、目标，基本路径与保障措施。第三，积极培育文化社会化服务主体。重点培育壮大文化产业专业服务公司、专业文化协会、文化经纪人和文化龙头企业，开展形式多样、内容丰富的文化社会化服务，大力鼓励和吸引民间资本投资文化产业，着力提高区域文化产业发展企业集约化程度，通过做强做大一批有发展潜力的社会文化企业，形成一批文化产业战略投资者和文化服务集成商。

二是大力促进文化产业转型升级。② 首先，积极推动广西文化产业结构调整，紧密结合广西壮乡文化特色，研发原创文化产品和服务，提升广西文化产业各门类创意设计水平和文化内涵，大力支持区域内壮乡特色文化产业以及"专、精、特、新"文化企业发展，进一步优化区域文化及其产业的社会组织结构，加快构建结构合理、门类齐全、科技含量高、富有创意和竞争力强的现代文化产业体系。其次，重点做好广西文化产业融合这篇大文章，推动广西文化产业与旅游业的融合发展，推动地方特色文化资源向旅游产品转化，依托高新技术产业增强文化产业的传播力、感染力和表现力，实现高新技术成果在文化产业的应用以及数字化、网络化发展，推动广西文化产业与现代服务业的有机融合，以特色文化引领特色服务，增加文化及其产业发展的多样化消费和有效供给。第三，着力提升区域文化及其产业的创意水平和整体实力，实施区域特色文化及其产业的示范项目、示范园区建设工

---

① 何颖：《"南博会"广西文化产业的大舞台》，《中国文化报》2004 年 6 月 17 日。
② 洪波：《大力促进文化产业转型升级》，《广西日报》2014 年 7 月 8 日。

程以及创意孵化建设，抓好特色文化产业示范项目建设，推进区域特色鲜明的文化产业融合发展集聚区建设，打造一批文化特色鲜明、产业优势突出的区域特色文化产业品牌。

三是提升区域文化资源配置效能。进一步创新区域文化及其产业发展的资源配置能力，全面盘活区域文化及其产业发展的优势资源，重点提高广西文化及其产业发展的供血能力。完善区域政府引导文化及其产业发展的支持体系，成立政府引导文化专项发展基金，建立政府、行业协会、社会资金管理机构三方合作机制，大力引导社会民间资本向区域重点文化产业流动，引导社会基金、民间资本投向区域重点文化及其产业领域，高效整合社会文化及其产业的优势资源，探索建立综合性全功能的区域文化金融支持发展模式，落实好繁荣发展文化及其产业的金融政策、产业政策和财税政策，加快建设区域文化及其产业发展的金融创新体制机制，支持区域文化及其产业的繁荣发展。

四是推动优秀壮乡文化与中国—东盟命运共同体建设的深度融合。推进中国—东盟命运共同体建设，是一场广泛而深刻的经济社会系统工程，需要优秀文化的坚强保障和有力支撑。广西文化产业"走进东盟"以及国际化发展，要塑造好自身的文化品格，既要有弘扬中华民族传统优秀文化的强大定力，也要有吸收借鉴各民族优秀文化的博大胸怀。广西壮乡民族文化是中华优秀传统文化的有机组成部分，与中国—东盟命运共同体建设具有内在关联。中国—东盟命运共同体建设为弘扬中华优秀民族文化和促进广西壮乡民族文化走进东盟带来新契机。建设中国—东盟命运共同体带动文化需求的快速增长，成为弘扬广西壮乡优秀传统文化的重要基础和主要依托。传播优秀民族文化，彰显壮乡特色民族文化，弘扬中华优秀传统文化，已成为中国—东盟命运共同体建设的题中之意和应有之义。赋予中国—东盟命运共同体建设以丰富的壮乡民族文化内涵，实现广西深化东盟经贸合作与优秀壮乡民族文化和中华优秀传统文化传播的协同发展，有利于中国—东盟命运共同体建设的大力推进。

四、广西文化产业"走进东盟"平台创新

"南宁渠道"的成功打造是进入新世纪以来中国—东盟关系的重大成果，也是广西利用地缘优势为国家"周边外交"的一大贡献，要充分利用"南宁渠道"搭建起中国—东盟交流合作的有效平台，充分发挥显著的区位优势，科学设计和整体谋划广西与东盟国家交流合作规划，整合现有资源，夯实已有平台，积极打造和构建适应双边关系发展需要的新型平台，助力中国—东盟命运共同体建设，进一步推动广西与东盟国家在文化产业领域的全方位、多层次和宽领域的交流与合作。

一是加强广西文化产业"走进东盟"的顶层设计。充分利用广西与东盟国家稳定和牢固的官方文化交流平台和相关合作机制，落实与东盟国家政府、民间和企业之间的交流形式与合作内容，制定政府、民间和企业之间进行文化及其产业交流合作的中长期战略规划，规范文化产业发展的组织管理体制，引导新型文化产业经营主体朝着产业规模化、生产标准化、管理组织化、产品品牌化、销售市场化和产销效益化的方向发展，大力推动广西与东盟国家政府、民间和企业之间的文化及其产业的交流与合作深入开展，为广西文化产业"走进东盟"开路架桥。积极培育广西壮乡民族文化品牌，让更多具有广西风格、广西气派和国际表达的广西文化产品走向东盟。同时，积极推动广西文化制造向产业链高端发展和广西文化资本走向东盟，建立起广西壮乡中华文化的东盟国际文化影响力，彰显广西文化软实力的时代价值。

二是夯实现有平台及构建适应双边关系发展需要的新型平台。大力依托和充分发挥中国—东盟博览会、中国—东盟商务与投资峰会和中国—东盟自由贸易区、中国—东盟文化交流年、中国—东盟文化论坛等现有渠道和体制机制的作用，不断丰富和发展广西与东盟各国在已有体制框架下的文化交流与合作内容，特别是要深入谋划、富有成效地举办"中国—东盟文化论坛"，发挥好这一专门平台推动双边在文化及其产业的交流合作以及实现民

心相通、推动民间交流上的重要作用。要结合"一带一路"建设以及双边关系发展的新形势新要求，探索建设支撑和推动双边关系深入发展的新型平台，与东盟国家和地区联手共建"21 世纪海上丝绸之路"，积极构建广西北部湾经济区文化产业圈、桂西民族特色文化产业圈、桂北文化产业圈和西江流域文化产业带"三圈一带"，为建设中国—东盟命运共同体搭建新型平台，提升中国文化及其产业发展的国际区域影响力。

三是形成广西文化及其产业"走出去"和"走进东盟"的有效合力。依托政府、民间和社会等多元主体的力量，利用高等学校、科研院所人才密集、智力汇聚的优势，充分发挥专家学者和社会智库的作用，以研讨会、专题论坛和委托课题等集中民智、问计于民，制定和实施双边文化交流合作的促进政策。充分调动文化企业"走进东盟"的主动性和积极性，大力推动与东盟国家在会展节庆、文化旅游、现代传媒、文化演艺、影视动漫、文化创意与制造、教育培训和文物博物以及现代休闲娱乐等领域的交流与合作，在骨干文化企业培育、文化产业园区与基地建设、文化精品生产、文化品牌打造、文化产业人才队伍建设以及文化产业示范点等取得新突破。充分挖掘"海上丝绸之路"的重要历史文化遗产，加强"一带一路"建设的民间认同度和预期获得感的宣传，着力讲好中国故事和广西故事，大力传播好中国声音和广西声音，把中国—东盟命运共同体建设与东盟各国人民过上美好生活的愿望和前景有机对接起来，形成广泛社会基础和强大建设合力，推动广西文化产业"走进东盟"，提升中华优秀传统文化及广西壮乡民族文化的东盟话语权和东盟影响力。

五、广西文化产业"走进东盟"格局创新

广西作为我国唯一与东盟国家既有海上通道又有陆地连接的省区，与东盟国家开展文化交流的基础和条件得天独厚，由此赋予了广西在国家东盟战略和地缘政治中的独特地位和重要作用。广西的文化产业发展，既要植根于区域及地方经济社会发展，又要超越于区域和地方层面，要站在坚定文化自

信、构建人类命运共同体以及实现中华民族伟大复兴的战略高度，将地方及区域经济社会发展需要，与国家民族的伟大梦想、人类共同的美好愿景高度融合起来，将服务中国—东盟命运共同体与人类命运共同体建设有机统一起来，突出广西文化产业发展的角色扮演和功能发挥，充分彰显广西文化产业发展的内在功能，推动广西文化产业发展大格局的形成。

中国—东盟命运共同体建设应该成为人类命运共同体构建的本土化探索和区域化实践，可以丰富命运共同体建设的理论研究和学术成果，对于建立包容并蓄、和而不同的国际关系新秩序具有重大意义，使之成为中国向世界贡献中国智慧和中国方案的治理创新。党的十九大提出要坚持推动构建人类命运共同体，促进和而不同、兼收并蓄的文明交流，将其作为新时代坚持和发展中国特色社会主义的基本方略，与基本理论、基本路线一起，成为我们党的共同遵循和行动指南，成为更好地引领党和人民事业发展的强大力量。构建人类命运共同体，就是要推动建设包括持久和平的世界、普遍安全的世界、共同繁荣的世界、开放包容的世界、清洁美丽的世界在内的"五个世界"，将世界建设成为和睦相处、和平共处的大家庭，把世界人民对美好生活的向往通过世界各国的共同努力变成活生生的发展现实，将中国倡议发展和转变成为中国作为、中国担当、中国情怀和中国贡献，推动国际社会在伙伴关系、安全格局、经济发展、文明交流、生态建设等方面加强合作。① 可以看到，政治、安全、经济、文化、生态五个方面构成了人类命运共同体的完整内涵，其中推动文明交流，建设开放包容的世界，就是要尊重世界文明多样性，推动"和而不同、兼收并蓄"的文明交流对话，以不同文明的交流互鉴来加深了解、增进交流、发展友谊和维护和平。文化产业的发展，可以助推上述目标的有效实现。

中国—东盟命运共同体建设也应该成为传播中华优秀传统文化，深入实施文化"走出去"战略，实现"文化自信"的本土化探索和区域化实践，

---

① 杨洁篪：《推动构建人类命运共同体》，《人民日报》2017 年 11 月 19 日。

对于讲好中国故事、传播中国声音，增强中华文化的亲和力、感召力和影响力具有重大意义，使之成为中国气派、中国特色、中国风格的文化软实力建设的重要实践探索和重大治理创新。中华民族的伟大复兴，需要强大的硬实力和坚实的软实力作为支撑，文化自信源自文化软实力，它是更基础、更广泛、更深厚的自信，也是更基本、更深沉、更持久的力量。文化软实力源自中华民族的悠久历史和灿烂文化，中华民族数千年文明史造就的"和"文化，追求和睦、爱好和平、倡导和谐，彰显了天人合一的宇宙观、协和万邦的国际观、和而不同的社会观和人心和善的道德观，是中华文明传承发展和中华文化繁荣兴盛的不竭源泉，也是构建人类命运共同体的强大思想动力。① 只有注重找回并唤醒我们自身的"活"的文化传统，只有栖居于自身民族的文化传统之中，我们才能拥有心有所属、魂有所安的认同感和归属感，才能获得走向未来的文化根基和精神力量。② 文化自信的逻辑起点是文化自知和文化自觉，其现实回归是文化融合和文化感召，是一种基于民族性放眼世界性，体现本土性与全球性渗透交融的话语体系、思想体系和价值体系，并在中国—东盟命运共同体以及人类命运共同体的建设上，实现本土化根基和全球化视野的有机结合。

基于上述认识，广西文化产业"走进东盟"的格局建设，要以中国—东盟命运共同体建设为目标，从政策沟通、设施连通、经贸畅通、资金融通、人心相通，迈向亲诚惠容、互利共赢，促进中国—东盟双边交流合作向纵深发展，大力推动中国—东盟命运共同体建设，以中国—东盟命运共同体建设的扎实成果，丰富构建人类命运共同体的深刻内涵，深化人类命运共同体构建的生动实践，着力建设持久和平、普遍安全、共同繁荣、开放包容、清洁美丽的新世界，为全球事务治理以及人类美好未来贡献中国智慧和中国方案，向世界人民展示中华民族的文化自觉和文化自信，使之成为建设富

---

① 冯颜利、唐庆：《习近平人类命运共同体思想的深刻内涵与时代价值》，《当代世界》2017年第11期，第11—14页。

② 庞立生：《精神生活的现代处境及其文化自觉》，《光明日报》2015年10月12日。

强、民主、文明、和谐、美丽的社会主义强国的强大力量。

2018 年 3 月，第十三届全国人民代表大会第一次会议表决通过《〈中华人民共和国宪法〉修正案》，明确将"坚持和平发展道路"写入宪法，体现了中国实施内政与外交的有机统一，实现了中国实现本国利益与人类共同利益的密切结合，表明中国走和平发展道路的战略意志更加坚定不移。同时，继中国共产党的十九大报告把"坚持推动构建人类命运共同体"作为新时代坚持和发展中国特色社会主义的基本方略之一，并写入新修改的《中国共产党章程》之后，又明确将"推动构建人类命运共同体"写入宪法，上升为国家意志，是对党的十八大以来我国外交实践的提炼升华，充分体现了中国将自身发展与世界发展相统一的全球视野、世界胸怀和大国担当。本书以作用机制为切入点，聚焦文化产业何以能作用于中国—东盟命运共同体建设，在逻辑起点和现实回归的有机联结和高度整合中，把握文化产业发展与中国—东盟命运共同体建设的内在关联，服务于中国—东盟命运共同体建设，使之成为人类命运共同体建设的重要组成部分，并发展成为中国坚持走和平发展道路的生动实践和实现中华民族伟大复兴的强大力量。

参 考 文 献

一、著作

[1]《马克思恩格斯全集》第 42 卷，人民出版社 1979 年版。

[2]《马克思恩格斯选集》第 1 卷，人民出版社 1995 年版。

[3]《马克思恩格斯文集》第 1 卷，人民出版社 2009 年版。

[4]《马克思恩格斯全集》第 1 卷，人民出版社 1995 年版。

[5]《习近平谈治国理政》第二卷，外文出版社 2017 年版。

[6]［英］威廉斯：《文化与社会：1780—1950》，高晓玲译，吉林出版集团有限责任公司 2011 年版。

[7]［英］泰勒：《原始文化》，蔡江浓编译，浙江人民出版社 1988 年版。

[8]［英］马林诺夫斯基：《文化论》，费孝通译，商务印书馆 1972 年版。

[9]［法］维克多·埃尔：《文化概念》，康新文、晓文译，上海人民出版社 1988 年版。

[10]［美］克莱德·克鲁克洪：《文化与个人》，高佳等译，浙江人民出版社 1986 年版。

[11]［美］戴维·波普诺：《社会学》，李强等译，中国人民大学出版社 2007 年版。

[12]［德］黑格尔：《历史哲学》，王造时译，上海书店出版社 1999

年版。

［13］［古希腊］亚里士多德：《亚里士多德全集》（第二卷），苗力田译，中国人民大学出版社 1991 年版。

［14］［德］马克思·韦伯：《经济与社会》（上卷），林远荣译，商务印书馆 1997 年版。

［15］［美］亚历山大·温特：《国际政治的社会理论》，秦亚青译，上海人民出版社 2000 年版。

［16］欧阳友权：《文化产业概论》，湖南人民出版社 2007 年版。

［17］杨杰：《国防新论》，中华书局 1943 年版。

［18］贾春峰：《文化力》，人民出版社 1995 年版。

［19］黄硕风：《综合国力论》，中国社会科学出版社 1992 年版。

［20］［日］名和太郎：《经济与文化》，高增杰、郝玉珍译，经济出版社 1987 年版。

［21］［德］阿多诺、霍克海默：《启蒙的辩证法》，洪佩郁等译，重庆出版社 1993 年版。

［22］［德］本雅明：《机械复制时代的艺术作品》，王才勇译，江苏人民出版社 2006 年版。

［23］许家康、古小松：《中国—东盟年鉴 2006》，线装书局 2006 年版。

［24］吕余生、王士威：《中国—东盟年鉴 2013》，线装书局 2013 年版。

［25］吕余生、王士威：《中国—东盟年鉴 2014》，线装书局 2015 年版。

［26］吕余生、王士威：《中国—东盟年鉴 2015》，线装书局 2016 年版。

［27］赵铁：《中国—东盟关系与广西文化产业创新发展》，广西师范大学出版社 2013 年版。

［28］［古希腊］亚里士多德：《政治学》，［英］乔伊特译，宋京逵导读，中国人民大学出版社 2013 年版。

［29］［德］斐迪南·滕尼斯：《共同体与社会》，林荣远译，商务印书馆 1999 年版。

［30］［英］齐格蒙特·鲍曼：《共同体》，欧阳景根译，江苏人民出版社 2003 年版。

［31］王志彬注：《文心雕龙》，中华书局 2012 年版。

［32］陆建人：《东盟的今天与明天——东盟的发展趋势与其在亚太的地位》，经济管理出版社 1999 年版。

［33］曹云华、唐翀：《新中国—东盟关系论》，世界知识出版社 2005 年版。

［34］陆耀新、卢品慕：《中国—东盟商务简史》，中国商务出版社 2013 年版。

［35］广西社会科学院：《2006 年广西蓝皮书：广西文化发展报告》，广西人民出版社 2006 年版。

［36］广西社会科学院：《2007 年广西蓝皮书：广西文化发展报告》，广西人民出版社 2007 年版。

［37］广西社会科学院：《2008 年广西蓝皮书：广西文化发展报告》，广西人民出版社 2008 年版。

［38］广西社会科学院：《2009 年广西蓝皮书：广西文化发展报告》，广西人民出版社 2009 年版。

［39］广西社会科学院：《2010 年广西蓝皮书：广西文化发展报告》，广西人民出版社 2010 年版。

［40］广西社会科学院：《2011 年广西蓝皮书：广西文化发展报告》，广西人民出版社 2011 年版。

［41］［英］戴夫·奥布赖恩：《文化政策：创意产业中的管理、价值和现代性》，魏家海、余勤译，东北财经大学出版社 2016 年版。

［42］［美］丹尼尔·贝尔：《资本主义文化矛盾》，赵一凡、蒲隆、任晓晋译，生活·读书·新知三联书店 1989 年版。

［43］胡惠林、王婧：《2013：中国文化产业发展指数报告（CCIDI）》，上海人民出版社 2013 年版。

［44］丹增：《文化产业发展论》，人民出版社 2005 年版。

［45］贺圣达：《东南亚文化发展史》，云南人民出版社 1996 年版。

［46］刘吉发等：《文化产业学》，经济管理出版社 2005 年版。

［47］罗能生：《全球化、国际贸易与文化互动》，中国经济出版社 2006 年版。

［48］彭新良：《文化外交与中国的软实力——一种全球化的视角》，外语教学与研究出版社 2008 年版。

［49］孙安民：《文化产业理论与实践》，北京出版社 2005 年版。

［50］覃振锋：《广西文化产业发展论》，广西人民出版社 2010 年版。

［51］左惠：《文化产品供给论：文化产业发展的经济学分析》，经济科学出版社 2009 年版。

［52］杨武：《东盟文化与艺术研究》，哈尔滨工程大学出版社 2007 年版。

［53］王介南：《中国与东南亚文化交流志》，上海人民出版社 1998 年版。

［54］胡必亮：《关系共同体》，人民出版社 2005 年版。

［55］张康之：《共同体的进化》，中国社会科学出版社 2011 年版。

［56］中国与东南亚民族论坛论文集编委会：《首届中国与东南亚民族论坛论文集》，民族出版社 2005 年版。

［57］万忆：《向东盟传播中国：公共外交视野下的中国（广西）—东盟新闻交流》，人民日报出版社 2012 年版。

［58］黄南津、周洁：《东南亚古国资料校勘及研究》，中国社会科学出版社 2011 年版。

［59］古小松：《东南亚民族》，广西民族出版社 2006 年版。

［60］张岱年：《中国文化概论》，北京师范大学出版社 2004 年版。

［61］刘茜等：《东盟各国文化礼仪》，中国社会科学出版社 2012 年版。

［62］程裕祯：《中国文化要略》，外语教学与研究出版社 2011 年版。

［63］赵铁：《都市生态学术传统的传承：芝加哥社会学派与社会研究》，广西人民出版社2008年版。

［64］李小文：《中国—东盟背景下民族地区文化传承与创新研究》，广西人民出版社2013年版。

［65］高占祥：《文化力》，北京大学出版社2007年版。

［66］秦红增：《多元视角下的中国—东盟研究》，民族出版社2012年版。

［67］纪可：《中国—东盟民族习俗比较研究》，人民日报出版社2012年版。

［68］蒋立松：《文化人类学概论》，西南师范大学出版社2008年版。

［69］［美］弗·杰姆逊：《后现代主义与文化理论》，唐小兵译，陕西师范大学出版社1986年版。

［70］胡惠林：《文化政策学》，中国人民大学出版社2003年版。

［71］顾作义：《文化产业论》，广东经济出版社2001年版。

［72］许宁宁：《中国—东盟自由贸易区》，知识出版社2003年版。

［73］熊澄宇：《文化产业研究》，清华大学出版社2006年版。

［74］胡惠林：《文化产业概论》，云南大学出版社2005年版。

［75］花建等：《文化产业竞争力》，广东人民出版社2005年版。

［76］陈晓东：《全球化与文化整合》，湖南人民出版社2003年版。

［77］叶取源：《中国文化产业评论》，上海人民出版社2003年版。

［78］彭立勋：《文化体制改革与文化产业发展》，中国社会科学出版社2003年版。

［79］黄力之：《先进文化论》，上海三联书店2002年版。

［80］张家寿：《打好东盟牌——建设广西新的战略支点对策研究》，广西人民出版社2015年版。

［81］中共中央文献研究室：《习近平关于社会主义政治建设论述摘编》，中央文献出版社2017年版。

［82］中共中央文献研究室：《习近平关于社会主义文化建设论述摘编》，中央文献出版社 2017 年版。

［83］中共中央文献研究室：《习近平关于实现中华民族伟大复兴的中国梦论述摘编》，中央文献出版社 2013 年版。

［84］中共中央宣传部：《习近平总书记系列重要讲话读本》，人民出版社 2014 年版。

［85］Janet L., *Abu-lughod*, *New York*, *Chicago*, *Los Angeles*：*America's Global Cities*, Minneapolis：University of Minnesota Press，1999.

［86］Charles Madigan, *Global Chicago*, Chicago：University of Illinois Press，2004.

［87］Terry Nichols Clark, *The City as an Entertainment Machine*, Massachusetts：Amsterdam Boston Mass. Elsevier/JAI，2004.

［88］Maclver, R. M., *Community*, *a Sociological Study*, London：Macmillan and Co.，Limited，1920.

［89］Lene Hansen, *Security as Discourse Analysis and the Bosnian War*, New York：Rout Ledge，2007.

二、期刊论文

［1］李文启、王玉才等：《文化力研究第一人——访著名学者贾春峰》，《商业文化》2004 年第 3 期。

［2］贾春峰、黄文良：《关于"文化力"的对话》，《现代哲学》1995 年第 4 期。

［3］王沪宁：《作为国家实力的文化：软权力》，《复旦学报（社会科学版）》1993 年第 3 期。

［4］胡平：《九十年代中国对外开放的十大趋势——学习〈邓小平文选〉第三卷心得》，《党校论坛》1993 年第 12 期。

［5］陈立旭：《论文化产品的社会效益和经济效益》，《中国社会科学》

1998 年第 5 期。

　　［6］张庭伟：《为多元化的城市经济创建高质量的城市空间——芝加哥城市发展的一些做法》，《城市规划汇刊》2002 年第 6 期。

　　［7］林昆勇：《积极推进中国—东盟命运共同体建设》，《东南亚纵横》2015 年第 7 期。

　　［8］马敏象、张维、尚晓慧：《中国与东南亚、南亚科技合作战略与对策研究》，《云南科技管理》2015 年第 1 期。

　　［9］宁常郁：《深化广西与东盟文化交流与合作研究及展望》，《东南亚纵横》2016 年第 1 期。

　　［10］谢卓华：《"一带一路"背景下广西对接东盟文化产业发展研究》，《广西社会科学》2016 年第 3 期。

　　［11］丁智才：《民族文化产业与对外传播——基于西南边疆民族地区对东盟传播实践的思考》，《学术论坛》2013 年第 8 期。

　　［12］范玉刚：《"一带一路"战略的文化维度及其区域文化空间塑造》，《人文杂志》2016 年第 3 期。

　　［13］徐一林：《提升新闻出版对东盟的传播能力——以广西、云南新闻出版"走出去"为例》，《新闻爱好者》2016 年第 4 期。

　　［14］覃雪香、徐晓伟：《广西文化产业与旅游业融合发展研究》，《广西社会科学》2012 年第 8 期。

　　［15］何颖：《特区模式：构建"中国—东盟文化产业开放区"》，《沿海企业与科技》2007 年第 2 期。

　　［16］施惟达：《民族文化：中国—东盟文化产业发展的重要资源》，《民族艺术研究》2006 年第 6 期。

　　［17］刘婷：《广西民族文化资源评估与文化产业开发研究》，《广西社会科学》2011 年第 2 期。

　　［18］陈学璞、李建平等：《面向东盟的广西文化产业发展新格局研究（上）》，《沿海企业与科技》2012 年第 12 期。

［19］王贤：《论中国—东盟区域性合作发展的文化根基》，《广西社会科学》2015 年第 5 期。

［20］古小松：《打造中国—东盟交流合作平台促进中国—东盟友好合作发展——中国—东盟博览会战略定位研究》，《东南亚纵横》2003 年第 12 期。

［21］何颖：《中国—东盟博览会竞争力研究》，《改革与战略》2006 年第 12 期。

［22］徐步、杨帆：《中国—东盟关系：新的启航》，《国际问题研究》2016 年第 1 期。

［23］金荣：《浅析中国—东盟文化交流在 21 世纪海上丝绸之路的影响及前景》，《广西社会主义学院学报》2014 年第 5 期。

［24］袁新涛：《"一带一路"建设的国家战略分析》，《理论月刊》2014 年第 11 期。

［25］范建华：《带状发展："十三五"中国文化产业发展新趋势》，《云南师范大学学报（哲学社会科学版）》2015 年第 3 期。

［26］刘松竹、吴尔江：《海上丝绸之路建设背景下广西与东盟经济合作深化问题研究》，《广西财经学院报》2014 年第 3 期。

［27］胡攀：《大力发展文化产业满足文化消费需求》，《重庆邮电学院学报（哲学社会科学版）》2004 年第 3 期。

［28］陆建人：《"一带一路"倡议与中国—东盟命运共同体建设》，《创新》2015 年第 5 期。

［29］沈永福：《人文交流："一带一路"的重要驱动力》，《中国信息安全》2016 年第 2 期。

［30］李慧凤、蔡旭昶：《"共同体"概念的演变、应用与公民社会》，《学术月刊》2010 年第 6 期。

［31］吴宏伟：《马斯洛的需要层次理论及哲学底蕴》，《哈尔滨市委党校学报》2006 年第 2 期。

［32］于洪君：《树立人类命运共同体意识推动中国与世界良性互动》，《当代世界》2013 年第 12 期。

［33］曲星：《人类命运共同体的价值观基础》，《求是》2013 年第 4 期。

［34］张蕴岭：《中国与周边关系：命运共同体的逻辑》，《人民论坛》2014 年第 6 期。

［35］张希中：《习近平命运共同体思想的形成维度、内涵及价值意蕴探析》，《行政与法》2016 年第 2 期。

［36］阮宗泽：《人类命运共同体：中国的世界梦》，《国际问题研究》2016 年第 1 期。

［37］李文：《"一带一路"与中国—东盟命运共同体建设》，《东南亚纵横》2015 年第 10 期。

［38］葛洪亮、鞠海龙：《"中国—东盟命运共同体"构想下南海问题的前景展望》，《东北亚论坛》2014 年第 4 期。

［39］陈邦瑜：《国际共同体视角下构建"中国—东盟命运共同体"》，《领导科学论坛》2015 年第 19 期。

［40］刘军、柯玉萍：《论中国—东盟命运共同体的建构》，《学术探索》2016 年第 1 期。

［41］赵铁、林昆勇、陈林：《中国—东盟命运共同体建设问题探析》，《广西社会科学》2015 年第 2 期。

［42］唐文琳、唐明知：《中国—东盟命运共同体背景下互联互通的建设》，《广西大学学报（哲学社会科学版）》2016 年第 3 期。

［43］［菲］鲁道夫·赛维里诺、王玉主：《中国—东盟关系：过去、现在与未来》，《当代亚太》2008 年第 3 期。

［44］胡惠林：《构建和谐世界与中国文化产业发展战略》，《社会科学》2008 年第 6 期。

［45］陈红梅、宋子杰：《文化产业——城市发展的新动力》，《河北科

技师范学院学报（社会科学版）》2005 年第 4 期。

　　［46］柳晖：《合作共赢：中国与东盟关系的发展与启示》，《东南亚之窗》2011 年第 2 期。

　　［47］李德周、杜婕：《"共赢"——一种全球化进程中的建设性思维》，《人文杂志》2002 年第 5 期。

　　［48］覃玉荣：《中国—东盟跨境民族文化产业发展与合作》，《广西社会科学》2012 年第 11 期。

　　［49］翟崑：《中国在东南亚的国家形象》，《公共外交季刊》2011 年第 8 期。

　　［50］聂震宁：《文化软实力与文化硬实力》，《大学出版》2008 年第 4 期。

　　［51］李增福、刘万琪：《我国文化产业对经济增长影响的实证研究》，《产经评论》2011 年第 5 期。

　　［52］李乃琼、王敬浩：《中国—东盟跨境民族的体育交流与发展研究》，《沈阳体育学院学报》2012 年第 6 期。

　　［53］齐建国：《从"黄金十年"走向"钻石十年"——中国—东盟关系回顾与展望》，《外交》2014 年第 4 期。

　　［54］纪宝成：《关于国际文化战略问题的几点认识》，《学术界》2009 年第 3 期。

　　［55］梁颖：《打造中国—东盟自由贸易区升级版的路径与策略》，《亚太经济》2014 年第 1 期。

　　［56］张瑞枝、李建平等：《关于加快广西文化产业发展的对策建议》，《沿海企业与科技》2010 年第 3 期。

　　［57］蔡武：《吹响深化文化体制改革新号角》，《求是》2014 年第 2 期。

　　［58］荣跃明：《公共文化的概念、形态和特征》，《毛泽东邓小平理论研究》2011 年第 3 期。

［59］陈学璞、李建平等：《面向东盟的广西文化产业发展新格局研究（下）》，《沿海企业与科技》2013 年第 1 期。

［60］刘文俭：《推进我国文化产业国际化发展的战略构想》，《国家行政学院学报》2007 年第 4 期。

［61］朱立群：《外交环境变化与中国外交能力建设》，《国际问题研究》2013 年第 2 期。

［62］杨洁勉：《改革开放 30 年的中国外交和理论创新》，《国际问题研究》2008 年第 6 期。

［63］齐峰：《转型跨越　文化先行——学习十八届三中全会关于文化建设的重要论述》，《前进》2014 年第 1 期。

［64］国世平、颜道成：《中国—东盟文化产业面临的融资问题》，《创新》2008 年第 6 期。

［65］李凤亮、宗祖盼：《跨界融合：文化产业的创新发展之路》，《天津社会科学》2015 年第 3 期。

［66］郭新茹、顾江：《基于价值链视角的文化产业赢利模式探析》，《现代经济探讨》2009 年第 10 期。

［67］林昆勇：《"一带一路"建设下广西文化走进东盟的途径探究》，《桂海论丛》2017 年第 4 期。

［68］朱晓红、伊强：《论社会治理的多元主体结构》，《学习论坛》2007 年第 8 期。

［69］赵铁、林昆勇、何玉珍：《中国—东盟命运共同体的共同体诠释》，《广西民族研究》2016 年第 1 期。

［70］兰铁民：《特色节庆文化活动对区域经济和社会发展的影响——以南宁国际民歌艺术节为例》，《学术论坛》2003 年第 6 期。

［71］梁学成：《产城融合视域下文化产业园区与城市建设互动发展影响因素研究》，《中国软科学》2017 年第 1 期。

［72］王为理：《文化发展与现代化国际化创新型城市建设》，《特区实

践与理论》2015 年第 3 期。

［73］李安：《中国文化产业的创新发展》，《企业导报》2009 年第
12 期。

［74］周延召：《文化企业竞争力提升路径探析》，《学术交流》2008 年
第 5 期。

［75］邵建平：《中国的东盟政策：误解与正解》，《外交评论》2017 年
第 1 期。

［76］曹云华：《新型的中国—东盟关系：利益共同体与命运共同体》，
《当代世界》2015 年第 3 期。

［77］张继龙：《国内学界关于人类命运共同体思想研究述评》，《社会
主义研究》2016 年第 6 期。

［78］王俊生：《中国周边命运共同体构建：概念、内涵、路径》，《国
际关系研究》2016 年第 6 期。

［79］陆建人：《迈向"亚洲命运共同体"》，《党政论坛（干部文摘）》
2015 年第 9 期。

［80］张彪：《构建命运共同体的国际政治经济意义》，《学术界》2015
年第 11 期。

［81］石源华：《亚洲命运共同体的文化内涵》，《世界知识》2015 年第
2 期。

［82］曾培炎：《推进全球可持续发展构建人类命运共同体》，《全球
化》2015 年第 7 期。

［83］李欧：《泰国文化的中国源流》，《南风窗》2010 年第 3 期。

［84］史继忠：《"东方文化圈"与东南亚文化》，《贵州民族研究》
2000 年第 3 期。

［85］潘春见：《东盟一体化的重要文化建树》，《广西师范学院学报
（哲学社会科学版）》2008 年第 2 期。

［86］范玉刚：《试析文化产业对提升我国文化竞争力的意义》，《学习

与实践》2006 年第 11 期。

[87] 杨长春：《我国文化产业发展的问题及对策》，《广西社会科学》2005 年第 4 期。

[88] 陈霞、刘钢：《我国文化产业兴起的背景及发展途径研究》，《重庆大学学报（社会科学版）》2005 年第 5 期。

[89] 张贵辰：《大力培育和发展文化产业》，《经济论坛》2006 年第 6 期。

[90] 许昌淦：《再论文化产业》，《科技和产业》2004 年第 7 期。

[91] 李杨：《世界文化产业的策略分析》，《中国报业》2011 年第 16 期。

[92] 刘丽伟、高中理：《世界文化产业发展的新趋势》，《经济纵横》2015 年第 10 期。

[93] 李景平：《体验经济与文化产业》，《中国文化产业评论》2006 年第 1 期。

[94] 刘华明：《美、日、韩发展文化产业的经验及启示》，《肇庆学院学报》2007 年第 6 期。

[95] 郑宇民：《经济的文化化比文化的经济化更重要》，《观察与思考》2012 年第 5 期。

[96] 钟祥斌：《中华文化企业文化化》，《现代企业文化（上旬）》2011 年第 7 期。

[97] 唐文琳、李雄狮：《中国东盟区域经济一体化程度测量——基于时序主成分分析框架》，《亚太经济》2014 年第 4 期。

[98] 李汶娟：《未来区域合作的内生动力》，《中国报道》2014 年第 5 期。

[99] 刘从水、高睿霞：《大湄公河次区域会展产业的融合动力》，《曲靖师范学院学报》2015 年第 5 期。

[100] 林昆勇：《关于中越边境城市构建国际旅游岛的战略思考》，《城

市》2015 年第 6 期。

　　［101］阮宗泽：《人类命运共同体：中国的"世界梦"》，《国际问题研究》2016 年第 1 期。

　　［102］詹真荣、熊乐兰：《论习近平的对外战略与策略思想》，《观察与思考》2016 年第 2 期。

　　［103］李海龙：《"命运共同体"理念论析》，《福建商业高等专科学校学报》2014 年第 3 期。

　　［104］李海龙：《中国外交新理念：倡导"命运共同体"的建设》，《上海市社会主义学院学报》2014 年第 4 期。

　　［105］石云霞：《习近平人类命运共同体思想研究》，《学校党建与思想教育》2016 年第 9 期。

　　［106］王公龙、韩旭：《人类命运共同体思想的四重维度探析》，《上海行政学院学报》2016 年第 10 期。

　　［107］李海龙：《中国外交新思路：对"命运共同体"理念的分析》，《燕山大学学报（哲学社会科学版）》2014 年第 4 期。

　　［108］石云霞：《马克思社会共同体思想及其发展》，《中国特色社会主义研究》2016 年第 1 期。

　　［109］李海龙：《论"命运共同体"理念及其中国实践》，《长江师范学院学报》2014 年第 5 期。

　　［110］刘志礼：《习近平"人类命运共同体"思想探析》，《理论探索》2017 年第 4 期。

　　［111］郭海龙、汪希：《习近平人类命运共同体思想的生成价值和实现》，《邓小平研究》2016 年第 3 期。

　　［112］杜飞进：《关于 21 世纪的中国马克思主义——论习近平治国理政新思想的理论品格》，《邓小平研究》2016 年第 3 期。

　　［113］冷树青、黄学雷：《和平发展思想理论创新的研究现状及其深化》，《九江学院学报（社会科学版）》2014 年第 2 期。

［114］张耀：《"人类命运共同体"与中国新型"海洋观"》，《山东工商学院学报》2016 年第 5 期。

［115］林昆勇：《"一带一路"下的玉林侨乡文化发展新机遇及路径研究》，《城市》2016 年第 12 期。

［116］赵学琳：《文化概念的差异性考析与整体性界定》，《江西科技师范学院学报》2011 年第 5 期。

［117］陈须隆：《人类命运共同体理论在习近平外交思想中的地位和意义》，《当代世界》2016 年第 7 期。

［118］曾贵：《中西方比较视角下的文化本质探讨》，《创新》2011 年第 1 期。

［119］孔德斌、刘祖云：《社区与村民：一种理解乡村治理的新框架》，《农业经济问题》2013 年第 3 期。

［120］杜悦嘉、林昆勇：《中国—东盟命运共同体建设背景下广西文化产业发展的对策研究》，《城市》2015 年第 7 期。

［121］王凤慧：《全国职业院校技能大赛的组织结构及特点》，《天津市教科院学报》2012 年第 4 期。

［122］梁尚琼：《组织行为学在职业培训教育管理中的应用》，《科教文汇（中旬刊)》2011 年第 3 期。

［123］吕屏、张国宾等：《现代大学制度下高校内部管理研究与思考——以重庆大学和马里兰大学为例》，《高等建筑教育》2011 年第 5 期。

［124］高亚芹：《"共同体"概念的学术演进与社区共同体的重构》，《文化学刊》2013 年第 3 期。

［125］黄杨：《"文化"概念的古义及其内隐意向》，《华侨大学学报（哲学社会科学版)》2008 年第 4 期。

［126］刘文华、王文珍等：《〈劳动合同法〉实施：适用范围和相关权利义务适用（上)》，《中国劳动》2011 年第 1 期。

［127］李丽、夏冬、刘志敏：《对中外社区，社区体育概念界定与发展

流变的若干研究》,《沈阳体育学院学报》2012 年第 5 期。

[128] 冯新宇:《以党的政治优势引领高职和谐校园文化建设》,《学理论》2012 年第 10 期。

[129] 韩智勇、张志旻等:《深入探索共同体管理模式,不断加强科学基金队伍建设——国家自然科学基金委员会第 55 期"双清论坛"会议综述》,《中国科学基金》2011 年第 3 期。

[130] 毛新志、刘星、向云霞:《论康德的自然目的论思想——兼评现代生物学哲学中的目的性思想》,《理论月刊》2009 年第 3 期。

[131] 贾海涛:《"文化软实力"理论的演进与新突破》,《社会科学》2011 年第 5 期。

[132] 石文卓:《文化:心灵的归宿和精神的家园——文化的概念、特征及作用探析》,《沈阳师范大学学报(社会科学版)》2013 年第 1 期。

[133] 荣跃明:《公共文化的概念、形态和特征》,《毛泽东邓小平理论研究》2011 年第 3 期。

[134] 黎永泰:《文化时代的文化力和企业文化力》,《四川大学学报(哲学社会科学版)》2000 年第 5 期。

[135] 曾小华:《文化定义现象述论》,《中共杭州市委党校学报》2003 年第 5 期。

[136] 赵文广:《深刻认识文化力的内涵及其特征》,《中共成都市委党校学报(哲学社会科学版)》2005 年第 1 期。

[137] 刘魁立:《非物质文化遗产的共享性本真性与人类文化多样性发展》,《山东社会科学》2010 年第 3 期。

[138] 钱爱梅:《城市转型的文化路径——以上海浦东新区为例》,《上海城市规划》2012 年第 5 期。

[139] 朱贻庭:《论儒道对世俗功利的超越精神》,《道德与文明》2011 年第 1 期。

[140] 朱晓娣:《中国本土文化在现在平面设计中的运用》,《大众文

艺》2012 年第 7 期。

[141] 原馨绿:《推动进步的文化合力》,《观察与思考》2005 年第 6 期。

[142] 宋佩华:《略论文化价值及现代图书馆文化的意义》,《戏剧丛刊》2010 年第 3 期。

[143] 李燕萍:《大理白族传统文化与旅游业互动发展》,《天津大学学报(社会科学版)》2011 年第 1 期。

[144] 路向峰:《文化实践的理论地位和当代价值》,《北京理工大学学报(社会科学版)》2013 年第 1 期。

[145] 余源培:《构建以人为本的财富观》,《哲学研究》2011 年第 1 期。

[146] 赵文广:《深刻认识文化力的内涵及其特征》,《中共成都市委党校学报(哲学社会科学版)》2005 年第 1 期。

[147] 赵文广:《加强党的执政能力建设必须高度重视提高文化力》,《资料通讯》2005 年第 3 期。

[148] 刘国新、王春喜:《论高校文化力的特点与功能》,《湖北大学学报(哲学社会科学版)》2011 年第 1 期。

[149] 张琳:《关于我国文化产业发展战略的研究》,《四川教育学院学报》2006 年第 S2 期。

[150] 马飞虹:《社会经济系统模型及建模方法述评(下)》,《计算机仿真》2012 年第 8 期。

[151] 娄孝钦:《十六大以来我国文化产业政策研究现状与缺失》,《学术论坛》2010 年第 5 期。

[152] 姚虹:《高校校园文化建设对实现中国梦的推动作用》,《科技经济市场》2013 年第 6 期。

[153] 林昆勇、赵铁、朱少雄:《南宁从更高起点推进区域性国际文化中心建设》,《城市》2014 年第 11 期。

［154］周薇：《开放兼容是文化发展的普遍形式和规律》，《广东社会科学》2006 年第 2 期。

［155］解学芳：《文化产业政策比较机理研究——以长江三角洲地区为例》，《长江论坛》2008 年第 5 期。

［156］陈立旭：《论文化产业的社会功能》，《山东理工大学学报（社会科学版）》2004 年第 4 期。

［157］张红、曹进：《简论法律服务在军队政治工作中的作用》，《山西师大学报（社会科学版）》2013 年第 S4 期。

［158］贾宝红、陆文龙等：《论天津市现代农业自主创新体系建设》，《农业科技管理》2011 年第 5 期。

［159］吴军、夏建中：《特里·克拉克场景理论与城市发展——芝加哥学派城市研究新理论范式》，《中国名城》2013 年第 12 期。

［160］吕维娟：《全球城市芝加哥的成功转型及其面临的挑战——〈全球城市芝加哥〉综述》，《国外城市规划》2006 年第 4 期。

［161］苏华、肖坤梅、肖水明：《创意产业基地集群发展实证研究》，《商业时代》2011 年第 17 期。

［162］周蜀秦、李程骅：《文化创意产业驱动城市转型的作用机制》，《社会科学》2014 年第 2 期。

［163］艾昕：《文化创意产业，又一个掘金时代》，《工业设计》2011 年第 12 期。

［164］《第九届北京国际科技产业博览会》，《中国科技产业》2006 年第 6 期。

［165］雷楠：《创意朝阳》，《中国新通信》2006 年第 16 期。

［166］倪愫襄：《论国家软实力建设中的文化产业建设》，《福建论坛（人文社会科学版）》2010 年第 10 期。

［167］周承英：《大力发展文化创意产业促进我区绿色经济发展》，《内蒙古教育（职教版）》2012 年第 5 期。

［168］侯爽：《"文化创意"对辽宁工业遗产开发利用的启示》，《辽宁经济》2013 年 5 期。

［169］方方：《创意经济时代演出产业的机遇和挑战》，《戏剧艺术》2005 年第 4 期。

［170］王军：《用新的财富观指导社会主义新农村建设》，《清江论坛》2007 年第 4 期。

［171］之剑：《"文化创意"热风起》，《经纪人》2006 年第 3 期。

［172］管荟璇、林昆勇、陈汇璇：《广西文化产业与民族文化资源的融合性研究》，《城市》2015 年第 10 期。

［173］夏春秋：《发展文化创意产业的哲学思考》，《求索》2006 年第 10 期。

［174］陈中文、韩进林：《李时珍中医药文化创意产业发展研究》，《亚太传统医药》2012 年第 4 期。

［175］袁邈桐：《商业文化背景下创意产业人才培养与基地建设》，《商业文化（上半月）》2014 年第 9 期。

［176］蒋雁、吴克烈：《基于因子分析的创意产业区影响因素模型研究——以杭州四大创意产业区为例》，《上海经济研究》2009 年第 1 期。

［177］段学芬、雷鸣：《场外交易市场推进城市创意产业发展——以天津为例》，《社会科学家》2011 年第 2 期。

［178］杜俊芳、尹维新：《需求引领创意产业的发展》，《科技进步与对策》2006 年第 8 期。

［179］王刚、宋锴业：《治理理论的本质及其实现逻辑》，《求实》2017 年第 3 期。

［180］李红、彭慧丽：《区域经济一体化进程中的中国与东盟文化合作：发展，特点及前瞻》，《东南亚研究》2013 年第 1 期。

［181］韦莉娜、唐锡海：《中国与东盟文化交流现状及存在问题研究》，《南宁职业技术学院学报》2012 年第 4 期。

［182］廖玉环、范朋：《东南亚出境旅游中突发事件安全管理策略研究》，《东南亚纵横》2017 年第 4 期。

［183］武祯妮：《"一带一路"下的新概念产业研究》，《经济师》2015 年第 9 期。

［184］广西社会科学院东南亚研究所：《中国与东盟关系 2012 — 2013 年回顾与展望》，《东南亚纵横》2013 年第 1 期。

［185］唐晓萍：《中国—东盟教育合作的预期、方式及规则分析》，《高教论坛》2008 年第 1 期。

［186］杨超、黄耀东：《中国(南宁)—新加坡经济走廊的产业发展》，《东南亚纵横》2015 年第 1 期。

［187］李红、许露元：《中国—东盟互联互通发展路向与合作策略》，《广西社会科学》2015 年第 3 期。

［188］罗肖：《南海与中国的核心利益：争论、回归及超越》，《当代亚太》2018 年第 1 期。

［189］吴声光、邹学亲：《中国—东盟自由贸易区建立中的思考及对策》，《辽宁教育行政学院学报》2007 年第 3 期。

［190］杜娜、刘微微：《面向东盟视角下广西高校旅游管理专业课程体系改革研究》，《价值工程》2016 年第 13 期。

［191］陈斯雅：《补齐服务业发展"短板"》，《当代广西》2015 年第 13 期。

［192］何颖：《发挥博览会平台功能融入大湄公河次区域合作》，《创新》2007 年第 1 期。

［193］张光丽、赖荣生、许绍才：《加快推动广西文化产业成为国民经济支柱产业的对策建议》，《广西经济》2012 年第 5 期。

［194］杜远阳：《关于广西参与次区域经济合作的思考——基于发挥中国—东盟博览会平台功能视角》，《消费导刊》2008 年第 3 期。

［195］何颖：《文化软实力：中国—东盟博览会文化功能分析》，《钦州

学院学报》2007 年第 1 期。

［196］李德升：《刍议产业工人工资提高与产业结构调整升级》，《商业经济》2012 年第 7 期。

［197］何颖：《以文化力提升中国—东盟博览会的竞争力》，《广西民族学院学报（哲学社会科学版）》2006 年第 1 期。

［198］黄鸿业：《一个平台为了十八亿人福祉——中国—东盟博览会回眸》，《传承》2007 年第 10 期。

［199］范建华：《带状发展："十三五"中国文化产业发展新趋势》，《云南师范大学学报（哲学社会科学版）》2015 年第 3 期。

［200］查干哈森：《大力发展文化产业的必要性》，《内蒙古水利》2011 年第 6 期。

［201］管荟璇、陈汇璇：《民族文化资源在广西文化产业建设中的战略地位——基于对〈印象·刘三姐〉山水实景项目的分析》，《现代商贸工业》2015 年第 20 期。

［202］国家发展改革委、外交部、商务部：《推动共建丝绸之路经济带和 21 世纪海上丝绸之路的愿景与行动》，《中国产经》2015 年第 4 期。

［203］李钢、刘倩等：《"一带一路"战略与中国全域发展》，《中国软科学》2016 年第 7 期。

［204］魏建新：《关于钢铁企业参与"一带一路"建设的思考》，《冶金管理》2016 年第 9 期。

［205］张光丽、赖荣生、许绍才：《加快推动广西文化产业成为国民经济支柱产业的对策建议》，《广西经济》2012 年第 5 期。

［206］胡新蕾、吴茜：《试论马克思全球化思想与中国特色社会主义道路》，《党史文苑》2015 年第 16 期。

［207］杨亚庚、陈亮等：《非物质文化遗产生产性保护探索》，《东南学术》2014 年第 1 期。

［208］黄霞：《浅析坭兴陶文化对社会生活的影响》，《中共桂林市委党

校学报》2012 年第 2 期。

［209］雷小华：《四川省加强与东盟开放合作的新思路、新举措及其对广西的启示》，《东南亚纵横》2013 年第 4 期。

［210］刘波、凌云志等：《广西利用中国—东盟博览会加快开放发展的战略构想及对策建议》，《桂海论丛》2007 年第 6 期。

［211］李世泽：《提升广西在中国—东盟合作中的战略地位研究》，《广西经济管理干部学院学报》2011 年第 3 期。

［212］《中国—东盟关系的发展历程和展望——中国—东盟战略伙伴关系 10 周年与广西发展系列报告之二》，《传承》2013 年第 12 期。

［213］梁颖、黄立群：《中国—东盟关系中的政治经济互动机制》，《亚太经济》2016 年第 3 期。

［214］李文：《"一带一路"与中国—东盟命运共同体建设》，《东南亚纵横》2015 年第 10 期。

［215］梁颖：《领域拓展与高地占领：中国—东盟关系研究的新进展》，《广西大学学报（哲学社会科学版）》2013 年第 1 期。

［216］陈曙光：《中国时代与中国话语》，《马克思主义研究》2017 年第 10 期。

［217］王勤：《走向 2025 年的东盟经济共同体》，《中国—东盟研究》2017 年第 3 期。

［218］沈永福：《人文交流："一带一路"的重要驱动力》，《中国信息安全》2016 年第 2 期。

［219］周建标：《发展海丝文化旅游助推海上丝绸之路核心区建设》，《上海市社会主义学院学报》2016 年第 6 期。

［220］卢光盛、金珍：《"澜湄合作机制"建设：原因，困难与路径?》，《战略决策研究》2016 年第 3 期。

［221］徐健、李航：《柬埔寨华文报业现状及发展进路》，《新闻论坛》2016 年第 6 期。

［222］陈胜、陈胄：《"一带一路"开启全方位开放新格局》，《改革与开放》2017 年第 1 期。

［223］李海龙：《外交新理念：倡导"命运共同体"的建设》，《上海市社会主义学院学报》2014 年第 4 期。

［224］李海龙：《中国外交新理念：倡导"命运共同体"的建设》，《陕西行政学院学报》2014 年第 2 期。

［225］李海龙：《中国外交新思路：塑造"命运共同体"推动世界和平发展》，《西南交通大学学报（社会科学版）》2014 年第 5 期。

［226］李海龙：《构建命运共同体——中国外交的新思维》，《郑州轻工业学院学报（社会科学版）》2014 年第 3 期。

［227］韩志立：《东盟共同体建设困局与观念交锋》，《中国—东盟研究》2017 年第 3 期。

［228］李海龙：《倡导"命运共同体"建设"负责任大国"——评中国外交的新思维》，《江南社会学院学报》2014 年第 2 期。

［229］谷合强：《"一带一路"与中国—东盟经贸关系的发展》，《东南亚研究》2018 年第 1 期。

［230］王玉主：《自贸区建设与中国东盟关系——一项战略评估》，《南洋问题研究》2012 年第 1 期。

［231］陈遥：《中国—东盟政治互信：现状、问题与模式选择》，《东南亚研究》2014 年第 4 期。

［232］王玉主、张蕴岭：《中国发展战略与中国—东盟关系再认识》，《东南亚研究》2018 年第 2 期。

［233］江洪、杨宇：《战争与和平——关于湖南抗战文化展示中心陈列主题与陈列内容的初步思考》，《湖南省博物馆学会会议论文集》2013 年 11 月 28 日。

［234］林颖、陈文：《东盟：2014 年回顾与 2015 年展望》，《东南亚纵横》2015 年第 3 期。

［235］周文重：《新起点新机遇新未来——博鳌亚洲论坛回顾与展望》，《求是》2013 年第 9 期。

［236］孙西辉：《论构建"中国—东盟利益共同体"的外交战略》，《国际关系研究》2013 年第 1 期。

［237］黄宗海：《中国—东盟经贸往来中的广西：现状、问题、对策研究》，《学术论坛》2016 年第 7 期。

［238］翟崑：《东盟的"时代之遇"》，《世界知识》2006 年第 21 期。

［239］蒋杰：《和平共处五项原则与中国—东盟关系的发展》，《西南民族大学学报（人文社会科学版）》2005 年第 4 期。

［240］刘延棠：《双方关系的不断突破》，《瞭望新闻周刊》2006 年第 44 期。

［241］曹云华、徐善宝：《睦邻外交政策与中国—东盟关系》，《当代亚太》2004 年第 2 期。

［242］吕艳君：《对冷战后中国与东南亚国家关系的战略思考》，《东南亚纵横》2004 年第 4 期。

［243］王友才：《论第四代领导集体的"睦邻外交"思想》，《党史文苑》2005 年第 2 期。

［244］刘新生：《风雨同行共谋发展——中国与东盟建立对话关系 20 周年回顾和展望》，《东南亚纵横》2012 年第 2 期。

［245］苏星：《凝聚共识共展宏图》，《当代广西》2012 年第 20 期。

［246］王森、杨光海：《东盟"大国平衡外交"在南海问题上的运用》，《当代亚太》2014 年第 1 期。

［247］张连福、裴正轩：《21 世纪的中国与东盟国家关系机遇、挑战、前景》，《巢湖学院学报》2006 年第 2 期。

［248］罗雨泽：《"一带一路"：和平发展的经济纽带》，《中国发展观察》2015 年第 1 期。

［249］梁颖：《领域拓展与高地占领：中国—东盟关系研究的新进展》，

《广西大学学报（哲学社会科学版）》2013年第1期。

　　［250］王佳宁：《试析民族地区创新发展文化产业的途径》，《赤峰学院学报（汉文哲学社会科学版）》2016年第12期。

　　［251］何玉珍、林昆勇：《美国芝加哥城市转型及其文化力的彰显与启示》，《城市》2015年第2期。

　　［252］林昆勇：《试论区域创新体系中科技进步与经济增长的关联关系》，《中国青年科技》2008年第4期。

　　［253］许利平：《战略伙伴关系框架下中国—东盟的社会人文合作》，《东南亚纵横》2012年第8期。

　　［254］王晓明：《浅析高校校园体育文化建设中存在的问题及对策研究》，《老区建设》2012年第16期。

　　［255］苏娟：《国家文化安全与近年中国文化产业发展》，《理论研究》2012年第3期。

　　［256］朱康有：《论中国特色社会主义文化发展道路》，《中国井冈山干部学院学报》2012年第5期。

　　［257］白瀛：《我国文化改革和发展新的行动纲领——〈中共中央关于深化文化体制改革推动社会主义文化大发展大繁荣若干重大问题的决定〉亮点解读》，《农村工作通讯》2011年第21期。

　　［258］陈雪飞：《中国舞剧产业经济研究——舞剧产业的概念，属性及商业模式》，《南京艺术学院学报（音乐与表演版）》2011年第1期。

　　［259］李培珍、罗艳茹：《自贸区新起点博览会新机遇——第七届中国—东盟博览会在广西南宁胜利召开》，《中国食品工业》2010年第11期。

　　［260］房宏婷：《论中国文化产业发展中的文化安全问题》，《学习与探索》2009年第6期。

　　［261］刘轶：《话语霸权、亚意识形态与全球化下的动漫产业》，《社会科学》2009年第7期。

　　［262］曹云华：《论东盟的内部关系——东盟区域一体化的发展及主要

成员国间的关系》，《东南亚研究》2006 年第 5 期。

［263］李冬、陈红兵：《文化产业的基本特征及发展动力》，《东北大学学报（社会科学版）》2005 年第 2 期。

［264］赵力平：《文化产业特征、功能》，《中共杭州市委党校学报》2002 年第 4 期。

［265］张宁、连振波、崔敏：《陇中地区由"富庶无如陇右"到"苦甲天下"的历史变迁及其启示》，《社科纵横》2017 年第 2 期。

［266］缪琨：《CAFTA 对中国与东盟双边贸易的影响——基于引力模型的实证分析》，《天津商务职业学院学报》2014 年第 6 期。

［267］周艳波：《中国东盟经济周期同步性及传导机制研究》，《财经理论研究》2014 年第 1 期。

［268］章启辉、冯祺：《"软实力"概念再辨析——国家软实力研究二十年》，《湖南社会科学》2013 年第 5 期。

［269］孙德朝：《体育强国视域下体育综合实力要素构成及其量化分析》，《南京体育学院学报（社会科学版）》2012 年第 2 期。

［270］章启辉、冯祺：《传统儒家实学与现代国家软实力理论》，《湖南大学学报（社会科学版）》2012 年第 1 期。

［271］郭琳：《我国西南地区与东盟国家文化产业合作战略研究》，《新闻界》2012 年第 2 期。

［272］李增福、刘万琪：《我国文化产业对经济增长影响的实证研究》，《产经评论》2011 年第 5 期。

［273］本刊记者：《且看文化产业阔步前行》，《中国财政》2010 年第 21 期。

［274］翟崑：《中国在东南亚的国家形象：走向成熟的战略伙伴》，《世界知识》2010 年第 21 期。

［275］吴敏、曲美儒、王治国：《蓝色文化下校园体育文化对大学生人文精神的作用研究》，《当代体育科技》2017 年第 1 期。

[276] 周艳：《探索港机创新发展的新趋势——自动化码头现状与前景分析》，《现代商业》2016 年第 9 期。

[277] 宗文：《新"四化"点亮"一带一路"——中国移动江苏公司连云港分公司服务"一带一路"纪实》，《中国电信业》2015 年第 9 期。

[278] 刘宗义：《亚洲命运共同体的内涵和构建思路》，《国际问题研究》2015 年第 4 期。

[279] 崔成泉：《文化产业发展需要新常态》，《人文天下》2015 年第 1 期。

[280] 殷莉：《对扩大陕西文化消费的思考》，《经济研究导刊》2012 年第 26 期。

[281] 陈立旭：《欠发达地区发展必须突破文化瓶颈》，《今日浙江》2012 年第 15 期。

[282] 若华：《社会主义核心价值体系对文化软实力提升的引领和推动——学习十七届六中全会精神的一点体会》，《清江论坛》2012 年第 2 期。

[283] 任正理：《文化产业如何变成经济支柱》，《唯实（现代管理）》2012 年第 6 期。

[284] 吉春华：《浅谈如何加快城乡文化馆文化产业的发展》，《戏剧之家（上半月）》2012 年第 6 期。

[285] 张毅：《基于"文化强国"理念的民族传统体育文化发展探析》，《体育与科学》2012 年第 3 期。

[286] 常凌翀：《西藏文化产业发展及其研究综述》，《民族论坛》2012 年第 10 期。

[287] 刘振民：《坚持合作共赢　携手打造亚洲命运共同体》，《国际问题研究》2014 年第 2 期。

[288] 翟崑：《中国在东南亚的国家形象》，《东南亚纵横》2010 年第 11 期。

[289] 刘齐：《发挥民俗积极作用与强化国家软实力建设》，《中共云南

省委党校学报》2010 年第 6 期。

[290] 游浩:《隐忧与对策:全球化视野下的中国电视文化创新》,《中国电视》2010 年第 10 期。

[291] 田间:《发展河南体育产业的理论思考》,《少林与太极(中州体育)》2009 年第 8 期。

[292] 马冉:《〈保护与促进文化内容与表达形式多样性公约〉初探》,《公民与法(法学版)》2009 年第 3 期。

[293] 崔刚:《大学英语教学中中国文化的渗透》,《中国大学教学》2009 年第 3 期。

[294] 王琳:《国际文化产业的非均衡竞争与中国的竞争方略》,《思想战线》2006 年第 4 期。

[295] 王琳:《文化的全球化及文化产业的全球竞争策略》,《天津大学学报(哲学社会科学版)》2006 年第 4 期。

[296] 高伟浓:《中国东盟关系发展的民建机制与公共外交——以中国东盟友好协会为基础》,《东南亚纵横》2010 年第 11 期。

[297] 胡新蕾、吴茜:《试论马克思全球化思想与中国特色社会主义道路》,《党史文苑》2015 年第 16 期。

[298] 魏建新:《关于钢铁企业参与“一带一路”战略的思考》,《冶金管理》2016 年第 9 期。

[299] 尹艳、张志顺、王雨鑫:《构建多元化文化产业对大学生思想政治教育的影响》,《剑南文学(经典教苑)》2012 年第 8 期。

[300] 李学礼:《“一带一路”战略下中国职业教育输出的定位和形式初探》,《工业和信息化教育》2017 年第 2 期。

[301] 贺来:《马克思哲学的“类”概念与“人类命运共同体”》,《哲学研究》2016 年第 8 期。

[302] 李文彬、司宝红:《发达国家文化产业财政政策及对我国的启示》,《山东工会论坛》2014 年第 1 期。

［303］朱佳俊、李金兵：《文化产业服务平台比较研究》，《科技和产业》2013 年第 8 期。

［304］吴楚云：《宗教渗透的全球化背景探析》，《湖北省社会主义学院学报》2012 年第 2 期。

［305］秦双兰、李亚龙、张海哲：《探究国内体育用品品牌营销之策略》，《中国商贸》2011 年第 8 期。

［306］刘连斌、莫梅锋：《论"十二五"期间文化产业发展的三大重要议题》，《管理现代化》2009 年第 6 期。

［307］张帆：《全球化背景下的台湾地方文化产业发展》，《福建论坛（社科教育版）》2009 年第 S1 期。

［308］王自强：《中国文化与市场开发研究》，《江西社会科学》2001年第 3 期。

［309］赵毅：《多元文化视角下高校音乐教育的反思》，《艺术评论》2013 年第 3 期。

［310］周建标：《发展海丝文化旅游助推海上丝绸之路核心区建设》，《上海市社会主义学院学报》2016 年第 6 期。

［311］方立明：《同心同向创新创优做党和人民信赖的新闻工作者》，《传媒》2016 年第 24 期。

［312］戚文闯：《日本"新的海洋立国"战略：内涵与外延》，《党政干部学刊》2016 年第 2 期。

［313］沈永福：《人文交流："一带一路"的重要驱动力》，《中国信息安全》2016 年第 2 期。

［314］范建华：《带状发展："十三五"中国文化产业发展新趋势》，《云南师范大学学报（哲学社会科学版）》2015 年第 3 期。

［315］陈忠：《城市社会：文明多样性与命运共同体》，《中国社会科学》2017 年第 1 期。

［316］黄耀东：《中国—东盟文化交流与合作可行性研究》，《学术论

坛》2014 年第 11 期。

［317］周铂涵、黄木：《在人类命运共同体的构建中增强文化自信》，《求知》2018 年第 5 期。

［318］王敬文：《"一路一带"打开筑梦空间》，《中国外资》2014 年第 19 期。

［319］詹得雄：《树立中国榜样，从容引领世界走历史必由之路》，《文化软实力》2017 年第 1 期。

［320］林华东、吴端阳：《东南亚地区孔子学院可持续发展研究》，《泉州师范学院学报》2011 年第 5 期。

［321］朱晓红、伊强：《论社会治理的多元主体结构》，《学习论坛》2007 年第 8 期。

［322］胡攀：《大力发展文化产业满足文化消费需求》，《重庆邮电学院学报（社会科学版)》2004 年第 3 期。

［323］李宁、王丽敏：《浅析互联网经济时代文化产业大发展》，《现代经济信息》2015 年第 19 期。

［324］王泽应：《中国和平主义论理论纲》，《求索》2018 年第 3 期。

［325］齐峰：《转型跨越文化先行——学习十八届三中全会关于文化建设的重要论述》，《前进》2014 年第 1 期。

［326］潘峰：《进一步推进文化体制机制创新》，《理论学习》2013 年第 12 期。

［327］逄金丽：《文化产业战略地位探讨》，《现代商贸工业》2013 年第 16 期。

［328］李乃琼、王敬浩：《中国—东盟跨境民族的体育交流与发展研究》，《沈阳体育学院学报》2012 年第 6 期。

［329］励立庆、张文艳、赵敏祥：《常山县文化创意产业发展对策思考》，《现代物业（中旬刊)》2012 年第 6 期。

［330］张秀兰：《中国—东盟自由贸易区建设背景下广西高等教育的发

展策略》，《桂林航天工业高等专科学校学报》2011 年第 2 期。

［331］胡惠林：《文化产业正义：文化产业发展的历史地理学问题——关于文化产业发展新战略理论思考》，《上海交通大学学报（哲学社会科学版）》2009 年第 5 期。

［332］李丹：《论全球治理改革的中国方案》，《马克思主义研究》2018 年第 4 期。

［333］郭琳：《浅议中国—东盟合作视阈下的刘三姐山歌翻译和传播》，《新西部（理论版）》2016 年第 4 期。

［334］郭琳、徐苗：《"一带一路"战略背景下的刘三姐山歌翻译研究》，《语文学刊（外语教育教学）》2016 年第 2 期。

［335］范力：《中马钦州产业园区建设 21 世纪海上丝绸之路先行园区的战略构想》，《东南亚纵横》2014 年第 10 期。

［336］代建明、梁军：《建设文化产权交易所实现我区文化产业新突破》，《北方经济》2013 年第 Z1 期。

［337］冯玉军：《社会转型背景下应大力促进文化市场依法管理》，《浙江社会科学》2013 年第 8 期。

［338］王伟：《加快培育我省特色优势产业的思考》，《发展》2012 第 4 期。

［339］董兵：《企业文化资本化的微观运行机制研究》，《价值工程》2011 年第 28 期。

［340］王燕霞：《民间融资规范化探析》，《天津法学》2011 年第 3 期。

［341］许南垣、朱晓辉等：《云南—东盟文化服务产业的互动发展》，《昆明理工大学学报（社会科学版）》2011 年第 2 期。

［342］高原：《文化创意产业宏观管理研究》，《商情（教育经济研究）》2007 年第 3 期。

［343］张国宏：《社会主义核心价值观的十大辩证特性》，《思想政治课研究》2016 年第 6 期。

［344］曹泳鑫：《从地域民族命运共同体到人类命运共同体——兼论共同体变革的历史条件和实践基础》，《世界民族》2018 年第 2 期。

［345］王家新：《振兴文化产业的财政思考》，《求是》2013 年第 18 期。

［346］王霞、孟宪生：《深刻把握共享发展的规律性特征》，《理论月刊》2018 年第 5 期。

［347］蔡武：《加快推动文化产业跨越式发展》，《求是》2012 年第 21 期。

［348］许宁宁：《中国与东盟关系现状、趋势、对策》，《东南亚纵横》2012 年第 3 期。

［349］张瑞枝、李建平等：《关于加快广西文化产业发展的对策建议》，《沿海企业与科技》2010 年第 3 期。

［350］陈学璞：《人文精神与中国—东盟博览会》，《钦州学院学报》2008 年第 2 期。

［351］韩亚利、段潇潇：《纪录之美，各美其美，美美与共——历史文化纪录片题材的国际化表达》，《中国电视（纪录）》2014 年第 9 期。

［352］刘立明：《时代的选择，历史的责任——国家艺术基金治理体系的举措》，《艺术评论》2014 年第 7 期。

［353］蔡武：《坚持文化先行建设"一带一路"》，《求是》2014 年第 9 期。

［354］郑良泽：《大力发展文化产业的意义和对策》，《南方职业教育学刊》2012 年第 3 期。

［355］韩智勇等：《深入探索共同体管理模式，不断加强科学基金队伍建设》，《中国科学基金》2011 年第 3 期。

［356］张志旻等：《共同体的界定、内涵及其生成——共同体研究综述》，《科学学与科学技术管理》2010 年第 10 期。

［357］石文卓：《文化：心灵的归宿和精神的家园——文化的概念、特征及作用探析》，《沈阳师范大学学报》2013 年第 1 期。

［358］赵文广：《深刻认识文化力的内涵及其特征》，《中共成都市委党校学报》2005 年第 1 期。

［359］贤成毅、丁晓裕：《广西文化产品出口东盟的品牌战略研究》，《广西大学学报（哲学社会科学版)》2014 年第 2 期。

［360］Terry Nichols Clark，"Making Culture into Magic：How Can It Bring Tourists and residents?"，in *International Review of Public Administration*，Vol. 12，No. 1，2007.

［361］"*A Success Story*：*A Survey of Chicago*"，in *The Economist*，March 18，2006.

［362］Park R.，"Human Ecology"，in *American Journal of Sociology*，1936.

三、硕士、博士学位论文

［1］毛渲：《中国与周边国家"命运共同体"概念与战略分析》，华东理工大学硕士学位论文，2015 年。

［2］张亚丽：《我国文化产业发展及其路径选择研究》，吉林大学博士学位论文，2014 年。

［3］张凯：《冷战后东南亚和平——基于三大理论视角的研究》，华中师范大学硕士学位论文，2010 年。

［4］杨永生：《中国文化产业作用问题研究》，首都师范大学博士学位论文，2007 年。

［5］陈菜：《泰国电视剧在中国的传播研究》，重庆大学硕士学位论文，2011 年。

［6］辛阳：《中美文化产业投融资比较研究》，吉林大学博士学位论文，2013 年。

［7］曲慧敏：《中华文化走出去战略研究》，山东师范大学博士学位论文，2012 年。

［8］袁海：《文化产业集聚的形成及效应研究》，陕西师范大学博士学

位论文，2012 年。

［9］赵铁：《中国—东盟合作框架下广西文化产业创新发展战略研究》，华中科技大学博士学位论文，2012 年。

［10］吕晓：《信任：中国—东盟合作的基础》，暨南大学硕士学位论文，2009 年。

［11］邓安球：《文化产业发展理论研究》，江西财经大学博士学位论文，2009 年。

［12］刘凯：《文化产业创新促进文化产业发展研究》，东北大学博士学位论文，2014 年。

［13］钟星星：《现代文化认同问题研究》，中共中央党校博士学位论文，2014 年。

［14］荣跃明：《文化生产论纲》，复旦大学博士学位论文，2009 年。

［15］郭永航：《政府治理创新领域下的区域文化产业发展战略》，武汉大学博士学位论文，2010 年。

［16］杨永生：《中国文化产业作用问题研究》，首都师范大学博士学位论文，2007 年。

［17］张云鹏：《文化权：自我认同与他者认同的向度》，吉林大学博士学位论文，2005 年。

［18］张冉：《文化自觉论》，华中科技大学博士学位论文，2010 年。

［19］乐祥福：《我国文化产业投资模式研究》，中南大学硕士学位论文，2013 年。

［20］陈军：《中国现代文化产业发展的瓶颈问题研究》，东北师范大学硕士学位论文，2005 年。

［21］刘莉：《关于中国文化产业及其发展战略的思考》，吉林大学硕士学位论文，2005 年。

［22］胡熠：《文化产业发展与管理体制创新》，福建师范大学硕士学位论文，2002 年。

［23］齐白琨：《发展文化生产力的问题研究》，广西师范学院硕士学位论文，2010 年。

［24］范永旭：《社会主义市场经济条件下我国文化产业发展路径选择》，沈阳师范大学硕士学位论文，2014 年。

［25］雷光华：《WTO 与中国文化产业发展研究》，湖南大学博士学位论文，2005 年。

［26］李树德：《文化生产力要素论》，中南大学硕士学位论文，2006 年。

［27］车勇：《广西文化产业发展模式研究》，广西大学硕士学位论文，2007 年。

［28］曲晓燕：《中国文化产业发展初探》，西南师范大学硕士学位论文，2005 年。

［29］崔超：《我国金融支持文化产业对策研究》，河北大学硕士学位论文，2013 年。

［30］黄庆国：《我国大学科技园制度创新研究——以四川大学科技园为例》，成都理工大学硕士学位论文，2010 年。

［31］吴永功：《城市群内政府间合作困境研究》，山东大学硕士学位论文，2009 年。

［32］沈红宇：《当代中国文化软实力问题研究》，中共中央党校博士学位论文，2013 年。

［33］余榕：《从〈孽子〉效应看电视媒介对受众的涵化作用》，武汉大学硕士学位论文，2005 年。

［34］张旭：《石油企业文化建设实践研究》，西南石油大学硕士学位论文，2004 年。

［35］金梅：《农村女性文化贫困的社会学分析》，华中师范大学硕士学位论文，2006 年。

［36］周筱芬：《博客对文化变迁的影响研究》，湖南师范大学硕士学位

论文，2007 年。

［37］徐玉祺：《中国和平崛起中的文化力与文化认同困境分析》，合肥工业大学硕士学位论文，2009 年。

［38］张宝宗：《吉林省文化产业发展研究》，吉林大学博士学位论文，2012 年。

［39］李小华：《中日文化差异在企业管理中存在问题的初探》，上海交通大学硕士学位论文，2009 年。

［40］张涵：《经济社会发展中的文化产业问题研究》，山东大学博士学位论文，2009 年。

［41］孙惜标：《珠海市文化建设与城市软实力提升策略研究》，西南交通大学硕士学位论文，2015 年。

［42］孙文西：《刘家峡水电厂企业文化建设创新策划研究》，兰州大学硕士学位论文，2008 年。

［43］肖江文：《美国文化产业的发展分析及对我国的启示》，首都经济贸易大学硕士学位论文，2013 年。

［44］刘莉：《关于中国文化产业及其发展战略的思考》，吉林大学硕士学位论文，2005 年。

［45］甄妮：《青岛西海岸经济新区文化产业研究》，青岛理工大学硕士学位论文，2013 年。

［46］张金中：《论农业科技推广的文化动力》，湖南农业大学硕士学位论文，2012 年。

［47］赵长庚：《辽宁演艺集团商业模式研究》，沈阳理工大学硕士学位论文，2014 年。

［48］徐玉祺：《中国和平崛起中的文化力与文化认同困境分析》，合肥工业大学硕士学位论文，2009 年。

［49］吴明来：《城市文化产业对城市发展的影响研究——以上海市为例》，福建师范大学硕士学位论文，2014 年。

［50］李成兰：《从繁荣的地区性城市到复兴的国际性大都市——芝加哥城市发展研究》，华中师范大学硕士学位论文，2006年。

［51］王萍：《文化产业对城市经济转型发展的影响研究——以西安为例》，浙江理工大学硕士学位论文，2015年。

［52］吴莹：《泛珠三角区域科技合作创新机制研究》，湖南大学硕士学位论文，2010年。

［53］何玉珍：《文化创意产业在城市文化品牌建设中的作用机制研究——以南宁市为例》，广西大学硕士学位论文，2016年。

［54］彭莲珺：《广西面向东盟的体育传播活动研究：现状、问题与对策》，广西大学硕士学位论文，2014年。

［55］沈毅刚：《一带一路战略背景下云南跨境保险创新实践》，云南财经大学硕士学位论文，2015年。

［56］曾箭华：《全球治理理论的兴起及其中国视角》，华东师范大学硕士学位论文，2006年。

［57］陈世瑞：《中国与东盟间国际危机管理合作研究》，华东师范大学硕士学位论文，2006年。

［58］韦文武：《冷战后中国对东盟文化外交研究》，华中师范大学硕士学位论文，2011年。

［59］熊竞：《南宁市构建区域性金融中心的条件及对策研究》，广西师范学院硕士学位论文，2013年。

［60］潘颖：《面向东盟的广西高职教育发展研究——以三所样本校为例》，广西大学硕士学位论文，2011年。

［61］谌李雪：《中国货币政策对"一带一路"区域的溢出效应研究》，广东财经大学硕士学位论文，2015年。

［62］陈夏雨：《汉英口译中的无主句翻译——以中国领导人博鳌亚洲论坛演讲为例》，苏州大学硕士学位论文，2014年。

［63］康健：《21世纪初中国与东盟的睦邻合作关系》，吉林大学硕士

学位论文，2005 年。

［64］韩伽伽：《试析中国与东盟文化产业的合作问题》，暨南大学硕士学位论文，2011 年。

［65］王璐：《释意论指导下中国—东盟博览会上中国领导人致辞口译研究》，内蒙古大学硕士学位论文，2015 年。

［66］蒲青云：《〈中国—东盟合作：1991—2011（全文）〉翻译报告》，四川外国语大学硕士学位论文，2012 年。

［67］杨壮：《吉林省文化产业发展现状及对策研究》，吉林农业大学硕士学位论文，2013 年。

［68］张宝宗：《吉林省文化产业发展研究》，吉林大学博士学位论文，2012 年。

［69］吕俊：《新世纪初期中国与东南亚国家联盟关系研究——基于国家利益的分析》，内蒙古大学硕士学位论文，2012 年。

［70］孙林晓：《河北省文化产业发展状况及策略研究》，燕山大学硕士学位论文，2010 年。

［71］易乐芳：《论对外汉语教学的软实力传播》，湖南师范大学硕士学位论文，2010 年。

［72］王森森：《习近平文化软实力思想研究》，海南大学硕士学位论文，2014 年。

［73］米雪：《广西农村居民消费对经济增长的影响研究》，广西师范大学硕士学位论文，2013 年。

［74］苏艳莹：《可持续发展视角下的广西文化产业集群研究》，广西民族大学硕士学位论文，2013 年。

［75］张幸：《基于循环型企业的风险投资研究》，复旦大学硕士学位论文，2011 年。

［76］付方剑：《文化产业制度的作用及优化研究》，浙江大学硕士学位论文，2010 年。

［77］罗马：《中国建设国际新秩序的外交理论与实践研究》，吉林大学硕士学位论文，2013 年。

［78］章兰新：《铜陵市文化产业发展研究》，安徽大学硕士学位论文，2011 年。

［79］黄立群：《基于共生型国际秩序的中国—东盟命运共同体研究》，广西大学硕士学位论文，2016 年。

［80］John Howkins，*The Creative Economy：How People Make Money From Ideas*，Penguin Global，2004.

四、报纸新闻

［1］胡锦涛：《坚定不移沿着中国特色社会主义道路前进　为全面建成小康社会而奋斗——在中国共产党第十八次全国代表大会上的报告》，《人民日报》2012 年 11 月 8 日。

［2］习近平：《决胜全面建成小康社会　夺取新时代中国特色社会主义伟大胜利——在中国共产党第十九次全国代表大会上的报告》，《人民日报》2017 年 10 月 28 日。

［3］习近平：《顺应时代前进潮流　促进世界和平发展——在莫斯科国际关系学院的演讲》，《人民日报》2013 年 3 月 24 日。

［4］习近平：《国家主席习近平发表二〇一六年新年贺词》，《人民日报》2016 年 1 月 1 日。

［5］习近平：《坚持总体国家安全观　走中国特色国家安全道路》，《人民日报》2014 年 4 月 16 日。

［6］习近平：《携手建设中国—东盟命运共同体——在印度尼西亚国会的演讲》，《人民日报》2013 年 10 月 4 日。

［7］习近平：《携手推进深度合作　共同实现持续发展——在第九届中国—东盟商务与投资峰会暨 2012 中国—东盟自贸区论坛开幕式上的致辞》，《人民日报》2012 年 9 月 22 日。

［8］习近平：《迈向命运共同体　开创亚洲新未来——在博鳌亚洲论坛2015年年会上的主旨演讲》，《人民日报》2015年3月29日。

［9］李克强：《在第八届东亚峰会上的讲话》，《人民日报》2013年10月11日。

［10］李克强：《在第十八次中国—东盟领导人会议上的讲话》，《人民日报》2015年11月22日。

［11］何颖：《"南博会"广西文化产业的大舞台》，《中国文化报》2004年6月17日。

［12］洪波：《大力促进文化产业转型升级》，《广西日报》2014年7月8日。

［13］黄娴：《教育优先共圆梦想——第九届中国—东盟教育交流周综述》，《人民日报》2016年8月8日。

［14］董迎春：《文化与市场的对接是一个大课题》，《工人日报》2003年9月8日。

［15］车安华：《如何破解文化产业融资难?》，《中国文化报》2014年1月10日。

［16］张志文：《东亚合作经贸部长会议相继召开推进中国—东盟合作》，《人民日报》2016年8月7日。

［17］吴建友：《文化融合是推动中国—东盟关系的重要基础》，《光明日报》2014年4月22日。

［18］程亚丽：《产业合作推动中国—东盟共赢发展》，《国际商报》2014年5月20日。

［19］叶海燕：《"一带一路"为文化产业"走出去"铺路》，《中国妇女报》2016年5月18日。

［20］程亚丽、汤静莹：《文化交流助推中国—东盟合作远航》，《国际商报》2014年6月29日。

［21］程亚丽、汤静莹：《增进文化交流深化友好合作》，《国际商报》

2014 年 6 月 20 日。

[22] 徐惠喜：《创新中国全球治理观构建人类命运共同体》，《经济日报》2015 年 12 月 29 日。

[23] 曾小华：《关于文化的定义》，《学习时报》2004 年 2 月 23 日。

[24] 罗蓉婵、张议橙、陈晓波：《一带一路：东盟华商新商机》，《人民日报海外版》2014 年 6 月 24 日。

[25] 杨和荣：《弥补战略短板联通"一带一路"》，《中国信息报》2015 年 10 月 6 日。

[26] 赵珊：《东盟成为中国出境游大热门》，《人民日报海外版》2012 年 6 月 12 日。

[27] 程亚丽、汤静莹：《产业合作推动中国—东盟共赢发展》，《国际商报》2014 年 5 月 20 日。

[28] 《行动计划出台支持〈东盟协调一致〉第二宣言》，《国际商报》2005 年 3 月 28 日。

[29] 周红梅、谭卓雯：《广西力量崛起电商新蓝海》，《广西日报》2015 年 11 月 12 日。

[30] 邝伟楠：《旅游：中国—东盟博览会的重要主题》，《中国旅游报》2007 年 10 月 31 日。

[31] 吕绍刚：《软实力竞争，城市是支点》，《人民日报》2014 年 5 月 15 日。

[32] 丁静、柏彬等：《跨境电商企业报关报检"一站式"》，《海南日报》2015 年 11 月 28 日。

[33] 张家寿：《拓展与东盟合作的平台谈充分发挥中国—东盟博览会作用》，《广西日报》2010 年 2 月 1 日。

[34] 范建华：《"十三五"中国文化产业带状发展新趋势》，《中国文化报》2015 年 5 月 20 日。

[35] 吴士存：《当前南海形势及中国面临的挑战》，《光明日报》2016

年 7 月 14 日。

[36] 王毅：《就中国外交政策和对外关系答中外记者问》，《人民日报》2016 年 3 月 9 日。

[37] 张媛、侯丽军、熊争艳：《"和"文化理念引领中国和平发展之路》，《新华每日电讯》2014 年 5 月 17 日。

[38] 石芳：《发挥特色优势创新发展理念加快我市文化产业发展》，《闽西日报》2016 年 6 月 29 日。

[39] 任天佑：《文化强国——国家战略的新境界》，《解放军报》2012 年 1 月 1 日。

[40] 肖文舸：《中国—东盟打造"升级版"自贸区》，《南方日报》2014 年 9 月 19 日。

[41] 崔成泉：《文化产业发展需要新常态》，《中国文化报》2015 年 1 月 5 日。

[42] 杨秋：《建设中国—东盟命运共同体交流平台》，《广西日报》2015 年 9 月 6 日。

[43] 人民日报广西分社、广西国际博览事务局：《东博会建设中国—东盟命运共同体多领域交流的公共平台》，《人民日报》2015 年 9 月 17 日。

[44] 佚名：《中国—东盟命运共同体多领域交流的公共平台》，《国际商报》2015 年 9 月 18 日。

[45] 李玲：《文化产业发展关键在于发挥市场决定性作用》，《重庆日报》2014 年 9 月 26 日。

[46] 国家发改委、外交部、商务部：《推动共建丝绸之路经济带和 21 世纪海上丝绸之路的愿景与行动》，《人民日报》2015 年 3 月 29 日。

[47] 沈世顺：《融合发展共同繁荣中国—东盟绘新愿景》，《解放日报》2014 年 11 月 15 日。

[48] 洪英亮：《南山展团拳头产品魅力十足》，《深圳特区报》2009 年 10 月 21 日。

[49] 周阳光：《全面深化改革推进发展稳定》，《西藏日报（汉）》2014 年 1 月 4 日。

[50] 中国—东盟博览会组委会、中国—东盟商务与投资峰会组委会：《共建 21 世纪海上丝绸之路共创海洋合作美好蓝图》，《广西日报》2015 年 9 月 22 日。

[51] 张志文：《中国—东盟经贸合作砥砺前行》，《人民日报》2016 年 8 月 7 日。

[52] 程亚丽：《文化交流助推中国—东盟合作远航》，《国际商报》2014 年 4 月 29 日。

[53] 赵姝婧：《中国—东盟文化交流年清华开幕》，《新清华》2014 年 4 月 11 日。

[54] 车安华：《借鉴国际经验破解文化产业融资难》，《金融时报》2014 年 1 月 3 日。

[55] 田原：《"一带一路"为中国—东盟合作再添新动力》，《经济日报》2015 年 11 月 20 日。

[56] 黄世钊：《打好"民生"牌，保护发展少数民族文化》，《广西法治日报》2015 年 10 月 13 日。

[57] 程亚丽：《产业合作推动中国—东盟共赢发展》，《国际商报》2014 年 5 月 20 日。

[58] 吴建友：《文化融合是推动中国—东盟关系的重要基础》，《光明日报》2014 年 4 月 23 日。

[59] 梁颖：《以开放促发展打造新的战略支点》，《广西日报》2013 年 8 月 15 日。

[60] 杨浩鹏：《文化部举行 2012 年国家级文化产业园区基地命名授牌会议》，《中国文化报》2012 年 9 月 25 日。

[61] 刘奇葆：《大力推动中华文化走向世界》，《光明日报》2014 年 5 月 22 日。

［62］曲彬：《提高金融"供血"能力》，《人民日报》2015 年 10 月 13 日。

［63］庞立生：《精神生活的现代处境及其文化自觉》，《光明日报》2015 年 10 月 12 日。

［64］《弘扬中华优秀传统文化推动不同文明交流互鉴》，《光明日报》2015 年 9 月 28 日。

［65］金晓年：《论增强区域文化产业振兴"五重自觉"》，《湖南日报》2014 年 10 月 27 日。

［66］国务院：《国家"十三五"时期文化发展改革规划纲要》，《人民日报》2017 年 5 月 8 日。

［67］刘春荣：《文化搭桥助推"一带一路"建设》，《经济日报》2017 年 4 月 28 日。

［68］张家寿：《拓展与东盟合作的平台》，《广西日报》2010 年 2 月 1 日。

相关成果目录

［1］赵铁、林昆勇、何玉珍：《中国—东盟命运共同体的共同体诠释》，《广西民族研究》2016 年第 1 期。

［2］赵铁、林昆勇、陈林：《中国—东盟命运共同体建设问题探析》，《广西社会科学》2015 年第 2 期。

［3］廖玉环、范朋：《东南亚出境旅游中突发事件安全管理策略研究》，《东南亚纵横》2017 年第 4 期。

［4］林昆勇：《"一带一路"下的玉林侨乡文化发展新机遇及路径研究》，《城市》2016 年第 12 期。

［5］林昆勇：《关于中越边境城市构建国际旅游岛的战略思考》，《城市》2015 年第 6 期。

［6］林昆勇：《积极推进中国—东盟命运共同体建设》，《东南亚纵横》2015 年第 7 期。

［7］何玉珍、林昆勇：《美国芝加哥城市转型及其文化力的彰显与启示》，《城市》2015 年第 2 期。

［8］杜悦嘉、林昆勇：《中国—东盟命运共同体建设背景下广西文化产业发展的对策研究》，《城市》2015 年第 7 期。

［9］管荟璇、林昆勇、陈汇璇：《广西文化产业与民族文化资源的融合性研究》，《城市》2015 年第 10 期。

［10］林昆勇、赵铁、朱少雄：《南宁从更高起点推进区域性国际文化

中心建设》，《城市》2014 年第 11 期。

[11] 林昆勇：《"一带一路"建设下广西文化走进东盟的途径探究》，《桂海论丛》2017 年第 4 期。

后　记

　　本书是广西大学中国—东盟研究院 2014 年开放性课题重点项目"文化产业在中国—东盟命运共同体建设中的作用机制研究"　（项目编号：AZ201402）的最终成果，得到"长江学者和创新团队发展计划"资助出版。

　　项目研究是一个团结协作、协同攻关的过程，需要齐心协力、群策群力，充分发挥项目组成员的集体智慧和聪明才智。本项目研究得益于在芝加哥大学社会学系师从特里·克拉克（Terry·Clark）教授的访学感悟，借鉴克拉克教授每周一次 Seminar 课题讨论例会制度的做法，项目研究伊始大体上每两周召开一次项目组工作例会，由项目组成员逐个汇报上一次例会布置的研究任务完成情况，与会人员各抒己见，评论评述，就研究的重点、难点和突破口展开充分讨论，最后由主持人逐人点评，分别提出下一阶段研究需注意的问题以及深化研究的意见。这样的做法和项目研究工作安排，可以使大家交锋思想、碰撞观点，又能够集思广益、启发思维，经过这样的头脑风暴，使得研究的思路越来越清晰，对问题的思考也越来越深入，并在讨论交流中相互学习，互相启发，这样的做法对于项目组成员研究能力的培养和学术水平的提升是大有裨益的。

　　项目研究是一个灵感不断启发、研究不断深化的过程，需要不断明晰研究思路，积累阶段性成果，推动项目研究逐步深入及预期目标的实现。项目组给每个成员分配研究任务，各成员负责相应主题的子项目研究和相关论文撰写工作，先后发表 11 篇论文，积累了前期成果，为项目研究最终成果的完成奠定了坚实基础。这些论文形成的项目研究阶段性成果，其问题指向、思辨框架和内容侧重上有别于专著，一些研究成果虽然没有直接体现在项目研究的最终成果中，但其中的观点、结论以及材料的筛选及应用，使项目主持人获得灵感、受到启发，对项目研究涉及问题的思考和认识也在不断深化，推动项目研究框架结构的修改完善以及项目研究预期目标的有效实现。

本专著是项目组集体攻关的结果，也是所有成员集体智慧的结晶。从项目研究正式启动开始，总共八个章节的研究框架安排没有发生大的变化，但随着研究的深入，每章下的二级和三级目录逻辑结构和内容安排变化则相当大，前后经过四次二级目录大调整，特别是第四章、第五章、第六章、第七章、第八章等核心章节，在二级目录的调整、相关观点的提炼以及支撑材料选用等方面，调整变化的篇幅占有相当大的比重，部分章节几乎都是在原稿基础上重新组织文字、精选材料和提炼观点，使得本专著最后统稿实际花费的时间远远超出预期。这也说明，项目研究工作需要全身心投入，需要深入细致的思考，需要学术精神和学术敬畏，需要学术情怀和学术追求，这样的主观意愿还需要相关条件配套支持，得益于在厦门大学挂职学习之外的闲暇时间，在林昆勇博士的协助下，历时近半年时间完成本专著各章节的内容梳理、框架完善以及部分章节的重新撰写和全书的统稿工作。

项目组成员为本项目研究的顺利完成付出了心血，作出了贡献。作为项目负责人，赵铁负责制定项目研究工作计划，拟定和完善项目研究框架结构，组织课题讨论，部分章节的撰写和修改以及项目研究最终成果的统稿及审定等工作。朱少雄负责带领项目组成员开展调研工作，参加部分章节撰写，为项目研究工作顺利开展提供各种条件支持。林昆勇协助项目负责人完成许多项目研究的组织协调工作，负责项目研究成果初稿的统稿及修改，协助项目负责人完成项目研究最终成果的审定和统稿。因为项目负责人工作变动的缘故，项目研究后一阶段例会的召集和主持工作都是由林昆勇博士承担。全书八章的分工大体为：第一章，林昆勇、赵铁、何玉珍；第二章，林昆勇、杜悦嘉；第三章，林昆勇、贺淑芳；第四章，林昆勇、管荟璇；第五章，赵铁、林昆勇、李林津；第六章，赵铁、林昆勇、易梦佳；第七章，林昆勇、赵铁、廖玉环、刘其铭；第八章，赵铁、林昆勇、朱少雄、蒋冬连。

本项目从策划、申报、立项到研究推进和项目管理等，一直得到广西大学原党委书记、中国—东盟研究院院长梁颖教授，广西大学副校长、中国—东盟研究院副院长范祚军教授和王玉主研究员以及研究院领导、专家和老师的悉心指导和大力支持。人民出版社的刘志宏编辑不辞劳苦、认真编校，为本书的出版倾注了心血。在调研过程中，得到广西国际博览事务局以及自治区文化厅、教育厅以及防城港东兴市政府以及相关部门的热情帮助和大力支持，为项目组前期调研提供了许多便利条件，使项目研究工作得以顺利开展并实现预期目标。没有他们的指导、帮助和支持，项目研究和著作出版工作难以顺利推进及实现预期目标，在此表达我们深深的谢意！

学术界针对本项目形成了大量研究成果，项目组成员在前期研究中收集和研读了大量文献，启发了思维，获得了灵感，在专著的撰写过程中参考和引用了许多学者的相关研究成果，使得项目研究能够在前人研究的基础上进行深入思考，形成一些观点、看法和判断，借此表达我们诚挚的敬意！

本项目研究的相关成果和思考很多仍处在探索阶段，加上学术视野和学识水平限制，一些问题的研究还不够深入和系统，一些观点和结论也不一定准确和全面，错漏及需商榷之处在所难免，敬请学界同行专家不吝赐教及批评指正。

赵　铁

2018 年 3 月 16 日

出　　品:图典分社
策　　划:刘志宏
责任编辑:刘志宏　吴广庆
封面设计:汪　阳
版式设计:王　婷
责任校对:吴容华
责任印制:孙亚澎

图书在版编目(CIP)数据

中国—东盟命运共同体建设中文化产业作用机制研究/赵铁 等 著. —北京:
　人民出版社,2018.11
　ISBN 978－7－01－019722－7

Ⅰ.①中…　Ⅱ.①赵…　Ⅲ.①文化事业-国际合作-研究-中国、东南亚国家
　联盟　Ⅳ.①G125

中国版本图书馆 CIP 数据核字(2018)第 194861 号

中国—东盟命运共同体建设中文化产业作用机制研究
ZHONGGUO DONGMENG MINGYUN GONGTONGTI JIANSHE ZHONG
WENHUA CHANYE ZUOYONG JIZHI YANJIU

赵　铁　林昆勇　等　著

人 民 出 版 社 出版发行
(100706 北京市东城区隆福寺街 99 号)

环球东方(北京)印务有限公司印刷　新华书店经销

2018 年 11 月第 1 版　2018 年 11 月北京第 1 次印刷
开本:710 毫米×1000 毫米 1/16　印张:19.75
字数:275 千字

ISBN 978－7－01－019722－7　定价:60.00 元

邮购地址 100706　北京市东城区隆福寺街 99 号
人民东方图书销售中心　电话 (010)65250042　65289539